Todos los libros de Linkgua Ediciones cuentan con modelos de Inteligencia Artificial entrenados por hispanistas. Pregúntale al chat de tu libro lo que desees acerca de la obra o su autor/a.

Para ebooks: Accede a nuestro modelo de IA a través de este enlace.

Para libros impresos: Escanea el código QR de la portada con tu dispositivo móvil.

Obtén análisis detallados de nuestros libros, resúmenes, respuestas a tus preguntas y accede a nuestras ediciones críticas generativas para una experiencia de lectura más enriquecedora.
La transparencia y el respeto hacia la autoría de las fuentes utilizadas son distintivos básicos de nuestro proyecto. Por ello, las respuestas ofrecen, mediante un sistema de citas, las fuentes con las que han sido elaboradas.

Nataniel Aguirre

Juan de la Rosa

Memorias del último soldado de la Independencia

Barcelona 2024
Linkgua-ediciones.com

Créditos

Título original: Juan de la Rosa.

© 2024, Red ediciones S.L.

e-mail: info@linkgua.com

Diseño de cubierta: Michel Mallard.

ISBN rústica ilustrada: 978-84-9816-763-4.
ISBN tapa dura: 978-84-1126-506-5.
ISBN ebook: 978-84-9007-371-1.

Sumario

Créditos   4

Brevísima presentación   9
    La vida   9
    La obra   9

Juan de la Rosa   11

Por todo prólogo   13

Capítulo I. Primeros recuerdos de mi infancia   15

Capítulo II. Rosita enferma. Un nuevo amigo   25

Capítulo III. Lo que yo vi del alzamiento   37

Capítulo IV. Comienzo a columbrar lo que era aquello   45

Capítulo V. De como mi ángel se volvió al cielo   59

Capítulo VI. Márquez y Altamira   69

Capítulo VII. La batalla de Aroma según Alejo   81

Capítulo VIII. Mi cautiverio. Noticias de Castelli   99

Capítulo IX. De qué modo dejamos de rezar una tarde el
santo rosario, y de la única vez que estuvo amable doña Teresa 111

Capítulo X. Mi destierro   125

Capítulo XI. El ejército de Cochabamba. Amiraya   145

Capítulo XII. Cierto, admirable y bien sabido suceso   161

Capítulo XIII. Arze y Rivero   175

Capítulo XIV. Las armas y el tesoro de la patria   185

Capítulo XV. Un inventario. Mi visita a la abuela   197

Capítulo XVI. La entrada del gobernador del Gran Paititi   207

Capítulo XVII. Comparezco ante el tremendo tribunal del padre Arredondo y soy declarado hereje filosofante   219

Capítulo XVIII. Tirón de atrás. Quirquiave y el Quehuiñal   233

Capítulo XIX. ¡Ay, de los alzados! ¡Ay, de los chapetones!   247

Capítulo XX. El alzamiento de las mujeres   267

Capítulo XXI. La gran fazaña del Conde de Huaqui   285

Capítulo XXII. El lobo, la zorra y el papagayo   299

Capítulo XXIII. De la edificante piedad con que el Conde de Huaqui celebró la fiesta del Corpus, después de su victoria de «la elevada montaña de San Sebastián»   307

Capítulo XXIV. El legado de Fray Justo   323

Capítulo XXV. Una familia criolla en los buenos tiempos del Rey Nuestro Señor   329
    I   329
    II   330

III	331
IV	334
V	336
VI	338

Capítulo XXVI. Donde ha de verse que una beata
murmuradora puede ser bien parecida y tener un excelente
corazón   343

Capítulo XXVII. De como fui y llegué a donde quería   349

Libros a la carta   359

Brevísima presentación

La vida

Nataniel Aguirre nació el 10 de octubre de 1843 en Cochabamba (Bolivia) y murió el 11 de septiembre de 1888 en Montevideo (Uruguay).

Es considerado uno de los escritores principales de su país. Su narrativa se inscribió en la novelística de finales del siglo XIX como una excepción al relato colonial, al memorialismo y a la reconstrucción histórica que predominaron hasta entonces. Su obra sirvió así de puente entre el ya caduco romanticismo y el incipiente realismo.

Miembro de la llamada Generación de 1880, entre sus obras cabe destacar *Represalia del Héroe*, *Biografía de Francisco Burdett O'Connor*, *Bolivia en la Guerra del Pacífico* y la novela que lo hizo famoso, *Juan de la Rosa*. También escribió teatro y poesía.

Desempeñó importes cargos públicos: diputado, prefecto de Cochabamba y ministro de Estado.

La obra

Juan de la Rosa. Memorias del último soldado de la Independencia, de Nataniel Aguirre, se publicó en 1885 en Cochabamba, Bolivia. Es una novela que narra hechos esenciales de la historia nacional boliviana, en tiempos del primer levantamiento por la independencia en Cochabamba. Los sucesos son contados por uno de los rebeldes bolivianos sobreviviente, Juan de la Rosa que, en su vejez reconstruye su vida en Cochabamba, los episodios históricos entre 1809 y 1811, la muerte de su madre, la represión española, la resistencia, victorias y derrotas en la guerra de independencia.

El autor recrea la cotidianidad de Cochabamba, a finales del siglo XIX, desde la ficción. El personaje recuerda el proceso histórico y los ideales que dieron lugar a la república boliviana; pero también pone en voz de la «memoria» los espacios familiares, los detalles personales y la tensión entre la vida pública y privada.

Algunos investigadores, como el boliviano Gustavo V. García, sostienen que la obra no pertenece a Nataniel Aguirre. Según García, Aguirre habría editado la novela —cuyo verdadero autor sería el coronel Juan de la Rosa o Juan Altamirano Calatayud— y ayudado a corregirla.

El problema está que en la primera edición, de 1885, no hay ninguna referencia a Aguirre: la novela, titulada *Cochabamba. Memorias del último soldado de la Independencia*, está firmada por Juan de la Rosa, que es el personaje principal: Juanito, seguido del nombre de su madre Rosita.

Juan de la Rosa

Por todo prólogo

Caracato, 14 de noviembre de 1884
Señor don N... N...
Cochabamba

Muy señor mío y mi dueño:
No tengo el honor de conocer a U., ni creo que U. sepa que yo existo en este mundo. Pero me han dicho que U. es corresponsal de la «Sociedad 14 de Septiembre», y esto me basta para suplicarle que se digne poner en manos del actual presidente de dicha sociedad los adjuntos manuscritos.

Le diré, también, lo que me ha animado por fin a dar este paso.

Celebrando hace un momento, en mi mesa rodeada por varios amigos, el triunfo de Aroma, del que siempre me acuerdo en cada aniversario, un añejo vino de mis cepas se me subió a la cabeza, y quise abrazar a Merceditas, mi adorada mitad.

Ella se encolerizó, y me dijo:

—¡Espantoso vestiglo! ¡última carroña de los tiempos de la Independencia!

—No tanto —le respondí—; habrá otros como yo.

—¡No, señor! —gritó más enojada; nadie es tan malo como tú para vivir tanto tiempo.

—¿Y tú, alma mía?...

—¡Cállate, cochero borracho! Yo hablo de los hombres... no soy tan impolítica como tú para echar en cara su edad a las señoras. Tú mismo me has contado que según leíste en *El Heraldo*, tu compañero don Nicolás Monje murió hace ya dos años en Cochabamba.

Esto me puso serio; me hizo reflexionar, y me vine aquí, a mi cuarto, para escribir esta carta.

—Con el título que me ha dado mi mujer —me he dicho—, puedo ya pedir a la juventud de mi querido país que recoja alguna enseñanza provechosa de la historia de mi propia vida.

Creo, además, que ha de haber en ella detalles interesantes, un reflejo de antiguas costumbres, otras cosillas, en fin, de que no se ocupan los graves historiadores.

Y... Dios guarde a U. muchos años, como a _____
Su atento servidor _____

Q.B.S.M.
J. de la R.

Capítulo I. Primeros recuerdos de mi infancia

Rosita, la Linda Encajera, cuya memoria conservan todavía[1] algunos ancianos de la villa de Oropesa,[2] que admiraron su peregrina hermosura, la bondad de su carácter y las primorosas labores de sus manos, fue el ángel tutelar de mi dichosa infancia. Su cariño, su ternura y solicitud maternales eran sin límites para conmigo, y yo le daba siempre con gozo y verdadero orgullo el dulce nombre de madre. Pero ella me llamó solamente «el niño», menos dos o tres veces en las que la palabra «hijo» se le escapó, como un grito irresistible de la naturaleza, que parecía desgarrar de un modo muy cruel sus entrañas.

Vivíamos solos en un cuarto o tienda del confín del Barrio de los Ricos, hoy de Sucre, sin más puertas que la que daba a la calle y otra pequeña, de una sola mano, en el rincón de la izquierda de la entrada. Una tarima, que era nuestro estrado y servía de noche para hacer la cama; una larga mesa sobre la que Rosita planchaba ropa fina de lino, albas y paños de altar; una grande arca ennegrecida por el tiempo; dos silletas de brazos con asiento y espaldar de cuero labrado; un banquito muy bajo y un brasero de hierro, componían lo principal del mueblaje de la habitación. Las paredes, pintadas de tierra amarilla, estaban decoradas de estampas groseramente iluminadas, entre las que resaltaba una pintura original, obra de no muy torpe como atrevida mano, que representaba la muerte de Atahualpa. En la pared fronteriza a la puerta, como en sitio de preferencia, había además un cuadro al óleo, de la Divina Pastora sentada, con manto azul, entre dos cándidas ovejas, con el niño Jesús en las rodillas. La puertecita de la izquierda conducía a un pequeño patio enteramente

1 Comencé a escribir estas memorias en 1848. (N. del A.)
2 Antiguo nombre de la ciudad de Cochabamba. (N. del A.)

cerrado por elevadas tapias, y en el que un sotechado servía de despensa y de cocina.

Rosita —no creo que me engañen mis recuerdos, ni que mi ternura le preste ahora en mi imaginación encantos que no tenía—, era una joven criolla tan bella como una perfecta andaluza, con larga, abundante y rizada cabellera; ojos rasgados, brillantes como luceros; facciones muy regulares, menos la nariz un tanto arremangada; boca de flor de granado; dientes blanquísimos, menudos, apretados, como solo pueden tenerlos las mujeres indias de cuya sangre debían correr algunas gotas en sus venas; manos y pies de hada; talle airoso y gentil que, sin el recato que observaba en todos sus movimientos y la hacía presentarse un poco encogida, le hubiera envidiado la mujer más presumida, esbelta y salerosa de la Península. Su voz, que tomaba fácilmente todas las inflexiones de la pasión, era de ordinario dulce y armoniosa como un arrullo. Había recibido, en fin, la educación más esmerada que podía alcanzarse en aquel tiempo.

Vestía uniformemente basquiña de merino azul hasta cerca del tobillo; jubón blanco de tela sencilla de algodón, muy bordado, con anchas mangas que dejaban ver los brazos hasta el codo; mantilla de color más oscuro, con franjas de pana negra, prendida con grueso alfiler de plata Sus hermosos cabellos, recogidos en dos trenzas, volvían a unirse a media espalda, anudados por una cinta de lana de vicuña con bonitas de colores. Por todo adorno llevaba grandes aretes de oro en sus delicadas y diminutas orejas y un anillo de marfil encasquillado, en el dedo meñique de la mano izquierda. Sus pies calzados de medias listadas del mismo color predilecto del vestido, se ocultaban en zapatitos de cuero embarnizado, con tacones encarnados. Me parece que la veo y la oigo, ahora mismo con embeleso, como acostumbraba al despertarme de mi tranquilo sueño. Limpia, aseada, después de haberlo ordenado todo en nuestra habitación, está sentada a la puerta, en su banquito, con la almohadilla de encajes por delante; pero sus ágiles dedos se entorpecen poco a poco hasta abandonar lánguidamente los palillos y se cruzan sobre una de sus rodillas; sus bellos ojos buscan no sé qué en la parte de cielo que se descubre más allá de los techos de un feo caserón del otro lado de la calle; canta a media voz para interrumpir mi sueño, en la lengua más tierna y expresiva del mundo, el *yaraví* de la despedida del Inca Manco, tristísimo lamento dirigido al padre Sol, de lo alto de las montañas del último refugio, demandando la muerte para no ver la eterna esclavitud de su raza; gotas del llanto que fluye sin sentirlo, ruedan una tras otra por sus pálidas mejillas...

Pocas personas, se acercaban a nuestra humilde morada, y eran muy contadas las que en ella penetraban. Criados de familias acomodadas y mandaderos de los conventos daban desde la puerta algún recado, dejaban allí mismo las labores que traían, o recibían las que habían sido ya hechas. Algunas veces un caballero anciano de aspecto venerable, envuelto en ancha capa de paño de San Fernando, con el sombrero calado hasta los ojos y apoyado en un bastón de grueso puño y largo regatón de oro, llegaba a la hora del crepúsculo, y llamando a Rosita con bondadoso acento, le entregaba un bolsillo o un paquetito, que ella recibía besándole la mano, aun cuando él tratase de impedirlo, despidiéndose al momento.

Solo una tarde calurosa del mes de octubre, en que parecía muy cansado de largo ejercicio, se dignó aceptar una silla, que nos apresuramos a colocar al fresco en la acera, extendiendo a sus pies una manta de lana. Estuvo hablando mucho tiempo con Rosita de la miseria que había sufrirlo el país hacía dos años, en el de 1804, y la oyó hablar después en voz baja sin interrumpirla más que con algunas preguntas. Cuando ella concluyó me puso entre sus rodillas; me dejó admirar su bastón a mi gusto, mientras él acariciaba mis cabellos, y murmuró dos o tres veces:

—Es una infamia..., ¡pobre Juanito!

La noche había cerrado muy oscura encapotándose el cielo de nubes, cuando pensó en retirarse, y Rosita se empeñó y obtuvo de él que le acompañásemos hasta su casa.

—Su merced se apoyará en mi hombro, y el niño irá alumbrando por delante —le dijo, mandándome enseguida que encendiera un farolillo de papel.

Tomamos así una desierta calle que cruzaba más arriba la nuestra, y caminamos gran trecho a la izquierda, entre cercas y tapiales de huertas y sembrados, hasta llegar a una puerta muy espaciosa, abierta en un largo paredón, tras de una acequia, en cuyo puente esperaba un criado negro de gigantesca estatura.

Detúvose allí el caballero, y dándome una palmadita en la mejilla, dijo a mi madre:

—Hazle un buen mameluco y cómprale un muñeco para la Fiesta de Todos los Santos; pero a condición de que aprenda la cartilla.

—Señor —contestó ella—, el mameluco se hará y también el muñeco, que nadie ha de hacerlo mejor que yo. En cuanto a recomendarle la cartilla, vuestra merced ignora todavía que el niño sabe ya leer casi de corrido, en un libro muy gracioso que le ha regalado su buen maestro Fray Justo del Santísimo Sacramento.

—¡Oiga! —repuso el noble anciano—, ¿conque este perillán promete ser un hombre de provecho? Bien, hija mía; id con Dios, y no olvidéis que esta puerta nunca estará cerrada para vosotros.

Y dichas estas palabras se entró por la puerta bendita precedido por el criado que, entre tanto, había corrido a proveerse de una luz.

—¿Quién es? ¿por qué nos quiere así, y no huyes tú de él, madre, como de otros caballeros? —pregunté entonces a Rosita que, tomándome de la mano, procuraba ya volverse a pasos precipitados.

—Es —me contestó—, el padre de los desgraciados, el señor gobernador —y me dijo enseguida su nombre venerado hoy mismo a pesar del odio a la dominación española.

Era don Francisco de Viedma, que quiso fundar al morir, en aquella quinta, un asilo para los huérfanos.

El padre agustino Fray Justo, mi oficioso maestro de lectura, venía dos o tres veces por semana, con la capucha calada, los brazos cruzados sobre el pecho, ocultas las manos en las mangas del hábito, con pasos ligeros y silenciosos, como un fantasma; y se dejaba caer en la silla dispuesta siempre al lado de la mesa para recibirle.

Era el hombre más extraordinario que he conocido en mi vida, y fue por mucho tiempo un enigma impenetrable para mi inculto y grosero entendimiento. Alto, seco, amarillo, con ojos como ascuas, muy movibles en sus órbitas, a primera vista daba miedo. Mirándolo con más espacio, sus nobles facciones muy regulares, su abultada y espaciosa frente coronada de canas prematuras, infundían respeto. Cuando se le oía hablar, cuando se podía penetrar algo de sus ideas y sentimientos, incomprensibles en aquella época para espíritus vulgares, se llegaba a amarle con veneración. Habitualmente melancólico y distraído, sabía mostrarse jovial con los humildes y tenía momentos de expansión, en los que reía a carcajadas como el tonto que se considera más dichoso en este valle de lágrimas.

Desplomado ya en su silla, extendía su larga y huesosa mano a Rosita, que se acercaba a estrecharla entre las suyas y a besársela (cuando él no lo estorbaba, lo que era raro) con cariño fraternal y sumisión religiosa. Hablaba después en voz baja con ella; se enderezaba; la capucha se le caía a las espaldas, y gritaba alegremente:

—¡Juanito, el Quijote! Vamos a reír, muchacho, de las aventuras del caballero de la Triste Figura y de su escudero el gran gobernador de la Ínsula Barataria.

Hojeaba el libro que yo le presentaba, y decía cosas cuyo sentido no podía explicarme, como, por ejemplo:

—¡Oh, la aventura maravillosa y sin par de los batanes! ¿Será esto lo que nos pasa con tantas cosas que se forja nuestra imaginación y tenemos por verdaderas en las espesas tinieblas, en el misterio que nos rodean? Y esta ínsula Barataria tan monótona y sumisa que llega a tener un buen gobernador por burla ¿no se diría que es imagen de todo un mundo secuestrado en provecho de lejanos señores?...

Su descarnado dedo señalaba una tras otra las palabras que yo leía en alta voz, deteniéndose en aquellas que tardaba en descifrar o no pronunciaba correctamente. Satisfecho de la lección, algunas veces, repetía las palabras que oí a don Francisco de Viedma:

—Será un hombre de provecho.

Pero se interrumpía al punto con una sonora carcajada, y continuaba:

—¿Qué ha de ser, Dios mío? ¿qué puede ser aquí? ¿Cura? ¿fraile? Sí, tú serás cura, Juanito; y harás bailar a los indios tambaleándose en las procesiones. Habrá misas cantadas, *alferazgos*, entierros y casamientos; engordarás hasta llegar quién sabe a canónigo; tu pobre madre dejará a lo menos de encorvarse ante la almohadilla y el brasero, y... ¡vivirá!

Quedábase enseguida meditabundo, distraído, mirando sin ver los ladrillos del pavimento o las negras vigas de la techumbre; mientras que Rosita, estremecida antes más de una vez al oír sus discursos, absorta ahora igualmente en sus pensamientos, fingía ocuparse tan solo de su labor, o de endulzar para él una bebida refrigerante de naranja o piña, que de antemano estaba dispuesta en un pequeño cántaro de olorosa arcilla; y mientras que yo continuaba la lectura, sin que ninguno de los dos celebrase entonces la inmortal novela de Cervantes.

La voz de Rosita, o simplemente el ruido de sus pasos, cuando se acercaba a ofrecerle la bebida, en ancho vaso de cristal adornado de flores, ejercía sobre el Padre una fascinación irresistible. Volvía como de un penoso sueño, iluminándose su amarillo semblante de inefable sonrisa; y procuraba al momento disipar cualquiera impresión dolorosa o desagradable que pudiera dejarnos al partir. Hablaba a Rosita de sus labores; de una misteriosa alcancía que yo la vi una vez ocultar cuidadosamente en el fondo del arca; me hacía barcos y globos de papel, o, plegando un pedazo de éste de una manera ingeniosa, sacaba de un solo tijeretazo una cruz y todos los instrumentos de la pasión del Salvador.

Un día quiso evocar recuerdos de un tiempo que debió ser mejor sin duda; pero obtuvo un resultado enteramente contrario del que se proponía.

—¿Sabes, Juanito —comenzó a decir—, que tu madre ha sido mi hermana? —Y dirigiéndose a ella, prosiguió—: ¿no recuerdas que tú aprendiste a leer más pronto que este rapazuelo?

—¿Y cómo pudiera yo haberlo olvidado? Sabes tú..., Vuestra Paternidad no ignora —balbuceó mi madre—, que en aquel tiempo pude haber creído en la felicidad que solo se encuentra en el cielo.

Y callaron entre ambos, no sin que llegase a mi oído un suspiro lastimero de Fray Justo.

Muchos años después comprendí el inmenso dolor que debieron sufrir entre ambos. Un día oí en Lima, al admirable poeta Olmedo, citar en conversación una sentencia que decía encontrarse en un verso del Infierno de Dante: «no hay mayor tormento que acordarse del tiempo feliz en la miseria», y el recuerdo de aquella escena, que me conmovió de niño, oprimió mi corazón bajo la casaca de oficial de Granaderos a Caballo, de Buenos Aires.

Otro amigo fiel, más asiduo, que nos visitaba todos los días, en las horas que le permitía su trabajo, era el maestro cerrajero y herrador Alejo, pariente yo no sé en qué grado de mi madre. Cobrizo, de más que mediana estatura, fornido, de cabeza al parecer pequeña enclavada en un cuello de toro; ancho de pechos y un tanto cargado de espaldas, con manos y pies descomunales, parecía la personificación de la fuerza, y la tenía realmente proverbial en la villa. Pero su semblante, de ordinario tranquilo, sus ojos de ingenuo y franco mirar, revelaban un alma naturalmente bondadosa, a no ser que los animase la cólera, en cuyo caso tomaban una expresión bestial, espantosa.

Su traje semejante al de la generalidad de los mestizos, estaba mejor cuidado y era de telas menos groseras. Usaba sombrero de copa redonda y anchas alas, chaqueta de pana enteramente abierta, mostrando la camisa de tocuyo del país nunca abrochada al cuello, como si éste no lo consintiese; calzón de cordellate, sujeto por faja de lana colorada con largos flecos; gruesos zapatos de los llamados rusos, que parecían incomodarle siempre. Hablaba castellano sin estropearlo demasiado; pero prefería el quichua siempre que lo hablase también su interlocutor o fuese éste alguno de sus iguales. Llamaba «la niña» a Rosita y la adoraba como a una santa. Su condescendencia conmigo llegaba a irritar en ocasiones hasta a esa santa, a mi cariñosa madre. Muchas veces le dijo a ella:

—¡Qué hermosa eres, niña mía! Si quisieras hacerte retratar harían un cuadro como el de tu Divina Pastora.

Y hablando de mí agregaba:

—Déjale en paz. ¡Que corra por los campos de Dios! ¡que brinque y grite y se suba a los árboles! Yo no sé cómo tú misma no le acompañas en sus juegos, cuando yo más viejo que tú, le enseño travesuras y las hago con él.

Si oía cantar a Rosita, se quedaba estático, abriendo la boca, como acostumbran todas las gentes sencillas cuando concentran su atención en alguna cosa. Mil veces se hizo repetir los versos de la despedida del Inca, o de algún fragmento del Ollantay sin conseguir nunca retenerlos por completo en la memoria. Confesaba humildemente su torpeza. No se obstinaba en sostener sus juicios u opiniones, cuando alguna persona querida los refutaba con calma y dulzura, y comprendiese o no los razonamientos contrarios, parecía quedarse convencido, diciendo: «bueno..., ¡ahí está!». Todo esto no quiere decir, empero, que dejase de tener, si así convenía a sus intereses, la astucia y socarronería que suelen distinguir en alto grado hasta a los indígenas embrutecidos.

Mi madre que no quería que yo saliese, ni me ocupaba en ningún mandado, me permitía a veces pasearme con él. Una tarde me llevó a los toros del Patrono San Sebastián. Terminado el espectáculo, que entonces me divirtió y que después me ha parecido grotesco y repugnante por demás, subimos la suave pendiente del cerrito que se eleva sobre la plaza de aquel nombre. Me compró un cartucho de confites en las tolderías de refrescos que allí se ponían, y me condujo después algunos pasos más arriba, donde me señaló una planta espinosa, diciéndome estas palabras misteriosas:

—Allí pusieron su brazo derecho. La abuela lo vio sobre un palo y se quedó desmayada. Lo quería mucho; por eso me hizo poner su nombre.

Pero, al ver el asombro con que yo lo miraba, creyó que hacía alguna torpeza, y tomándome de la mano, para alejarse precipitadamente conmigo, añadió:

—No le cuentes esto que te he dicho a la niña Rosita, ni me preguntes ya nada, porque solo he querido asustarte.

Algunas infelices mujeres vestidas de tosca bayeta del país, descalzas, desgreñadas, venían, por último, a ayudar a Rosita en alguna labor sencilla o el cuidado de la casa, y nunca salían de ésta sin bendecir a «la niña», que era, decían, tan bella y buena como la santa limeña cuyo nombre llevaba. Solo recuerdo yo el de una de ellas: María Francisca. Más tarde comprendí que, pobres como éramos, viviendo del trabajo diario de mi madre, enseñados a leer por oficioso maestro, podíamos considerarnos, respecto a las comodidades materiales y al cultivo de la inteligencia, mil veces más afortunados que la gran masa del pueblo, compuesta de indios y mestizos. Los únicos felices a su manera, debieron ser los españoles y algunos criollos, que se contentaban con vegetar en la indolencia, durante «los buenos tiempos del rey nuestro señor».

Capítulo II. Rosita enferma. Un nuevo amigo

En el memorable año de 1810, undécimo según entiendo de mi edad, Rosita estaba más pálida y triste que nunca. Sentía yo arder sus labios y sus manos cuando me acariciaba; sus ojos despedían más luz; tosía con frecuencia. Advertí que deseaba entregarse con mas ahínco al trabajo, y que, obligada por momentos a buscar reposo en el lecho, sufría moralmente mayor tormento que el de su enfermedad. Otra observación, que no podía escapárseme, conociendo sus costumbres, me alarmó sobre todo demasiado. Ella, tan cuidadosa siempre del aseo de su persona y del orden y arreglo de su casa, permitía algún desaliño en su traje y esperaba que María Francisca viniese a barrer cuando pudiese la habitación y hasta le dejaba preparar nuestra frugal comida. Lo único que no descuidó nunca —¡bendita madre mía!— fue la persona de su hijo, a quien trataba de engañar con dulces sonrisas.

Don Francisco de Viedma, que hubiera sido más que antes nuestra providencia, había muerto, sin poder ni él mismo vencer la repugnancia que el pueblo sentía por los españoles llamados *chapetones*, pero llorado por los muchos desgraciados a quienes socorría. Nuestros leales amigos Fray Justo y Alejo parecían querer abandonarnos poco a poco. Venían con menos frecuencia; estaban entre ambos muy preocupados desde el año anterior, de algo que yo no me explicaba. Cuando se encontraban juntos en nuestra casa, cambiaban palabras misteriosas; se reían unas veces frotándose las manos, y se ponían otras mustios y abatidos, notándose en éstas aquel trocarse espantoso del semblante de Alejo.

Un día oí decir al Padre Justo enajenado:

—Ahora sí que va de veras. Lo del 25 de mayo estaba bueno; pero don Pedro Domingo Murillo sabe mejor dónde nos aprieta el zapato. ¡Bendito Dios! ¡he visto por fin, aunque de lejos, a un hombre!

Otro día vino enteramente abatido, al punto de que ni siquiera extendió la mano a Rosita, ni oyó las afectuosas palabras con que, sorprendida, quiso arrancarle de su dolorosa postración. No sabía yo qué hacer con el libro en la mano, cuando, como si hubiera cometido una falta, me dijo severamente:

—¡Quítate de ahí!... no se puede ya leer eso.

Y levantándose enseguida, como impelido por un resorte, sacó de la manga un papel manuscrito, y agregó:

—Esto, nada más que esto hay que leer y aprenderlo de memoria, muchacho; porque sino perderás mi cariño.

Tomé temblando el papel (que ahora mismo tengo ante mis ojos) y leí con mucha dificultad, corregido y auxiliado a cada instante por mi maestro, lo que felizmente puedo copiar enseguida.

Nuestra Señora de La Paz, 5 de febrero de 1810.

«Hermano mío: Te he ido refiriendo puntualmente nuestros desastres y sufrimientos desde Chacaltaya. Prepárate a oír ahora lo que nuestros tiranos se obstinaban en llamar con aparente desprecio y mal encubierta zozobra, "la conclusión del alboroto del 16 de julio".

»En la mañana del 29 de enero nos encaminamos, por orden de la autoridad, a la cárcel pública donde estaban encerrados los presos, para darles los últimos auxilios espirituales y acompañarlos hasta el pie de las infamantes horcas, en que, según decía la sentencia, "debían ser colgados por castigo de sus nefandos crímenes y para escarmiento de rebeldes". Me tocó a mí oír la última confesión de don Pedro Domingo Murillo. ¡Qué hombre, Dios mío! ¡qué alma aquella tan superior a las del vulgo de sus contemporáneos! ¿De dónde ha podido recoger tanta luz en esta noche de espesas tinieblas en que hemos vivido? No te diré, no puedo decirte de qué modo me ha deslumbrado con los resplandores sublimes que despedía entonces para extinguirse en el abismo de la eternidad. Hubo momento en que yo parecía más bien el penitente y él mi confesor. Purificándose mi propia fe con sus palabras, vaciló... ¡vaciló, hermano, hasta que él mismo la sostuvo y la dejó más radiante[3] en mi conciencia!

»A medio día salimos al lugar del suplicio entre dos compactas filas de soldados, seguidos por toda la tropa armada en columnas. Los sentenciados iban visiblemente conmovidos, pero conservaban un aire de nobleza y dignidad que imponía respeto a los más furiosos enemigos. Si alguno hubiera cedido a la flaqueza, habría bastado el ejemplo de su jefe para devolverle el ánimo y hasta infundirle el orgullo de morir a su lado. Caminaba éste sereno con la frente erguida sobre la multitud, como si en vez de ir al patíbulo, fuese más bien a dictar desde un tablado la famosa resolución con que se erigió la Junta Tuitiva.

»Cuando llegamos al pie de la horca y quise prodigarle todavía los consuelos de la religión, me dijo con admirable tranquilidad y con dulzura: "basta, Padre; me encuentro bien preparado para responder de mi vida a la justicia eterna, y solo me resta ahora cumplir un deber de mi elevada misión". Enderezándose enseguida, creciendo más de un codo (así me pareció a mí por lo menos en la admiración que me inspiraba) gritó con voz vibrante estas palabras, oídas por todos y grabadas por siempre en mi memoria:¡*Compatriotas! la hoguera que he encendido, no la apagarán nunca los tiranos. ¡Viva la libertad!*

»El sacrificio de los nueve mártires se consumó inmediatamente.

3   «Radiente», en la edición de 1909. (N. del E.)

»No concluiré sin referirte un espantoso incidente, que da idea del despecho y rabia de nuestros enemigos. Cuando levantaban en alto a don Juan Antonio Figueroa con las manos amarradas a las espaldas, la cuerda se rompió, y este noble español que abrazara entusiasmado nuestra causa, cayó pesadamente de pechos y de cara al suelo. Un grito inmenso de horror y de compasión se elevó de la multitud, clamando: ¡misericordia! Pero un oficial se abrió paso por entre las filas de soldados y comunicó a los que presidían el sacrificio una orden increíble, ejecutada al punto. ¡El verdugo, armado de un cuchillo, degolló sobre las piedras a la víctima!

»Todo esto te causará un dolor infinito como a mí, o más que a mí, pues conozco la exaltación de tus ideas y la exquisita sensibilidad de tu ser. ¡Llora, hermano mío! Pero no pierdas la fe ni la esperanza. Las causas redentoras de la humanidad necesitan pasar por estas tremendas pruebas providenciales. Creo habértelo advertido otra vez con las palabras de Tertuliano: *sanguis martirum semen christianorum!*»

El papel no tenía más, firma que un signo extraño, probablemente convencional.

—Tiene razón —exclamó Fray Justo, recorriendo a grandes pasos la estancia—; ¡la hoguera de Murillo abrasará todo el continente! Este fuego sagrado ha de purificar la pestilencia de este aire viciado y...

Una tosecita, a la que yo estaba acostumbrando, y un gemido lastimero, que oía por primera vez, llamaron nuestra atención al sitio que ocupaba mi madre. La vimos sentada en su banquito, oprimiéndose el pecho con una mano, mientras que con la otra tenía en la boca un blanco paño, que aquel día deshilaba en parte, para adornarlo después con caprichosos calados.

Verla Fray Justo, notar una mancha de sangre en el paño, dar una especie de rugido, correr hacia ella, levantarla en sus brazos y conducirla a la tarima, donde la depositó enseguida, fue cosa de un instante, que más he tardado sin duda en referir.

—¡Te he dicho que no trabajes, que no te mates, mujer! —gritó con cólera, y arrojó a la calle el banquito, la almohadilla y el mismo paño, cosas todas que María Francisca se fue a recoger azorada.

—Pero si no estoy tan mal —contestó mi madre sonriendo dulcemente como tenía por costumbre—, ¿y qué sería de nosotros?

Esta sencilla observación, no terminada siquiera, pareció anonadar a mi maestro, quien inclinó la cabeza sobre el pecho; pero no tardó en levantarla con aire de triunfo, preguntando:

—¿Y la alcancía? ¿no me has confesado tú misma que estaba casi completamente llena?

—Eso es imposible —contestó mi madre—; ese dinero es para *mandarle* a estudiar en la universidad de San Francisco Javier y...

En este punto no pude yo contenerme. Corrí llorando a rodear con mis brazos el cuello de la heroica madre que por mí se moría en silencio, e inundé su angélico rostro de besos y de lágrimas.

Fray Justo proseguía entre tanto, diciendo:

—Te lo mando, te lo ordeno. Como tu hermano, como sacerdote que soy, no puedo consentir en esa especie de suicidio, que procuraría impedir también con todas sus fuerzas, cualquier hombre de corazón.

—Y yo te lo ruego —agregué por mi parte—; sí, te lo ruego, madre, con estas lágrimas que tú no querrás que siga derramando tu pobre Juanito!

Rosita —ved cuán santo y querido me será este nombre, cuando se lo doy ahora mismo, en tal ocasión, tan indistintamente del de madre—, no tuvo más recurso que ceder. La alcancía fue solemnemente extraída del fondo del arca, y, rota por las manos febriles de Fray Justo, dejó escapar su contenido sobre la mesa. No era mucho, aunque había, entre las monedas de plata, algunas muy pequeñas de oro.

Desde aquel día la enferma condenada al descanso por nuestro cariño, se vio rodeada de todos los cuidados que el arte de la medicina podía ofrecerle en aquel tiempo, en el que eran sus sacerdotes los empíricos del hospital de San Salvador, y fue asistida no solo con solicitud, sino con mimo por nuestros buenos amigos y las mujeres a quienes favorecía. Yo no me movía un momento de su lado. Fue entonces cuando en íntimos, dulcísimos coloquios, que yo comparo a los arrullos de una tórtola en su nido, me reveló los tesoros que encerraba su alma, un espíritu celeste descendido no sé por qué a una de las regiones más sombrías de la tierra, donde sentía a pesar de su amor y ternura por mí, la nostalgia de su mansión primitiva. Pero nunca, jamás quiso revelarme nada de mi origen, ni de qué modo se vio reducida a buscar nuestro sustento con el trabajo de sus manos.

Al cabo de un mes decía estar tan mejorada y parecía tan guapa y animosa, que le permitimos volver a ocuparse moderadamente de sus labores. Pero, habiendo yo contado a Fray Justo con alegría el haberla visto ponerse por las tardes más hermosa, con vivo carmín en las mejillas, repitió perentoriamente su orden anterior, y, con más ciencia según parece que el Padre Aragonés, famoso médico de entonces, quien se regía por la colección de recetas del admirable doctor Mandouti,[4] recetó leche de vaca recientemente ordeñada por las mañanas, un paseo moderado, en el Sol, a medio día;

---

4 He aquí un ejemplo de ellas: «Escupir sangre. Estiércol de ratones en polvo, cuanto quepa en un real de plata en media taza de zumo de llantén, con azúcar; beberlo en ayunas y a la noche.» (N. del E.)

una larga lectura, que yo debía hacerle por las tardes, del olvidado Don Quijote, y otra lectura corta, de noche, que haría ella misma en lugar de sus largos rezos y oraciones, de una sola página de un pequeño libro, que él trajo y que era la Imitación de Cristo.

Oyéndolo el tío Alejo, se presentó al día siguiente en nuestra puerta con una hermosa vaca negra.

—Aquí está —nos dijo con aire de triunfo—; yo la he traído y es negra, aunque no lo significó su Paternidad; porque yo sé que así debe ser.

Hizo que María Francisca llenase de la espumosa leche el vaso adornado de flores; se lo ofreció éste a mi madre, y se llevó riendo la vaca para seguir trayéndola por muchos días todas las mañanas. Por mi parte, cumplí también, de mil amores lo que me correspondía: leí en alta voz capítulos enteros: los comenté a mi modo, haciendo reír a la enferma; y las cosas fueron tan bien, que al cabo de veinte días la creímos enteramente sana, y estaba alegre, juguetona como yo mismo.

Tranquilo y contento, al recorrer la villa y sus alrededores en los paseos obligatorios de mi madre, comencé a conocer de vista a muchas personas notables, y advertí cosas extrañas que pasaban en la villa y que excitaron mi curiosidad.

Un clérigo joven todavía, don Juan Bautista Oquendo, llamó particularmente desde un principio mi atención. Debía estar dotado de maravillosa actividad, porque se le encontraba en todas pares y a cada momento. Visitaba diariamente las casas de muchos criollos acomodados; se acercaba a todas las pulperías y a los puestos de la recova; detenía en la calle a las personas más humildes; tenía algún chiste, alguna palabra afectuosa para introducirse con raro tacto del corazón humano, según he comprendido después, y concluía por hacer a todos la siguiente recomendación, que un día dirigió a mi madre, saludándola con el nombre de monjita:

—Ruega, hija mía, por nuestro bondadoso rey don Fernando VII; enséñale a este perillán, a este pícaro (aquí me dio una palmadita) el amor, la sumisión, el respeto... ¡qué estoy diciendo! la veneración que debemos tenerle todos sus vasallos de estos dominios, todos los hombres de la cristiandad. El excomulgado Napoleón y los franceses herejes, impíos lo han despojado de su trono, lo tienen preso, lo martirizan, lastiman cruelmente su corazón paternal queriendo hacernos esclavos del demonio.

Sus sermones en quechua, en esta lengua tan insinuante y persuasiva, que él hablaba con rara perfección (pues ya se había adulterado mucho y tendía a convertirse en dialecto semi-castellano como es hoy) atraían inmensa concurrencia de pueblo a las iglesias; y cuando predicaba en castellano, los españoles y los criollos admiraban su elocuencia, su celo religioso, su fidelidad al monarca, aunque, a decir verdad, no gustaba ya mucho a los primeros que se tocara con frecuencia este último punto, que decían ser muy delicado.

En el mismo empeño de avivar el sentimiento de fidelidad «al rey legítimo nuestro señor natural», estaban infatigables otros caballeros criollos y unos cuantos mestizos, entre los que nadie igualaba, empero, el entusiasmo, el fervor y la abnegación de Alejo.

Venía ahora el tío muy alegre y gritaba desde la puerta:

—¡Viva el rey Fernando, el Bien Amado!

Decía a mi madre:

—Niña Rosita, si no gritas: ¡viva el rey!, así como yo respirando todo el aire de este cuarto, no podrás sanarte nunca de la tos para hacernos más felices de lo que nos espera.

Dirigiéndose a mí, y después de levantarme sobre su cabeza de un solo pie, lo que me producía un vértigo agradable, continuaba:

—¡Vamos, muchacho! ¡viva el rey! porque si no, te tiro al suelo, o vas volando al otro lado de aquella casa, como un pajarito.

Y brincaba al mismo tiempo de un modo que me parecía que me iba a estrellar la cabeza contra las vigas del techo hasta que yo gritaba cien veces: ¡viva el rey! No dejaba en paz ni a la pobre María Francisca, ni a ninguna de las mujeres medio idiotizadas de que he hablado, las que lo miraban con asombro y decían que, si no estaba loco, se había vuelto criatura.

Hacía extremos increíbles en su fervor realista. El día de Viernes Santo salió de penitente, desnudo hasta medio cuerpo, con pesadísima y enorme cruz, corona de espinas de algarrobo y cuerda o cabestro de cerda al pescuezo, flagelándose de tal modo que parecía tener hechas una llaga viva las espaldas, sin perder ocasión de clamar que lo hacía en castigo de sus propias culpas y para ofrecer a Dios ese ligero sacrificio por el amado rey, a quien martirizaban más que a él mismo los hijos de Satanás. Edificó a la multitud que lloraba a gritos al verle y oírle, y todos le prometieron que estaban dispuestos a morir a su lado, para que los condujese a las puertas del paraíso. Pero al día siguiente vino a vernos tan sano y bueno, y rió de tal modo, que tengo para mí que el muy bellaco hizo su disciplina de algodón trenzado y la empapó en sangre de carnero, lo mismo que la corona de espinas cuidadosamente despuntadas.

Un día —debió ser por el mes de julio, pues los campos estaban casi enteramente deshojados de las abundantes cosechas de ese hermoso granero alto-peruano—, fui espectador, también, de una curiosísima escena, al acompañar a mi madre en uno de sus paseos diarios por las barrancas del Rocha fronterizas a Calacala. En medio de un campo de cebada no acabado de visitar por la hoz de los *colonos* del señor Gangas, cuya quinta estaba muy inmediata, vimos a caballeros respetables como don Francisco del Rivero, don Bartolomé Guzmán, don Juan Bautista Oquendo y otros cuyos nombres solo supe después, jugando al parecer al escondite; pues tendidos los unos en el suelo y puestos otros en cuclillas, para acechar éstos no sé a quién, se hacían señas de guardar silencio unas veces y se reían otras, tapándose al punto la boca con las manos. Cuando notaron nuestra presencia, salió de entre ellos caminando a gatas, con gran asombro mío, Fray Justo en persona.

—No digáis a nadie que nos habéis visto y alejaos al momento —nos dijo—, y volvió a esconderse como había salido.

Tres días después supimos que el señor gobernador don José González de Prada había remitido presos, a Oruro, a don Francisco del Rivero, don Estevan Arze y don Melchor Guzmán Quitón. Nuestros amigos dejaron de venir y nos olvidaron todavía por muchos días. En cambio, nada preferible por cierto, adquirí una nueva amistad, que disgustó mucho a mi madre, y voy a decir de qué modo.

La calle en que vivíamos, casi siembre desierta por aquel lado, no estaba empedrada; por lo cual la esquina, una cuadra más abajo, servía de punto de reunión a los muchachos ociosos y mal entretenidos del barrio, que eran casi todos, para jugar a la *palama*. Este juego, cuyo nombre debe derivarse del palamallo usado en la Península, consiste en poner sobre una raya trazada en el suelo una piedra larga parada de punta, para irla derribando, de una distancia convencional, con otras piedras planas lo más pesado posibles, que se arrojan con la palma de la mano. Cada caída de la piedra es un punto; si ninguno de los jugadores la derriba, gana el punto aquel cuya piedra está más próxima a la raya. Los puntos son, en fin, doce, y suelen doblarse a veinticuatro, o convenir más, según la destreza de los jugadores.

Entre los dichos había uno blanco y rubio, llamado El Overo, según acostumbra llamar la gente mestiza a los de ese pelaje. Era el más diestro, gritón y travieso de todos; armaba mil pendencias de las que salía siempre vencedor en igualdad de condiciones, y de las que escapaba con una ligereza admirable, cuando el enemigo contaba con superioridad de fuerzas. Puesto en salvo, en este último caso, hacía desde alguna esquina las señas más irritantes a sus perseguidores, como, por ejemplo, la que consiste en ponerse el dedo pulgar en las narices y agitar los otros con la mano enteramente abierta.

Le fui simpático, o como él decía, «le caí en gracia». Varias veces anduvo rondando por la calle; me llamaba de lejos para jugar conmigo; se desesperaba por hacerme partícipe o víctima de sus diabluras. Una mañana en que mi madre salió a misa, dejándome solo contra su costumbre, aprovechó la deseada ocasión y se me entró en casa, «como el rey por la puerta».

—No seas tonto, don Santito —me dijo—; ven a divertirte como todos; déjate de tu librote... ¿para qué sirve la lectura? Yo no sé para qué me la enseñó mi padre con otras cosas enteramente inútiles.

Con pasmosa volubilidad y huroneándolo todo, sin esperar respuesta, siguió ensartando mil cosas distintas, imposibles de retener en la memoria, hasta que hubo abierto la puerta que daba al patiecito y exclamó.

—¡Qué lindo! ¡viva el rey! Ya no tenemos necesidad de salir de tu madriguera.

Armó allí la *palama* con piedras arrancadas del hogar de la cocina, me hizo jugar un momento, y me fue enseñando uno tras otros mil juegos diferentes, propios o impropios de nuestra edad. Tenía para el efecto trompos, pelotas, perinolas y una sucia y mugrienta baraja en los bolsillos. Cansados entre ambos, me dijo:

—Vamos a descansar en el cuarto.

Volvimos allí; pero su descanso consistió en desconcertarlo y moverlo todo, sin perdonar ni las estampas, ni el cuadro de la Divina Pastora. De repente al mirar detrás de éste, lanzó un grito; lo separó más de la pared y, señalando un nicho, en el que había un paquetito, me preguntó:

—¿Qué es esto?

—No lo sé; nunca lo he visto —le contesté.

—Pues... vamos a verlo —replicó.

Y sin esperar más deshizo el paquete, en el que solo había un cabo de cuerda de esparto como de una vara de largo, de un color indefinible como de grasa y hollín, extraño objeto que él miró con asombro y me pasó enseguida.

En este momento llegó mi madre y me dijo muy enojada:

—¿Quién se ha atrevido a revolver todo esto? ¿quién es este muchacho?

Yo no sabía mentir; caí de rodillas; le conté todo lo que había pasado. Mi nuevo amigo dio entonces un brinco hasta la calle, volvió la cabeza y gritó, antes de acabar de escaparse:

—¡Compadre Carrasco!

Y estas palabras impresionaron mucho a mi madre.

Capítulo III. Lo que yo vi del alzamiento

Prometí solemnemente a mi madre no volver a reunirme con tan peligroso amigo y así me lo prometía yo mismo, sin creer que faltaría a mi palabra, cuando no bien trascurridos tres días, vino otra vez El Overo, y me tentó, y me arrastró con los suyos, y me hizo dar a aquélla la pena mayor de que me acusa la conciencia, todo como ha de verse en el presente capítulo y el que le sigue.

Al rayar el alba el 14 de septiembre, de imperecedera memoria para los hijos de Cochabamba, mi madre había salido a entregar una labor urgente en el pueblecillo de la Recoleta, dejándome todavía dormido y encomendado a los cuidados de María Francisca que, al mismo tiempo, debía encargarse de los de la cocina. Cuando me desperté, oí algunos tiros lejanos de fusil y de mosquete, y, un poco después, toques de rebato en la elevada torre de la Matriz, contestados casi al punto por la gran campana de San Francisco y por todas las de los otros muchos campanarios de las iglesias. Me vestí precipitadamente, corrí a la puerta... ¡qué tumulto había por el lado de la plaza! Grupos numerosos de hombres y mujeres corrían en aquella dirección, gritando:

—¡Viva Fernando VII! ¡mueran los *chapetones*!

No sé si de intento o casualmente, apareció en la calle el amigo que me había dejado al parecer ofendido con tan extrañas palabras. Capitaneaba la turba de sus compañeros armados de palos y cañas de carrizo; gritaba también como él solo sabía gritar, y le hacían coro los otros como ellos solos podían hacerlo. Al verme, se me vino muy suelto de cuerpo y como si nada hubiera pasado; su tropa hizo alto y se arremolinó en la esquina esperando a su jefe.

—No estoy enojado —me dijo—. ¿Qué haces ahí, don Papa-Moscas? Vente con nosotros, o te tomo de recluta.

Y sin esperar respuesta, como tenía de costumbre, me agarró del cuello y me arrastró y me hizo apresar con sus compañeros, sin que valiesen mis esfuerzos, mis protestas, ni los gritos, ni las amenazas de María Francisca que salió heroicamente de la cocina en mi auxilio. Todo fue en vano, repito: la turba me arrastró consigo en dirección a la plaza.

Poco a poco me fui calmando de mi justísima indignación y aquello concluyó por divertirme, como era muy natural en mi edad. Comprendí, por otra parte, que el tumulto podía tener alguna relación con «el alboroto del 16 de julio», cuyo término conocía yo por la carta que me hizo leer mi maestro. Como la sabía ya de memoria, según éste me recomendó, quise entonces distinguirme a mi modo entre los compañeros que me habían hecho suyo por fuerza.

—¡Alto, muchachos! —grité, subiéndome sobre un guarda-cantón que tal vez exista todavía en la esquina de la calle a la que han llamado posteriormente de Ingavi—. «¡Compatriotas! yo voy a morir por vosotros» —continué con el sombrero en la mano—; «¡sí!, yo quiero morir aunque me caiga de la horca y me degüellen sobre el empedrado; porque la hoguera que vamos a encender no la apagarán nunca los tiranos, y abrasará todo el continente. ¡Viva la libertad!

—¡Viva! ¡viva la libertad! —contestó la banda infantil, electrizada por las palabras de Murillo, embellecidas a gusto mío y aumentadas con las que oí a mi maestro.

—¡Viva Juanito! —prosiguió El Overo—; «éste merece más que yo ser el capitán. ¡Bájate, hombre! toma mi palo y... ¡adelante, muchachos!

Diciendo y haciendo, a su manera acostumbrada, me estiraba de los pies, me hacía bajar del guarda-cantón, me ponía su caña en la mano, me empujaba a la cabeza de la columna y se colocaba respetuosamente a mis espaldas; todo en medio de los aplausos crecientes de nuestros soldados.

Llegamos así a la esquina de la Matriz. La multitud llenaba ya casi toda la plaza y seguía afluyendo por todas las calles; formaba oleadas, corrientes y remolinos, notándose solamente alguna fijeza en las columnas de milicianos y de una extraña tropa, a pie y a caballo, de robustos y colosales campesinos del valle de Cliza. Los infantes de esta tropa tenían monteras de cuero más o menos bordadas de lentejuelas, los *ponchos* terciados sobre el hombro izquierdo, arremangados los calzones y calzados los pies de ojotas. Pocos fusiles y mosquetes brillaban al Sol entre sus filas, siendo la generalidad de sus armas, hondas y gruesos garrotes llamados *macanas*. Un grupo bullicioso de mujeres de la recova discurría por allí repartiéndoles, además, cuchillos, dagas y machetes que ellos se apresuraban a arrebatarles de las manos. Los jinetes mejor vestidos y equipados, muchos con sombreros blancos y amarillos de fina lana, ponchos de colores vistosos, polainas, rusos y espuelas, cabalgaban yeguas, rocines y jacos, armados muy pocos de lanza o sable, y la mayor parte, de grandes palos con cuchillos afianzados de cualquier modo en la punta. A su cabeza se distinguía un grupo numeroso de hacendados criollos, en hermosos y relucientes potros que lucían arneses con profusos enchapados de plata. Comandaban las tropas don Estevan Arze y el joven don Melchor Guzmán Quitón, seguidos por muchos ayudantes y amigos particulares, caracoleando entre la multitud en briosos caballos, cubiertos de sudor y espuma. Los anchos y espaciosos halcones de madera labrada de la acera fronteriza de donde yo estaba, se encontraban llenos de familias criollas, ocultando la primera fila señoras vestidas en traje de iglesia, con sayas y mantos, pues el tumulto las había sorprendido al ir a misa, como tenían por costumbre todas las mañanas. En la galería superior del Cabildo[5] se veía apiñados

5   Dicen que ahora es una hermosa casa particular. (N. del A.)

a los notables de la villa. A las puertas del convento y atrio de San Agustín,[6] en la acera de la derecha, se formaban corros, en los que se distinguían hábitos enteramente blancos o con mantos negros, azules, grises, etc., de las diferentes órdenes religiosas. Fray Justo —no podía dejar de llamarme particularmente la atención mi querido maestro—, hablaba y gesticulaba allí como un poseído. En medio del ruido ensordecedor de las campanas, gritaban todos a un tiempo y mil cosas diferentes; los unos: ¡viva Fernando VII!; los otros: ¡mueran los *chapetones*!; aquéllos: ¡viva la patria!; éstos: ¡queremos que manden los hijos del país!; los más próximos al Cabildo: ¡viva don Franscisco del Rivero! ¡que hable don Juan Bautista Oquendo! Estos dos últimos personajes estaban entre los notables de la galería del Cabildo; gritaban como todos, no sé qué; movían los brazos; los que los acompañaban hacían señas a la multitud con sombreros y pañuelos... Todo esto, de que ahora doy testimonio, lo vi yo mejor que nadie, levantado en brazos por los más robustos de mis compañeros, de pie muchas veces sobre sus hombros, en equilibrio, merced a las travesuras que decía Alejo haberme enseñado.

Por fin disminuyó un poco el ruido de los repiques, pues habían mandado callar los de la Matriz (no sin haber arrancado por fuerza al campanero de su sitio, con la cuerda de los badajos en las manos, según dijeron); y el nombre tan popular de Oquendo y las insinuaciones de los notables consiguieron que la multitud guardase silencio y prestase atención, a lo menos en aquel lado de la plaza. El orador habló entonces por algunos momentos; pero solo llegaron hasta mí sus dos últimas palabras arrojadas con todas las fuerzas de sus poderosos pulmones y repetidas en el acto por todas partes:

6   Allí ha mandado construir el general don José Ballivián la casa pretorial y palacio de justicia con galerías, que me aseguran ser muy elegantes y espaciosas. (N. del A.)

—¡Cabildo abierto! ¡cabildo abierto!

Con estos nuevos gritos, que reemplazaron a todos los anteriores, la multitud se fue compactando a las puertas del Cabildo, de un modo tal, que según observaba mi ayudante El Overo, se habría podido caminar sobre las cabezas, sin temor de caerse por más lerdo que se fuera. Nosotros queríamos a toda costa penetrar en aquella masa, sin saber por qué ni para qué, cuando un tumulto y espantosa vocería llamaron nuestra atención hacia la calle de las Pulperías.[7]

—¡Vamos allá!, ¡vamos allá! —nos dijimos: ¿Ni a dónde podíamos ir con más gusto, si no era donde más bulla y confusión había?

Tomamos, en consecuencia, aquella dirección, por la acera del poniente de la plaza, ya muy transitable. Al llegar a la esquina de dicha calle y el Barrio Fuerte[8] nos vimos detenidos por el gentío, que se atropaba también allí excitado por la curiosidad. No había más remedio que recurrir yo nuevamente a los servicios de mis compañeros. Lo hice así, me puse sobre los hombros de los primeros que me los ofrecieron a condición de decirles lo que era aquello, y vi y dije en alta voz lo que iba sucediendo.

Un caballero, que sin duda había salido del templo de San Agustín con Fray Justo, por la puerta lateral que daba a la repetida calle de las Pulperías, estaba amenazado de muerte por algunos frenéticos que lo rodeaban, y, herido ya en la cabeza, con el traje en desorden, se abrazaba fuertemente de la cintura del Padre, quien rogaba y suplicaba, sin dejar por eso de repartir vigorosos pescozones a los que se aproximaban a concluir la inmolación del desgraciado.

---

7   Debe ser la calle que han llamado del teatro Achá. (N. del A.)
8   Ya entonces comenzaban a llamarlo simplemente calle de San Francisco. (N. del A.)

—¡Que muera! ¡que muera el adulador de los *chapetones*! —gritaban los furiosos adversarios.

Y creo que, a pesar de los ruegos y pescozones de mi maestro, hubieran despedazado al fin y arrastrado por las calles los miembros de ese hombre, si no sobreviniera una partida de tropa del Valle conducida por Alejo y que al principio pareció aumentar el conflicto.

Cuando Alejo reconoció al caballero, su semblante sufrió en efecto, la trasformación más bestial y feroz de que era susceptible.

—¡Que muera! ¡matémosle como a un perro! —gritó, enarbolando una barra de hierro tan larga y gruesa como las macanas de su gente, pero que él blandía como ligera caña.

Fray Justo conocía a fondo su carácter y tomó el único partido que podía ser eficaz.

—Alejo, mi querido Alejo —le dijo con dulzura y postrándose en el suelo—; no ejerzas esta venganza, o mátame antes a mí..., destroza la cabeza de tu amigo, de tu confesor!

El hercúleo cerrajero se detuvo, vaciló un momento; pero acabó por decir las palabras que le eran habituales en casos semejantes:

—Bueno... ¡ahí está!

Volvió enseguida la cara a los furiosos de la multitud; se apoyó con ambas manos en su barra, y agregó tranquilamente:

—Nadie ha de tocar en mi presencia ni un pelo más de la ropa del señor Alcalde.

Aquel hombre estaba salvado. Todos sabían que Alejo doblaba y desdoblaba, como si fuese de cera, un peso carolino, y todos le habían visto caminar un día, riendo por las calles con un asno en los brazos. ¿Quién había de querer exponerse al más ligero golpe de su barra?

Nada teníamos ya que hacer allí y nos volvimos al lado del Cabildo. Las noticias de lo que en él estaba pasando corrían de boca en boca y merecían los más entusiastas aplausos.

—Hemos reconocido, decían, la Excelentísima Junta de Buenos Aires. ¡Que viva la Junta! ¡viva don Fernando VII! Don Francisco del Rivero es nombrado Gobernador. ¡Viva el Cabildo! Don Estevan Arze y don Melchor Guzmán han de seguir mandando las tropas. ¡Qué valientes son! ¡viva don Estevan! ¡viva don Melchor! Dicen que les van a dar garantías a los *chapetones*. Eso está malo. No, no... ¡pobres *chapetones*! ¡Que nadie muera! ¡Viva la patria!

A todo esto yo gritaba y hacía gritar ¡que viva! a mi banda más bullanguera que toda aquella gente; pero en mi interior me decía: ¿qué es esto? ¿qué es por fin lo que ha sucedido? Y no me atrevía a dirigir a nadie estas preguntas, temiendo que, informados todos muy bien de aquellas cosas, conociendo perfectamente lo que se hacían, se riesen de mi necia ignorancia o de mi ingenuidad.

Felizmente volvió a aparecerse por allí mi maestro, que había acompañado a su protegido hasta dejarlo en su casa, y viéndome él, se acercó y tuvimos el siguiente diálogo.

—¿Tú también por aquí, muchacho?

—Sí, señor; me han traído... yo no quería venir...

—No, hombre; no está malo. ¿Y qué has hecho?

—He gritado como todos: ¡viva Fernando VII! ¡mueran los *chapetones*!

—Pase lo primero; lo segundo de ninguna manera. No se debe matar a nadie cuando se va a hacer vivir a la patria.

—Eso mismo acaban de decir algunos. He hablado, también, como Murillo y he concluido con ¡viva la libertad!

—Magnífico, hijo mío.

—Pero..., perdone su Paternidad: no sé bien todavía lo que hemos hecho todos, ni de cómo ha sucedido esto desde el amanecer.

—Eso puedo decírtelo de mil amores, si te vienes conmigo al convento. Hay tiempo de hablar mientras concluye el cabildo y creo saber, también, todo lo que de él ha de salir.

Mis camaradas no se opusieron a que le siguiese, por respeto a la persona del Padre. Solo El Overo me hizo el gesto de burla que acostumbraba con la mano en las narices.

Capítulo IV. Comienzo a columbrar lo que era aquello

La celda de mi maestro no tenía nada de particular que la distinguiese de la de cualquier otro religioso, ni creo necesario describirla para mejor inteligencia de mi sencillo relato. Cerró él cuidadosamente la puerta, me hizo sentar en un escaño junto a la mesa, tomó al otro lado un sillón forrado de baqueta, y comenzó a hablar de esta manera:

—Más tarde comprenderás mejor que yo mismo lo que significa el alzamiento que acabas de ver; porque tú puedes conocer a fondo muchas cosas que yo apenas he entrevisto, a pesar de mis afanosos y clandestinos estudios de veinte años. Cuando así suceda, cuando una luz más viva inunde tu inteligencia, acuérdate de mí, pobre fraile que te enseñé a leer, y piensa de qué modo los raudales de ciencia, que han de serte generosamente ofrecidos, me hubieran consolado de los tormentos de mi oscura vida.

Detúvose aquí por un momento. Enseguida se pasó fuertemente la palma de la mano por la espaciosa frente, como si quisiera librarse de algo que sobre ella pesaba, y continuó:

—El país en que hemos nacido y otros muchos de esta parte del mundo obedecen a un rey que se encuentra a dos mil leguas de distancia, al otro lado de los mares. Se necesita un año para que nuestras quejas lleguen a sus pies, y no sabemos cuándo vendrá, si viene, la resolución que dicte su Consejo o simplemente su voluntad soberana. Sus agentes se creen semidioses a inmensa altura de nosotros; sus vasallos que vienen de allí se consideran, cual más cual menos, nuestros amos y señores. Los que nacemos, de ellos mismos, sus hijos, los criollos somos mirados con desdén, y piensan que nunca debemos aspirar a los honores y cargos públicos para ellos solos reservados; los mestizos, que tienen la mitad de su sangre, están condenados al desprecio y a sufrir mil humillaciones; los indios, pobre raza conquistada, se ven reducidos a la condición de bestias de labor, son un rebaño que la *mita* diezma anualmente en las profundidades de las minas.

»Bastaban estas razones para que deseásemos tener un gobierno nuestro, de cualquiera especie, formado aquí mismo, para que estemos siempre a sus ojos. Pero hay todavía otras no menos graves, que nos harán preferir nuestra completa extinción por el hierro a seguir viviendo bajo el régimen colonial.

»El hombre condenado a ganar su pan, el sustento material, con el sudor de su rostro, no puede ni siquiera cumplir libremente ese decreto providencial. Si es agricultor, si ha podido obtener una porción de tierra en los repartos de la corona, le prohíben hacer algunos cultivos de los que resultaría competencia a las producciones de la Península; si quiere explotar los ricos filones minerales de nuestros montes y cordilleras, necesita gozar de influencias para contar con brazos y hasta el azogue que entra en el beneficio; si se hace comerciante, ve que todo el comercio pertenece a una serie de privilegiados, desde las grandes compañías de Sevilla, Cádiz y Cartagena hasta los últimos pulperos españoles y genoveses; si se atreve a ser manufacturero, ve que le destruyen brutalmente los instrumentos de su industria. Yo sé de viñedos y olivares que han sido arrancados o destruidos por el fuego; conozco criollos y mestizos que descubrieron minas fabulosamente ricas para abandonar desesperados su explotación a los españoles; este lienzo listado de verde que sirve de sobremesa es tocuyo de Cochabamba, llevado a España para teñirlo, traído con el nombre de angaripola, vendido a sus primitivos dueños a precio inconcebible, sin permitirles que hagan ellos mismos tan sencilla operación; he visto, en fin, derribados muchas veces los telares en que se teje pertinazmente ese tocuyo.

»La instrucción, alimento del alma, luz interior añadida a la de la conciencia para hacer cada día al hombre más rey de la creación, no la pueden obtener más que contadas personas y de una manera tan parsimoniosa que parece una burla. ¡Cuánto me he reído yo a veces de lo que en muchos años me enseñaron en la Universidad de San Francisco Javier de Chuquisaca! Hay verdadero empeño por mantenernos ignorantes; sabio es entre nosotros el que dice las mayores tonterías en latín, y ¡Dios tenga piedad del que aspira a conseguir otros conocimientos que los permitidos, porque se expone a morir quemado como hereje filosofante! En Cochabamba, aquí, por motivo que te diré a su tiempo, era crimen de lesa majestad el enseñar a leer a los varones.

»La religión que han dejado oscurecer los mismos sacerdotes —acércame el oído, hijo mío—, no es ya la doctrina de Jesús, ni nada que pudiera moralizar al hombre para conducirlo gloriosamente a su fin eterno. Hacen repetir diariamente el Padre nuestro y mantienen la división de las razas y las jerarquías sociales, cuando les era tan fácil mostrar en las palabras de la oración dominical, enseñada por Cristo en persona, la igualdad de los hombres ante el padre común y la justicia. Debieran procurar que los fieles amasen a Dios «en espíritu y verdad»; pero fomentan las supersticiones y hasta la idolatría. Veo en los templos —inclínate más—, imágenes contrahechas que reciben mayor veneración que el Sacramento. Me han dicho que en cierta parroquia adoraban al toro de San Lucas o el león de San Marcos y le rezaban con cirios en las manos! Tal vez harán lo mismo en otras con el caballo de Santiago y el perro de San Roque. Para obtener, en fin, bienes temporales multiplican las fiestas, inventan no sé qué *devociones*, en medio de la crápula, a la luz del Sol, de ese antiguo dios padre que el pobre indio adoraba más conscientemente, con más pureza quizás.»[9]

Volvió a hacer una pausa más larga en este punto. Yo respeté su silencio; pero no pude dejar de llevarme a los labios una de sus manos descarnadas.

—Todo esto —prosiguió—, es preciso que concluya. En cada uno de los centros de población de estos vastísimos dominios hay ya un pequeño grupo de hombres que así lo han resuelto y lo conseguirán. Hoy no los comprende todavía la multitud, y se sirven por eso de algún pretexto, para arrastrar aquella a un fin gloriosísimo, de un modo que no choque a ideas inveteradas en la larga noche de tres siglos. Debes saber que la misma esclavitud llega a ser una costumbre que es difícil abandonar. Me han contado de un hombre que, preso muy joven, puesto en libertad después de muchos años, volvió a pedir en la cárcel su querido calabozo, oscuro y sin ruido, cual decía convenirle en la indolencia y ensimismamiento en que había caído y de los que no salió jamás.

»Un gran genio dominador, brotado del seno de una tremenda convulsión del reino de Francia, invadió la España y vio caer de rodillas a sus pies al rey don Carlos IV y al Príncipe de Asturias don Fernando. La noticia llenó de consternación a estas colonias de América; y de esa consternación por el destronamiento del rey legítimo, sale ya el sentimiento de la libertad. Esos vivas que oyes a Fernando VII están diciendo a los oídos de la mayor parte de los hombres del cabildo: ¡abajo el rey! ¡arriba el pueblo!

»Pero el intento oculto aún de esos hombres no es nuevo, no es de ayer solamente en este suelo en que has nacido, hijo mío!»

9 Véanse las cartas pastorales del Ilustrísimo señor don Fray Joseph Antonio de San Alberto, Arzobispo de la Plata. (N. del A.)

Aquí se paró levantando las manos al cielo, para proseguir cada vez más animado.

—No cansaré tu atención con la más breve noticia de las sangrientas convulsiones en que la raza indígena ha querido locamente recobrar su independencia, proclamando, para perderse sin remedio, la guerra de las razas. Recordaré sí, con alguna extensión, un gran suceso, un heroico y prematuro esfuerzo, que conviene a mi objeto y nos interesa particularmente.

»En noviembre de 1730 circuló en esta villa y los pueblos de nuestros amenos y fecundos valles, la noticia de que don Manuel Venero y Valero venía de la Plata, nombrado revisitador por el rey, a empadronar a los mestizos como a los indios, para que pagasen la contribución personal, el infamante tributo de la raza conquistada. No era ella exacta; querían únicamente comprobar el origen de las personas, para inscribir, en su caso, en los padrones, a los que en realidad resultasen ser indígenas. Pero de esto mismo era muy natural esperar y temer infinitos males y abusos de todo género.

»Los mestizos, que formaban ya la mayor parte de la población, recibieron la noticia con gritos de dolor, de vergüenza y de rabia, levantados sin temor a los oídos de los *guampos*, que así llamaban a los que ahora *chapetones*. Resueltos a oponer una vigorosa resistencia, a derramar su sangre y la de sus dominadores antes que consentir en esa nueva humillación, buscaban un jefe animoso y lo encontraron enseguida.

»Éste fue un joven de veinticinco años, de sangre mezclada como ellos, oficial de platería, excepcionalmente enseñado a leer y escribir por su padre, o tal vez como tú, por algún bondadoso fraile. Se llamaba Alejo Calatayud.»

A este nombre me hice todo oídos.

«Vivía —prosiguió mi maestro—, en una humilde casita de la calle de San Juan de Dios, a inmediaciones del hospital, con su madre Agustina Espíndola y Prado, su esposa, de veintidós años de edad, Teresa Zambrana y Villalobos, y una tierna niña llamada Rosa, primer fruto del honrado matrimonio. Debo advertirte que los pomposos apellidos que acabo de pronunciar, no son indicio seguro de parentesco con las familias de ricos criollos que los llevaron, siendo la de Zambrana fundadora de un mayorazgo. En aquel tiempo los criados que nacían en casa de sus amos se ponían, de un modo más corriente que hoy, el apellido de la familia. Puede ser que esto sucediera con Agustina y Teresa; pero tampoco sería extraño que tuviesen sangre de orgullosos mayorazgos en sus venas, comunicada por las disipaciones que entretenían los ocios de sus señores en la monótona existencia a que los condenaba el bendito régimen colonial.

»Alejo oyó con no encubierta satisfacción las insinuaciones de sus compañeros y amigos los menestrales de la villa. Fuera de los vejámenes que amenazaban a todos y que habrían bastado para decidirle a dirigir el alzamiento, quería vengarse él mismo de una afrenta personal. El altanero don Juan Matías Cardogue y Meseta, capitán de milicias del rey, sin poderlo humillar en una disputa, lo había herido en la mano con su espada, y la cicatriz, presente a cada momento a sus ojos, le hacía muchas veces suspender su trabajo para sumirlo en sombríos pensamientos.

»El 29 de noviembre de aquel año —pronto harán ochenta los que han corrido—, la familia del platero comía alegremente en su casita, cuando se aproximaron a esta muy agitados Estevan Gonzales, José Carreño, José de la Fuente, un Prado, un Cotrina, cuyos nombres no he podido averiguar, y otros mestizos. Llamando enseguida a Alejo junto a la puerta, con gran zozobra de su madre y de su esposa, le dijo uno de ellos que la ocasión había llegado; que la villa estaba casi enteramente desguarnecida, porque el revisitador había pedido del pueblo de Caraza una escolta para entrar con seguridad en ella, y había marchado allí en consecuencia la tropa de guarnición al mando de Cardogue. Todos ellos siguieron después reclamando su auxilio y dirección, en cumplimiento de las promesas que les tenía ya hechas.

»—Vamos! —contestó Alejo—; reunamos a los nuestros; apoderémonos de las armas con que cuenta la guardia del cabildo y de la cárcel, y levantemos bandera negra contra los *guampos*.

»Todo esto se hizo aquella noche y el día siguiente. La multitud reunida a los gritos de ¡viva el rey! ¡mueran los *guampos*! —ves, hijo mío, cuán semejantes a los que oíste esta mañana—, invadió la plaza; rompió las puertas del cabildo y la cárcel; se apoderó de las pocas armas; que no eran ni diez, ni estaban todas utilizables; y, al amanecer el 30 de noviembre, había cuatro mil hombres armados de hondas, palos y cuchillos en la pequeña altura de San Sebastián, donde Calatayud, situado en la Coronilla agitaba su bandera de muerte, a los gritos delirantes de venganza. El joven oficial de platería desafiaba así al poder más grande que ha existido y no volverá a existir nunca sobre la tierra.

»A la noticia del alzamiento el revisitador huyó despavorido a refugiarse en Oruro, y Cardogue con su pequeña columna volvió sobre sus pasos sin amedrentarse. Era el capitán audaz y soberbio como los antiguos conquistadores; le parecían bastar sus bocas de fuego para infundir respeto a la multitud que, por otra parte, le merecía sola mente el más profundo y cordial desprecio. El combate fue espantoso, quedando la victoria por el mayor número, con total sacrificio de los vencidos.

»Como suele suceder en tales casos —¡no lo permita Dios al presente!—, la multitud sintió esa horrible, insaciable sed de sangre y de pillaje que extiende negras sombras, indelebles manchas sobre la gloria de sus más justos sacrificios y merecidos triunfos. Desbordada en la villa inmoló a los españoles que no pudieron seguir en su fuga a Valero; entró a saco en sus casas, y no se detuvo ante las puertas de las de algunos criollos. No sé si Calatayud autorizó sus excesos, pero debió consentirlos o tolerarlos por lo menos. Creo sí, que él no fue partícipe del pillaje, porque siguió viviendo y murió pobre, sin que su madre ni su esposa le viesen jamás en posesión de dinero ni otros objetos que no pudiera haber tenido antes honradamente con su trabajo.

»Para poner un término a esos criminales excesos propusieron entonces los notables criollos de la villa una capitulación, discutida después en cabildo abierto. Reconocida siembre la autoridad del rey, se convino entre otras cosas de las que no tenemos noticia, que los cargos públicos no se conferirían más que a los hijos del país, a fin de que éstos protegiesen y amparasen a todos sus hermanos. Se nombraron nuevos Alcaldes, entre ellos a don José Mariscal y a don Francisco Rodríguez Carrasco. El jefe del movimiento, Calatayud, obtuvo el derecho de asistir al cabildo y oponer su veto cuando le pareciese conveniente, hasta que el rey de España confirmase las capitulaciones.

»Dios sabe las consecuencias que hubiera tenido este gran acontecimiento, si la más negra traición no le pusiera un término atroz, más sangriento que su origen. Puedo asegurarte, sí, que él alarmó sobremanera al virrey del Perú y resonó en Buenos Aires y la capitanía general de Chile.

»El Alcalde Rodríguez Carrasco era compadre de Calatayud; había llevado a las fuentes bautismales a la niña Rosa; gozaba de la confianza de toda la familia. Hombre audaz, mañero, ambicioso de títulos y honores, comprendió que podía sacar de aquella crítica situación un partido ventajosísimo para sus intereses. Púsose primero de acuerdo con sus más íntimos allegados y amigos, y concluyó por fraguar una tenebrosa conjuración.

»Calatayud vivía entre tanto descuidado. Solo veía con dolor turbada la tranquilidad anterior de su casa por las incesantes quejas y reconvenciones de su esposa. El confesor de ésta, don Francisco de Urquiza, cura de la Matriz, atormentaba su alma, afeando la conducta de su marido.

»—¿Por qué —decía Teresa—, te atreves tú a llevar en la mano el bastón que no corresponde a los de tu clase? ¿no sabes que por voluntad de Dios debemos inclinar la cabeza ante los predilectos vasallos del rey nuestro señor?

»Y Alejo respondía con altivez, con el sentimiento profundo de la igualdad humana, despertado poderosamente en su alma:

»—Porque soy tan hombre como ellos mismos; porque tengo fuerzas para proteger a mis hermanos desgraciados.

»Otras veces la mujer erigía confidencias más peligrosas del marido.

»—¿Qué haces tú con esos papeles? ¿a quién has escrito misteriosamente durante la noche, cuando me creías dormida? —le preguntaba, sin conseguir más que respuestas evasivas.

»Las cosas llegaron a tal punto que Teresa asustada de perder su parte del paraíso, abandonó su hogar para asilarse en casa de una señora notable, doña Isabel Cabrera.

»Un día compareció Rodríguez Carrasco ante su compadre con la sonrisa en los labios, más jovial y afectuoso que nunca, y le invitó a celebrar en su casa no sé qué fiesta de familia. Alejo aceptó y fue allí solo, sin armas, deseoso de olvidar entre amigos las amarguras que sufría en su casita.

»Pero en medio del banquete, cuando los convidados parecían entregarse solamente a las expansiones de la amistad, circulando de mano en mano la copa, con palabras de afecto y ardientes votos de próspera fortuna, se abrió repentinamente una puerta de la adjunta sala; muchos conjurados salieron en tropel de ella; se apoderaron del confiado Calatayud, y...

—¡Lo ahorcaron! —grité, creyendo concluir la frase—. Su brazo derecho fue puesto en la altura de San Sebastián donde hizo tremolar su negra bandera.

—No lo ahorcaron precisamente —contestó mi maestro—. La tradición, a la que doy entera fe, cuenta que lo ahogaron allí mismo o acribillaron a puñaladas y que llevaron solo su cadáver a la cárcel. Los informes judiciales aseguran que lo condujeron vivo, fuertemente amarrado de pies y manos; que se confesó en la cárcel y le dieron garrote. En uno o en otro caso, es lo cierto que solo después de muerto lo colgaron en público en la horca, con el bastón en la mano. Después dispersaron sus miembros en los sitios más concurridos y visibles, en los caminos y las alturas, y mandaron su cabeza a la real audiencia de Charcas. Pero ¿quién te lo dijo a ti?

—Nadie —repuse—; solo oí hace tres años algunas palabras misteriosas a mi tío el cerrajero, y he visto últimamente un cabo de cuerda...

—Debe ser —dijo el Padre tranquilamente—, el que yo recogí confesando a un moribundo y entregué a tu madre. La superstición había conservado esa triste reliquia, atribuyéndole virtudes milagrosas, y era preciso que la guardase con respeto la descendencia de Calatayud.

Figuraos, si es posible, de qué modo sacudirían estas palabras todo mi ser.

—¡Dios mío! —exclamé—; ¿sería yo entonces?...

—Su tercer nieto por tu madre —concluyó mi maestro.

Hasta aquel momento había hablado de pie, paseándose algunas veces; ahora se detuvo delante de mí, encorvó su alto y delgado cuerpo; se apoyó en las palmas de las manos sobre la mesa, y me miró sonriendo cariñosamente.

—Por lo mismo debes saber estas cosas hasta el fin —continuó diciendo, y volvió a su interrumpida relación.

—Entregadas al fuego las capitulaciones, por mano del verdugo, Rodríguez Carrasco ejerció tremendas venganzas a nombre de la majestad real ofendida; ahogó en sangre nuevos conatos de insurrección, y recibió el aplauso, afectuosas palabras, protestas de gratitud del virrey y de la audiencia de Charcas, para recibir después grandes recompensas y honores decretados por la misma corona. Tuvo, entre otras, la satisfacción de llamarse en su loca vanidad «el señor capitán de la infantería española del imperio de gran Paititi», fabuloso emporio de riquezas que se decía existir oculto en las profundidades de nuestras selvas. Pero la posteridad justiciera ha hecho de su propio nombre sinónimo de traidor como del de Judas.

Volvió a hacer aquí una pausa, para proseguir, paseándose, del modo que ha de verse, mientras que yo recordaba las palabras que El Overo me dirigió al creerse vendido por mí a mi madre, y que eran el grito de la conciencia que resonaba todavía contra el traidor, después de ochenta años, por boca de un niño.

—Agustina, Teresa, y la niña Rosa fueron encerradas por el mismo Rodríguez Carrasco, en calidad de presas, en el convento de Santa Clara. Por esto se creyó y aun se cree generalmente que la familia de Calatayud quedó extinguida. Pero no fue así: Rosa consiguió salir ya joven, cuando murieron su abuela y su madre, y se casó en las inmediaciones del Pazo con un campesino criollo muy pobre, pero honrado y excelente hombre.

»La noble idea concebida vagamente por Calatayud comienza, por otra parte, a brillar en las almas de esta tercera generación que levantará el padrón de infamia arrojado sobre su memoria. Ya te he dicho, repito ahora, que en todos estos dominios hay hombres ilustrados, animosos, resueltos a todo género de sacrificios para llegar a la independencia de la patria. Ellos son los que han fomentado este espíritu de imitación de las colonias, por constituir juntas de gobierno como hicieron en la Península, para rechazar la invasión del extranjero. El 25 de mayo del año pasado Chuquisaca dio un paso en ese sentido; el 16 de julio. La Paz creó a inspiración de Murillo la famosa Junta Tuitiva. Nada ha importado que nuestros dominadores sofoquen esos primeros movimientos. En el día aniversario del grito de Chuquisaca ha dejado oír el suyo, más poderoso, Buenos Aires, de donde viene una cruzada redentora. Hoy, 14 de septiembre, Cochabamba está haciendo lo que ves, y lo hace con tal resolución y nobleza, que parece asegurar un triunfo definitivo.

»Resta solo decirte las causas inmediatas de este *alzamiento*, y lo haré en muy breves palabras.

»Sabes tú que el gobernador destituido y prófugo actualmente, remitió presos, a Oruro, a don Francisco de Rivero, don Estevan Arze y don Melchor Guzmán Quitón. Éstos consiguieron escaparse de allí hace pocos días; se vinieron al valle de Cliza donde los primeros gozan de grandes influencias; levantaron a esos pueblos; se pusieron de acuerdo con los patriotas de la villa, y esta mañana se presentaron en sus inmediaciones. El arrojo de Guzmán Quitón que se adelantó con algunos hombres, a intimar rendición al cuartel de la tropa armada, ha bastado para que ésta se sometiese. ¡No se ha derramado, hijo mío, ni una sola gota de sangre! ¡Dios bendecirá los anhelos de nuestro pueblo!

»Pero el cabildo debe haber terminado. Esos gritos de júbilo, esos alegres repiques que vuelven a comenzar con más fuerza que esta mañana, nos lo están diciendo claramente. Tu madre debe estar inquieta, por otra parte... Ya es hora de terminar esta larga conferencia.

Salimos, en efecto, y no bien había dado yo un paso fuera del convento, me encontré cogido en brazos de María Francisca. Mi madre estaba detrás de ella. Se había detenido a respirar por primera vez libremente, al encontrarme después de inútiles pesquisas y angustiosos afanes.

Dejando para más tarde sus quejas y amonestaciones, me hizo tomar inmediatamente el camino más corto a nuestra casita. Yo la seguí silencioso, sin preocuparme de aquéllas, sumido en hondas y muy distintas meditaciones. Las palabras de Fray Justo, de las que seguramente no habré podido dar más que un inexacto trasunto, habían abierto un horizonte desconocido ante mis ojos, y si éstos no conseguían abarcarlo, comenzaban a esparcir sus miradas en un círculo más vasto que anteriormente. Había, por otra parte, algunos puntos que me tocaban de cerca y que yo quería profundizar, prometiéndome descorrer el velo misterioso de mi origen. Mi sabio maestro —cuyo nombre estoy exhumando del olvido en que no merece quedar sepultado—, creía sin duda, cuando me condujo a su celda, que es bueno hablar a veces a los niños como a hombres maduros. Así se acostumbran a pensar; así principian a ver seriamente la vida, en la que les esperan amargas pruebas y difíciles combates.

Capítulo V. De como mi ángel se volvió al cielo

Los días siguientes hasta los últimos de octubre, en que ya no pude darme cuenta de las cosas que pasaban a mi alrededor, fueron de júbilo, de movimiento, de activa preparación para la guerra a que se había arrojado Cochabamba. Recordaré tan solo las principales ocurrencias, o las que, sin serlo, llamaron particularmente mi atención.

El 16 a 17 —perdóneseme esta falta de precisión—, llegaron los entusiastas voluntarios del valle de Sacaba, no tan altos ni fornidos como los de Cliza, ni mejor pertrechados, pero más despiertos, más bulliciosos, a órdenes de su jefe don José Rojas.

El 23 tuvo lugar la ceremonia de público reconocimiento de la excelentísima Junta de Buenos Aires, seguida de una misa solemne en la Matriz, «en acción de gracias, por el señor don Francisco del Rivero, gobernador intendente y capitán general de la provincia». Antes de encaminarse al templo las corporaciones de la junta de guerra y el cabildo, justicia y regimiento, don Juan Bautista Oquendo pronunció desde la galería, delante de todo el pueblo, recogido ahora en profundo silencio, el célebre discurso que recuerdan los historiadores y del que me ocuparé yo enseguida a mi manera.

El 10 de octubre la junta de guerra dispuso enviar una expedición armada a Oruro, bajo el mando de don Estevan Arze, para proteger, decía, los caudales públicos amenazados; pero en realidad, como me aseguró mi maestro, para propagar aquel incendio, cuyo objeto resultó más claro con otras expediciones posteriores.

El 16 del mismo octubre oí decir que habían nombrado a don Francisco Javier de Orihuela, diputado al congreso que debía reunirse en Buenos Aires. Esto llenó de alegría el corazón de mi maestro, quien parecía transfigurado.

—Cuando los pueblos del Alto Perú y del río de la Plata se encuentren representados en congreso —me dijo—, el mundo verá que la independencia de América y el nacimiento de la república son decretos irresistibles de la voluntad divina.

Al día siguiente, 17, la falsa noticia de haber aparecido en las inmediaciones, en la misma Recoleta, una tropa enemiga comandada por el antiguo comandante general don Jerónimo Marrón de Lombera, causó tal alarma, tal confusión, tal atropamiento en la plaza, que no me atrevo a describirlos, aun después de haber intentado dar una ligera idea del alzamiento del 14 de septiembre. A los toques de rebato, que sin poderlo evitar el gobernador sonaban en todos los campanarios, hombres y mujeres, ancianos y niños corrían a reunirse armados de lo primero que encontraban: honda, palo, azada, reja de arado, cuchillo, mango de sartén, piedra arrancada del pavimento, cualquier objeto que pudiera punzar, herir, contusionar de cerca o de lejos al enemigo. Los gritos, las imprecaciones, los alaridos debieron materialmente haber hecho caer a las aves que volaban por los aires. Difundida la noticia por los valles de Caraza, Cliza y Sacaba, en tan breve espacio de tiempo que parecía un milagro y que solo se explicaría hoy por el prodigioso invento del telégrafo, llegaban de todas partes, de seis leguas a la redonda, corriendo desesperados a pie, reventando caballos, infinitos voluntarios, que no se conformaban con perder la ocasión de probar sus fuerzas con los *chapetones* y acreditar su amor a la naciente patria. Baste decir que, cuidadosamente escogidos los hombres jóvenes, robustos, completamente aptos para el servicio, podían formar un ejército de cuarenta mil soldados que nunca hubieran pedido sueldo para ser tales; lo que don Francisco del Rivero se apresuró a comunicar al general que venía conduciendo las tropas de Buenos Aires, como una prueba del delirio de entusiasmo con que Cocha-bamba mantenía su reto a la secular opresión española.

Yo obtuve licencia de mi madre para ir a ver algunas de estas cosas en compañía de Fray Justo. Me sorprendió mucho no poder descubrir entre la multitud al que más bulla y confusión hubiera metido, al ocioso y vagabundo por excelencia, a mi amigo El Overo en una palabra. Solo le vi un día de lejos, muy limpio y decentemente vestido, al lado de un hombre alto y gordo, más rubio que él, a quien una mujer, que salía del templo, designó a otra con el nombre de *gringo*, y se persignaron las dos enseguida, como si hubieran visto al diablo.

En la casita del confín del Barrio de los Ricos pasaban escenas divertidas, de risa y de tranquilo contento, cuyo recuerdo me conmueve ahora hasta las lágrimas. Voy a poner el ejemplo de una que dará idea de las demás, aunque acabó como no había comenzado.

El cuarto descrito al principio de estas memorias contiene además, al frente de la tarima, un catrecito de madera, de altas columnas, con blancas cortinas, recogidas de día por lazos de cinta de seda azul. No me preguntéis por qué tanto lujo en la pobreza. Me daréis la pesadumbre de creer que aún no os hice conocer el alma de Rosita, su cariño, sus delicadas atenciones con este vuestro humilde servidor, que acostumbra dormir en este catre, como un príncipe en dorado y blandísimo lecho de plumas.

Rosita está sentada en su cómodo banquito, y borda de oro (porque se le ha vuelto a permitir un trabajo moderado de dos o tres horas) un tahalí de rojo terciopelo, que algunas señoras notables quieren regalar al nuevo gobernador. Alejo, que ha venido a despedirse para ir entre los voluntarios, con don Estevan Arze a Oruro, se arrima de espaldas a una hoja de la puerta. Fray Justo en su silla, con la capucha caída, se muestra más jovial naturalmente. Yo me cuadro delante de él como un recluta para darle mi lección. El diálogo comienza entre él y yo.

—¿Has aprendido ya las hermosas palabras de Oquendo?

—Sí, señor, y creo que sin un punto.

—¿Puedes repetirlas como él mismo las dijo de lo alto de la galería del cabildo?

—No tanto; pero... ¡quién sabe!

—Alejo, ponme a este muchacho sobre la mesa.

El interpelado se acerca con risa silenciosa en la que aparecen sus treinta y dos dientes; se sienta sobre los talones y me presenta la palma de la mano a dos dedos del suelo. Yo que sé lo que debo hacer, apoyo mi pie derecho en aquella mano, me pongo recto como un bastón y me siento levantado casi hasta el techo, para quedar enseguida depositado sobre la mesa.

Reímos todos; Alejo vuelve a su sitio, y continúa el diálogo:

—Vamos, comienza.

—«Valerosos ciudadanos de Cochabamba; habitantes del más fecundo y delicioso país del mundo; fidelísimos vasallos de...

—Ja, ja, ja, ja!... pase por la intención; y pasemos también nosotros a otro punto.

—«¿Juzgarán acaso en las provincias distantes que Cochabamba ha añadido un nuevo dolor al llagado pecho de su rey y...

—¡Qué don Juan Bautista! Vamos a la peroración. Allí está, hijo mío, todo lo bueno del discurso; los historiadores que hablen de él, harán muy bien de trascribirla, como el más bello ejemplo de los elevados sentimientos con que nuestro país ha levantado el grito de su independencia.

—«Yo veo que aspiráis a mayores glorias; vuestra fuerza rendirá la máquina que todavía sostienen en vuestras comarcas los enemigos del Estado y de la patria; esa vigilancia con que acumuláis vuestras tropas, esa unidad de sentimientos con que a pesar de la pintura que hace Cañete de los americanos, detestáis el egoísmo y queréis sostener con una pasmosa rivalidad los derechos de la patria y del Estado, es el más convincente argumento de que en vosotros no se halla más que un solo pensamiento y un solo deber. Pero lo que más engrandece vuestra patria es la piedad y religión con que habéis procedido; de ella han nacido la paz y tranquilidad que hacéis gozar a la patria en los mismos días en que podían verse la turbación y el desorden; y aunque este rasgo de tanto honor más bien debía excitarme al aplauso, no obstante, quiero en tercer lugar encargaros que en adelante será vuestro procedimiento conforme a la santísima ley que profesáis: esos nuestros hermanos europeos, que vulgarmente llamáis *chapetones* lejos de padecer algún insulto, sean el primer objeto de vuestro cariño: ahora es tiempo que resplandezca el carácter americano, de no perjudicar jamás a vuestro prójimo y de no tomar venganza de las injurias personales; manifestad en todo vuestro porte, la nobleza de vuestras almas y la generosidad de vuestros corazones: no manchéis vuestras manos con la sangre de vuestros hermanos; detened los rencores, y al mismo tiempo que vais a fomentar la guerra más justa contra vuestros enemigos, dad la paz más dulce a vuestra fuerte y valerosa patria.»

—Bien, ¡magnífico!

Alejo no puede contenerse y comienza a gritar:

—¡Viva don Juan! No hablo por el señor Oquendo, sino por ti, muchacho! ¡viva don Juan de...

—De nada, ni de nadie —concluye mi madre con voz fuerte que parece airada.

Alejo queda mudo, inmóvil como una estatua. Todos guardamos silencio. No sé en qué pensarán los otros; pero yo me pregunto a mí mismo: ¿cuál sería la palabra que iba a salir de los labios del cerrajero?

La mañana siguiente a la grande alarma del 17 de octubre me desperté al oír en la habitación una voz cavernosa, especie de ronquidos de cerdo articulados. Me incorporé sin hacer ruido, entreabrí las cortinas con mucha precaución y solo pude ver al principio un enorme bulto blanco, en el que acabé por reconocer al R. P. Robustiano Arredondo. Estaba sentado en una de las sillas, encajado como por fuerza entre los brazos de ésta, y conversaba con mi madre, parada en su presencia, con el librito de la Imitación cerrado en una mano. Probablemente aquel extraño y tan matutino visitante llegó en el momento en que ella tomaba a esa hora la receta de Fray Justo, sin contentarse con la dosis nocturna.

No creo que haya en toda la redondez de la tierra un hombre más digno de su apellido que este R. P. Arredondo, Comendador del convento de la Merced. Proverbialmente obeso en la villa, todo su cuerpo y cada una de sus partes componentes aspiraban a tomar una forma esférica y se redondeaban como mejor podían: su abultada cabeza, calva y reluciente, sus rubicundos carrillos, su nariz colorada como un tomate, sus hombros, sus manos y, más que nada, su enorme abdomen. Moralmente era, también, un tonto redondo, como él mismo se dará a conocer en el trascurso de esta historia, en la que aparecerá varias veces en ocasiones interesantes.

Las primeras palabras que oí distintamente excitaron a tal punto mi curiosidad, que por nada del mundo me hubiera consolado si no escuchaba hasta lo último la conversación. Para que no advirtieran que estaba yo despierto, resolví por esto extenderme de nuevo en mi cama, cubrirme la cabeza con las sábanas y hasta contener la respiración, en cuanto me fuese posible sin asfixiarme.

Y he aquí puntualmente lo que escuché:

—La noble señora quiere dar cumplimiento a la voluntad de su marido; pero con una condición, que le dijo a él mismo en sus últimos instantes y fue aprobada por él.

—¿Y cuál es esa condición?

—Que te separes definitivamente del niño, que no pongas los pies en su casa, ni él venga a verte con ningún motivo.

—¡Oh, cuán generosa es la noble señora!

—Aceptas ¿no es verdad?

—¿Y cómo puede creerlo Vuestra Reverencia?

—¡Rehúsas, entonces, desgraciada!

—No, tampoco es eso lo que pienso.

—No te entiendo... ¡Pero se me ocurre una cosa! A fin de que tú misma no desees verle, recógete a uno de los conventos de monjas... ¡a Santa Clara, hija mía!

—No creo que sea necesario; no, R. P. ¡Dios lo dispondrá de otra manera!

—Amén, así sea.

Una pausa muy larga.

—Necesito pensarlo. Si Vuestra Reverencia quisiese volver dentro de ocho días...

—Sí, volveré, hija mía. Pero procura llevarme antes la respuesta. No me muevo a medio día del confesonario, y hasta acostumbro dormir la siesta allí mismo, para estar pronto a oír a los pecadores. ¡Uf!, ¡uf!... parece que esta silleta quiere retenerme aquí para siempre.

—Dios vaya con Vuestra Reverencia.

—Y te acompañe y te ilumine, hija mía. ¡Uf!... ¡uf!...

No bien hubo salido el Padre Arredondo, salté del lecho en camisa como estaba, y corrí a arrodillarme a los pies de mi madre, que se había desplomado pálida como una muerta sobre su banquito.

—No, madre mía —le dije—: yo no me separaré nunca de tu lado... ¡aborrezco a esa noble señora que no sé lo que quiere conmigo!

Mi madre me miró fijamente con esos sus grandes ojos, que parecían más bellos inundados de lágrimas; exhaló un grito desgarrador con la palabra «hijo» que le era tan difícil pronunciar, y me estrechó fuertemente contra su corazón, para seguir llorando sin consuelo. No oía mis ruegos, ni respondía a mis halagos, ni sentía los besos con que yo porfiaba por secar su copioso llanto. Creo que trascurrieron así horas enteras, hasta que apoyándose en mis hombros con manos temblorosas, se levantó para ir a arrojarse sobre el lecho que yo había abandonado, como si estuviese quebrantada por largo martirio corporal en el potro del tormento.

Aquel mismo día tan aciago para nosotros reaparecieron los síntomas más alarmantes de su enfermedad. En un momento en que creí que no era muy necesaria mi presencia, dejando como dejaba al Padre Aragonés, María Francisca y otras dos mujeres al cuidado de la enferma, corrí al convento de San Agustín; comuniqué todo lo que había pasado a mi querido maestro; y oyéndome él agitado por un temblor nervioso, le vi caer sobre el escaño, y oí que murmuraba con voz sorda, llena de infinito pesar y no acostumbrada cólera:

—¡La han asesinado!

No hubo remedio, en efecto, para salvarla. A pesar de los más solícitos cuidados de que volvió a verse rodeada, se moría, se moría velozmente; y creo ¡Dios mío! que deseaba morirse ella misma antes de dar la respuesta ofrecida al Padre Arredondo. El día en que éste debía volver recibió el viático y la extremaunción de manos de Fray Justo, que parecía sufrir mucho más que la moribunda a quien auxiliaba.

Cuando llegó el Comendador de la Merced acezando de fatiga, por haber caminado a lentos pasos las tres cuadras que distaban de su convento a la morada donde sin sospecharlo dejó una semana antes la sentencia de aquella muerte, la víctima estaba recostada de espaldas contra sus almohadas. No lo vio; pero sintió sus resoplidos y el pesado ruido de sus pisadas.

—Puede Vuestra Reverencia llevarlo —le dijo—; ¡ya nunca le veré, ni él a mí sobre la tierra!

Enseguida sus ojos que se nublaban miraron a Fray Justo, de pie a la cabecera del lecho, y a mí, arrodillado a los pies. Quería enviarnos su última despedida.

—No puedo ya acompañaros; me voy... ¡me llaman!

Y pronunciadas estas palabras con el más dulce y tierno acento, levantó lentamente el brazo derecho y señaló con el índice al cielo.

¿Quién consiguió arrancarme a viva fuerza de entre los brazos aquel cuerpo rígido y helado, que yo estrechaba pidiendo que me sepultasen con él, si yo no podía comunicarle mi propia vida? ¿qué hicieron allí? ¿cómo pasó el tiempo, hasta que clavaron ese negro ataúd, que porfiaban por llevarse? ¿qué vi, qué oí estúpidamente en los momentos en que faltaron lágrimas de mis ojos y no resonaron mis propios gritos de dolor en mis oídos?

Tengo conciencia de que, no sé cuándo, ni cómo, me encontré a la puerta de nuestra casita, entre Fray Justo que me cerraba la entrada y el Padre Arredondo que me arrastraba de la mano. Recuerdo que el primero me dijo:

—Síguele; tu madre lo ha querido.

Recuerdo, también, que me hizo este encargo:

—Por tu madre que está en los cielos, por el amor de tu maestro y amigo que velará todavía por ti en la tierra, no des nunca ningún motivo de queja a las personas entre quienes debes vivir.

Capítulo VI. Márquez y Altamira

Mi conductor, a quien seguí en profundo silencio, no se detuvo, aunque trasportaba difícilmente su enorme individuo, hasta que llegamos a un gran portal de anchos pilares, de ladrillo y estuco, que sostenían un arco, en el que había pintado el monograma de la Virgen y, abajo de éste, lo que decían ser las armas de la familia, una cosa así como un toro paciendo en un campo de trigo. La puerta pintada de verde estaba reforzada por clavos de grandes cabezas de cobre, y tenía abierto solamente el postigo, por el que penetramos, cuando el Padre se sintió con fuerzas para trasponer la alta batiente de piedra.

Un zaguán espacioso conducía al patio, que rodeaban habitaciones de planta baja. A la derecha había un poyo de adobe enladrillado, asiento diario y cama nocturna del *pongo*, sobre el que, en la pared, se veía un gran cuadro al óleo, del arcángel San Miguel, aplastando con un pie el pecho del rebelde, en cuya boca abierta introducía la punta de una lanza. Al frente, en la pared de la izquierda, se abría una puerta de una sola mano, que daba entrada al cuarto del criado de confianza o mayordomo.

El patio solitario, silencioso, con menuda grama que había crecido en las junturas de las losas desiguales de que estaba empedrado, tenía un aspecto de cementerio. En el lado derecho había, alternando unas con otras, tres ventanas y tres puertas herméticamente cerradas, que yo nunca debía ver abiertas, porque habían pertenecido al señor de la casa, muerto hacía algunos días. Al frente de la entrada una gran puerta y dos ventanas daban paso y luz a una sala que servía de comedor, y se abría un callejón al segundo patio. El lado de la izquierda, con puertas y ventanas como el de la derecha, contenía la sala de recepciones, una antesala y el oratorio de la señora. Los dormitorios, cuartos de criados, despensa, cocina y demás dependencias debían estar y estaban, como vi después, en el patio interior.

El Padre Arredondo me condujo a la primera puerta de la izquierda, que era la del oratorio. Estaba abierta; pero al otro lado del muro tenía un portón cerrado, de lienzo blanqueado de yeso y con un ángel grotescamente pintado, en actitud de recomendar silencio.

Volvió a detenerse allí el Padre; tosió dos o tres veces, y llamó al fin tímidamente con los nudillos de sus gruesos dedos en la tabla de la puerta. Oímos pasos cautelosos; el portón se entreabrió lo bastante únicamente para que saliese una cabeza de negra con tupido y menudo vellón entre rojizo y cano, frente muy deprimida, ojos pequeños y bizcos, nariz achatada, pómulos muy salientes y boca desdentada, de la que oímos apenas estas palabras:

—La señora muy mala; el flato, la jaqueca... Entre Vuestra Reverencia sin hacer ruido.

Así lo hicimos, caminando de puntillas, y el portón se cerró tras de nosotros, dejándonos a oscuras.

Cuando mis ojos se acostumbraron a distinguir los objetos, a la sola luz que filtraba allí por una piedra de berenguela enclavada en la pared de enfrente, vi que nos hallábamos en un cuarto como de ocho varas de largo y seis de ancho, blanqueado y bruñido, con un zócalo rojo y amarillo, y cielo raso de lienzo también blanqueado y con una estrella igualmente roja y amarilla pintada en el centro. Todo el muro debajo de la claraboya lo ocupaba un retablo, que contenía santos de estuco y madera, vestidos de lama, con resplandores de oro; grandes candelabros de plata de varias luces, y urnas de cristal con marcos enchapados también de plata. A la izquierda había una gran mesa, un reclinatorio y dos enormes sitiales. A la derecha se veía otra puerta de comunicación a la sala, y a un lado de ésta una tarima cubierta de mullida alfombra y rodeada de almohadones forrados de damasco.

Una señora, ni joven, ni vieja, mucho menos obesa que el Padre, pero más que simplemente gorda, de color enfermizo, ojos pardos de dura mirada, nariz recta, boca grande casi sin labios, barba muy saliente y aire de extremo orgullo con fingida humildad, se reclinaba allí, envuelta en un brial de estameña y cubierta la cabeza de tocas negras de luto. Tenía arrodillada delante de ella —presentándole en una mano un brasero de plata y en la otra un cigarrillo—, otra criada mulata, menos horrible que la que nos había introducido. Un faldero blanco, rapado desde medio cuerpo, dormía, en fin, sobre el mismo almohadón en que ella se respaldaba.

El Padre, que sin duda había esperado acostumbrarse como yo a esa semioscuridad, fue el primero que habló.

—Noble señora, mi querida doña Teresa —dijo—; aquí está el muchacho.

—¡Loado sea Dios, Reverendísimo Padre! ¡él sabe de qué modo ha de probar nuestra flaqueza! —contestó ella con voz desapacible, encendiendo su cigarrillo.

Siguiose un gran silencio; las dos criadas se sentaron a uno y otro lado de la tarima; el Padre se acomodó como pudo en un sitial; el faldero dio un gruñido y volvió a dormirse, y yo me quedé parado en medio cuarto, dando vueltas a mi sombrero en las manos. El aire se impregnaba entre tanto de un fuerte olor a tabaco y anís, con las columnas de humo que despedía la noble señora doña Teresa.

—¡Qué tormento, Reverendísimo Padre! —se dignó por fin exclamar ésta—; ¡solo nuestro Señor ha sufrido más que yo por nuestros pecados!

—Él sabrá recompensar esos dolores y amarguras —repuso el Padre—; mucho más ahora que...

—Sí —le interrumpió ella—; tengo valor.

Y volviéndose por fin a mí, agregó:

—¿Qué sabes hacer? ¿qué te han enseñado?

Yo me sentí más dispuesto a llorar que a contestarle; pero recordé el encargo de mi maestro, y respondí:

—Señora, sé rezar y leer, y escribir, y contar, y ayudar a misa en latín.

—No está malo —repuso ella—; la pecadora... ¡Dios la haya perdonado!, no descuidó a lo menos la educación del pobrecito.

Al nombre de «la pecadora» un torrente de lágrimas brotó de mis ojos; me ahogaron los sollozos, y no sé cómo pude oír las siguientes palabras.

—Está muy afectado —dijo el Padre—; necesita alimento y reposo; porque desde ayer no ha hecho más que llorar.

—Llévale, Feliciana —ordenó entonces la señora.

Pero yo me apresuré a abrir el portón y salí antes que ella, para respirar, para ver el Sol, para correr no sé a dónde, llamando a gritos a mi madre.

La negra me tomó de una mano, me arrastró más que condujo a lo largo del patio; me siguió arrastrando por el pasadizo y por el patio interior, hasta que al cabo se detuvo delante de una puertecita entreabierta, diciéndome:

—Puedes entrar. El ama muy mala... ¡me voy!

Entré. El cuarto que debía ocupar era pequeño, con una alta claraboya circular enteramente abierta, por la que se descubría un techo lleno de amarillento musgo y un pedazo de cielo. Me sorprendió encontrar allí, no puestos en orden todavía, mi catrecito, el arca, la mesa, las sillas de nuestra casita. Creí que eran antiguos conocidos que debían sufrir lo mismo que yo; pensé que tal vez me seguían para hablarme de Rosita. Una de las sillas, que daba frente a la puerta, parecía ofrecerme cariñosamente sus brazos; y yo me hinqué delante de ella, me reclié sobre el asiento y lloré no sé qué tiempo. Era ya noche cerrada cuando volví a oír la voz de Feliciana, que decía:

—A cenar.

La seguí maquinalmente al comedor y entramos en él por una puerta que daba al patio interior, frente a la de mi nuevo cuarto. Era una sala espaciosa, blanqueada y con cielo raso, por el estilo del oratorio. En las esquinas había grandes y elevados armarios de madera pintada de rojo con filetes dorados, y al centro, una larga, ancha y sólida mesa, rodeada de sillas de brazos como las mías, pero mejor labradas y pintadas también de rojo y con dorados como los armarios. Un solo velón puesto sobre la mesa alumbraba la estancia enteramente solitaria.

Feliciana me dejó parado junto a la puerta y se fue a abrir otra que comunicaba con la antesala, repitiendo su lacónica invitación a cenar. Un momento después vi entrar una tras otras tres criadas con otros tantos niños. Reconocí en la primera a la mulata que ya había visto en el oratorio; el niño que traía era de mi edad o poco menor que yo, pálido, de lánguidos ojos, envuelto desde la cabeza hasta los pies en una frazada de bayeta. La segunda y tercera criadas, mestizas muy jóvenes todavía, tenían en los brazos dos niños más pequeños, robustos, rubios, sonrosados, medio desvestidos, que reían, jugando con las trenzas del cabello de sus conductoras. El niño mayor fue puesto cuidadosamente en una silla; a los otros los hicieron sentar sobre la misma mesa a uno y otro lado del velón. Entre tanto, Feliciana había abierto, con una llavecita que hacía parte de un gran manojo pendiente de su cintura, uno de los armarios de que he hablado, y sacó de él tres bizcochos y otros tantos platos y tazas, en los que sirvió no sé qué sopas y leche con azúcar a los niños.

La mulata hizo comer al que tenía a su cargo con una cuchara; los otros lo hicieron por sí mismos con las manos, y concluyeron por arrojar las sobras al suelo o sobre la misma mesa. Terminada la cena, se volvieron todos como habían entrado.

Iba a hacer yo lo mismo a pesar del hambre que sentía, cuando Feliciana me tocó en el hombro para llamar mi atención, y puso en mis manos otro plato provisto de su cuchara. Entones me acerqué a la mesa y comí con avidez, como sucede en aquella bendita edad, cuando la naturaleza reclama imperiosamente sus derechos, sin considerar los sufrimientos del alma.

—Vete ahora —me dijo la negra tan luego que hube concluido mi ración—; ahí tienes un cabo de vela, y el *pongo* irá a hacerte compañía para que no tengas miedo del duende.

Así entré en la casa y vi por primera vez la familia mayorazgal de Márquez y Altamira. Creo ahora necesario acabar de presentarla a mis lectores y decir algo de sus costumbres, para continuar la humilde relación de mi propia vida.

Doña Teresa Altamira, a quien hemos dejado con tocas de viuda y tan quejumbrosa de sus males en el oratorio, se había visto única heredera presunta de un rico mayorazgo, cuando pretendió su mano don Fernando Márquez, criollo como ella, de una de las principales familias fundadoras de la villa. No podía, ni quería rechazar el partido; porque, según parece, no le quedaba ya otro alguno, ni era posible que encontrase un galán más apuesto y que mejor le conviniera. Pero había una dificultad y se la expuso temblando de miedo. Su padre don Pedro de Alcántara Altamira, que había fundado el mayorazgo para dar lustre a su apellido, exigía que el que pretendiera al honor de ser su yerno usara aquél y lo hiciera llevar a sus hijos antes que el propio, contra la costumbre.

Negose rotundamente don Fernando a consumar el sacrificio, y creo que iba a dirigir por otro lado sus pretensiones, cuando se le ocurrió a doña Teresa llamar en su auxilio al más rancio bachiller o licenciado de entonces, don Sulpicio Burgulla, quien arregló el asunto del modo más sencillo y obtuvo el triunfo más glorioso de su vida.

—*Accentus*, mi don Pedro —dijo al obstinado padre—, *est, quo signatur, an sit longa, vel brevis syllaba.*

—¿Y qué de ahí? —preguntó el interpelado, sin comprender una palabra.

—Que de Márquez se puede hacer Marqués, con una ligera trasposición del acento y el cambio de una letra, mi noble y respetado amigo.

—De modo que don Fernando...

—¡Sería Marqués de Altamira!

—Y mis nietos...

—¡*Simillime*, señor don Pedro, *per omnia secula seculorum*!

Obviada la dificultad se unieron los novios *in facie ecclesiæ* con gran pompa y solemnidad en la capilla de la más rica de sus haciendas, con bailes de comparsas de sus indios, corriéndose toros y sortija por los convidados, y, sobre todo, con el mayor contento de don Pedro de Alcántara que pudo entonces decir su *nunc dimittis*, porque vio que no solamente le sobreviviría su apellido, sino que llegaría, con el tiempo, a tener por delante un título de nobleza para sus nietos, ¡los Marqueses de Altamira!

El matrimonio había vivido en la abundancia, teniendo tres frutos de bendición, y hacía dos semanas apenas que don Fernando se había visto llamado por Dios, mediante una de esas pulmonías mortales de septiembre, y precisamente cuando le daba gracias de haberse curado de una herida de piedra, que recibió en el alzamiento del 14. Doña Teresa le lloraba amargamente, sin perdonar a los *alzados*aquella herida que, según ella, había causado tan irreparable y eterna desgracia. Decía, también, que por el mucho amor que le había tenido y por cumplir un encargo que le hiciera de palabra al morir, consumaba el sacrificio de recoger en su casa y tener al lado de sus hijos a un muchacho vagabundo, que bien pudiera ser el mismísimo enemigo.

Había vivido siempre retirada en su oratorio, pero ahora no lo dejaba más que de noche para dormir. Recibía muchas visitas de amigas, fuera de las de su confesor. No faltaban nunca de su lado ni el faldero, ni sus dos criadas predilectas. Cuando venían sus administradores de las haciendas, dejaban las espuelas a la puerta y comparecían por un instante a su presencia, para recibir órdenes caprichosas y casi siempre contradictorias. Si ocurría algún asunto grave, mandaba llamar al confesor y al licenciado Burgulla para consultarse con ellos.

Los niños entre tanto andaban de su cuenta o entregados al cuidado de los criados, sobre los que ejercía despótica autoridad la negra Feliciana, comenzando por el marido de ésta, don Clemente. El mayorazgo que llevaba el mismo nombre de su abuelo con los aditamentos ordenados, era como se ha visto enclenque y enfermizo; no sabía ni siquiera leer, ni pensaba en otra cosa que en divertir su fatigosamente vegetativa existencia jugando a los muñecos. El segundo Agustín, de siete años de edad, bien constituido, despierto y vivaracho hacía las travesuras más inconcebibles, revolviéndolo todo desde el pajar a la sala, sin dejar de invadir a veces el oratorio. Carmen, la menor de ambos, de cinco años de edad, era una criatura encantadora, juguetona como Agustín, pero muy dócil y amable.

Entre los criados solo nos resta hacer conocimiento con don Clemente y Paula. *Zambo* el primero, es decir mestizo de indio y de negra, tenía cuanto de malo puede reunirse de ambas razas: astucia, bajeza, holgazanería, egoísmo, crueldad. Sumiso a las órdenes de Feliciana, a quien había entregado los calzones, era el tirano de los demás y especialmente del pobre *pongo*, a quien atormentaba de todos modos, sin motivo alguno. En cuanto a Paula, cocinera, poco tengo que decir de ella. Nunca la vi meterse más que con sus pucheros, ni vivía en la misma casa.

El *pongo* era, por último, como es sabido, algún infeliz indio miserable y embrutecido, que venía cada semana de las haciendas, a cumplir su obligación de servicio personal.

Yo no sé en qué condición me hallaba en aquella casa. Desde el día siguiente oí que me llamaban *botado*, o sea el expósito. No me ocuparon en ningún servicio de criado; pero tampoco me dijeron nunca lo que debía hacer. Entregado a mis propias inspiraciones me hice melancólico, taciturno; pasaba horas enteras encerrado en mi cuarto, llorando unas veces, sumido otras en tristes meditaciones, sin pensar algunas en nada de que pudiera acordarme después. Me llamaban a comer cuando ya los niños se habían levantado de la mesa; me previnieron que al cerrar la noche, tan luego que oyese el toque de la campanilla, concurriese a rezar el santo rosario en presencia de la señora, llevando la voz don Clemente; me ordenaron, por último, que no pusiese los pies en la calle. Una sola persona, la niña Carmen, me inspiró entre toda aquella gente una profunda simpatía, un sentimiento de cariño, y, lo que es sorprendente, de compasión. Para entretener mis ocios de todo el día resolví enseñarle lo poco que yo sabía; lo que me concitó el odio de sus hermanos, quienes, cada uno a su manera, querían que yo fuese suyo, es decir el muñeco más grande del uno, o el caballo del otro.

Felizmente no tardé en hacer un descubrimiento que me llenó de alegría. Cerca de mi cuarto comenzaba un largo callejón que tenía de un lado la cocina, la despensa y la leñera, y de otro la caballeriza y el gallinero, terminando en una puerta cerrada con un simple aldabón. Un día vi a Paula abrirla y entrar por ella, para volver a salir con unos papeles impresos en la mano, que sin duda necesitaba para hacer algún pastel en el horno. Excitada mi curiosidad, no pude contenerme de ir a dar un vistazo por aquella parte desconocida de la casa. Encontré después de la puerta un espacioso corredor que daba frente a un jardincito abandonado y que terminaba en un cuarto abierto enteramente. Siguiendo mis investigaciones vi el cuarto lleno de libros forrados en pergamino, entre los que desde luego llamaron mi atención cuatro volúmenes mejor encuadernados en badana, con adornos y letras de oro en el lomo. Abrí uno de ellos y, en medio de una viñeta grabada con figuras de indios cautivos y trofeos de armas, leí: «*Historia general de las Indias Occidentales o de los hechos de los castellanos en las islas y tierra firme del mar océano, escrita por Antonio de Herrera, coronista mayor de Su Magestad de las Indias y de Castilla.*» Volviendo enseguida algunas hojas, encontré retratos grabados y fui leyendo nombres que ni yo mismo desconocía: Colón, Cortés, Pizarro, etc.

Aquellos libros eran un tesoro sin precio para mí; por lo que resolví llevármelos al punto a mi cuarto; pero a fin de evitar las diarias devastaciones de Paula, me detuve a la puerta de la cocina, y dije a aquélla: que la señora no sabría lo que estaba haciendo, a condición de que se enmendase.

—¡Qué tonto eres! —me contestó—. ¿Piensas que la señora o los niños han de perder su tiempo como tú vas a perderlo? ¿no sabes que mi finado amo el señor don Fernando, a quien Dios le dé la gloria, nunca abrió ninguno de esos libros de su padre? ¿ni qué quieres tú que haga con ellos un mayorazgo?

Corrido, avergonzado con estas razones, me excusé más bien como pude ante ella, para apresurarme a ganar mi cuartito, mientras que Paula seguía riendo de mi simpleza, que también fueron festejando con carcajadas los demás criados y el niño Agustín reunido con ellos en la cocina. Pero yo tenía ya al fin un consuelo en mi orfandad y en el ocio a que estaba condenado; y desde entonces visité con frecuencia el cuarto de los libros y fui llenando de ellos mi larga mesa, que por muchos años solo había visto sobre sí el solitario volumen de la novela de Cervantes.

Capítulo VII. La batalla de Aroma según Alejo

El 16 de noviembre tuve el alto honor de ser llamado por Clemente a la presencia de la noble señora, que él decía estar en la sala de recibo. Fui volando, y la vi desde el portón entreabierto de la antesala, con el Padre Arredondo y el licenciado Burgulla. Hablaban los tres de pie con mucha animación, bajando la voz como si recelasen de ser oídos y volviendo a levantarla en el calor de la discusión que sostenían. Como no advirtieron mi llegada, ni quise yo interrumpirles, tuve tiempo de sobra para examinar el lugar que yo veía por primera vez y al señor licenciado que solo conocía de nombre, por la fama que pregonaba sus luces en la casa.

El portón cerca del cual me hallaba, igual en su forma y hechura al del oratorio, ostentaba, en vez del ángel del silencio, un animal que decían ser león por las crines y garras que tenía; pero era de color verde y con rostro casi humano, como el de una vieja que estuviera haciendo un gesto horrible. La sala, de la que podía ver la mayor parte, no difería de las demás habitaciones más que por unas molduras de estuco pintadas al óleo, que figuraban en las puertas y ventanas cortinajes de terciopelo verde, recogidos por cadenas de oro. Las ventanas, por raro lujo en aquel tiempo, tenían grandes vidrios, no sin que se hubiese puesto delante de éstos una tupida red de alambre. En el testero, a uno y otro lado de la puerta que comunicaba al oratorio, había grandes espejos ovalados con marcos de plata, suspendidos a la pared por cadenas de lo mismo, sobre mesas con tapa y pies de berenguela. Bancas de madera pintada de blanco, con profusión de dorados, provistas de colchoncillos y cobertores de damasco, se arrimaban a lo largo del muro que daba frente a la entrada del patio, y algunos sitiales que hacían terno con aquéllas, ocupaban ambos costados de la gran puerta de aquel lado, a la que seguía también el consabido portón, pintado éste de un gigantesco y temible alabardero. El pavimento de ladrillos octógonos y otros cuadrados más pequeños, perfectamente unidos, no tenía más que unas tiras de gruesa alfombra del Valle, a los pies de las bancas y sitiales. Grandes repisas de madera estaban, por último, fuertemente clavadas casi en toda la extensión de las paredes, a la altura a que podía llegar la mano de una persona subida sobre las bancas, sosteniendo jarrones, enormes vasos, extrañas copas y otros objetos de plata y de cristal.

La figura del señor licenciado Burgulla era lo más risible que se puede imaginar, aunque él se daba un aire de importancia y de gravedad como ningún otro letrado de su tiempo. Menos que de mediana estatura, muy calvo, delgado, coloradito, cuidadosamente rasurado, con grande nariz terminada en punta, ojitos salientes y bailadores y orejas muy tiesas como las asas de algún vaso desenterrado de las *huacas* de los indios— aquel hombrecito, vestido de casaca negra, chupa blanca, calzón y medias azules, hacía los mayores esfuerzos por mantenerse derecho como un huso, estirado sobre las puntas de sus pies calzados con zapatos de enormes hebillas, y levantaba en el aire, cogido de media caña, con el pulgar y los dos siguientes dedos, su bastón de puño de oro y grandes borlas de seda negra.

—Repito que es increíble semejante desgracia —decía doña Teresa—; nuestro Señor no puede permitirla.

—Y yo pienso lo mismo y tengo mis razones —agregó el Comendador de la Merced—. Aquello ha debido terminar el catorce por la tarde; estamos a 16; pasan dos días solamente, y el hombre, que dicen ha prestado declaración jurada ante el intruso gobernador, no es un pájaro, para venir hasta esta villa; porque hay más de cincuenta leguas.

—*Distinguo* —contestó el licenciado con voz de falsete—; el hombre ha debido tomar atajos; no ha dejado de caminar durante la noche; porque, como dice el príncipe de los poetas:

Monstrum horrendum ingens: cui, quod sunt corpore plumæ...
Nocte volar cæli medio terræque, per umbram
Stridens, nec dulci declinat lumina somno.

Ante tal argumento, que el uno debió entender a medias y la otra de ningún modo, quedaron mudos el Padre y doña Teresa.

—Bueno —dijo después de un rato y tímidamente el primero—; el señor licenciado tiene tal vez razón; pero...

—¿Pero qué? ¿*quare dubitas?* —le interrumpió el aludido, levantando más su bastón.

—*Videre et credere, sicut Thomam* —repuso el Padre, muy contento, casi triunfante por no haberle faltado el latín.

—Yo no puedo saber tanto como vuestras mercedes —intervino doña Teresa—; pero insisto en que lo mejor es enviar al muchacho al convento, donde dicen que entró aquel*alzado*, y sonsacarle después a su vuelta...

—*Accedo*, es decir, no me opongo —replicó el licenciado—; *fæminæ intellectus acutus...*

Pero, ya no pudo concluir su docta explicación de la tolerancia a que se inclinaba; porque doña Teresa se había vuelto del lado de la antesala, para repetir sin duda su orden de llamarme, y dio un grito al verme con la cabeza metida enteramente por la abertura del portón.

—Juanito —me dijo ella enseguida, procurando serenarse y casi con dulzura—, ¿has oído lo que hablábamos?

—Sí, señora —contesté naturalmente—; el señor licenciado decía no sé qué cosas en latín.

—¡Qué muchacho! —repuso tranquilizada, y prosiguió hablando conmigo, mientras que los otros lo hacían entre ellos, en secreto.

—¿No has visto a tu maestro Fray Justo del Santísimo Sacramento?

—No, señora; porque me han dicho que no ponga los pies en la calle con ningún motivo.

—Han entendido mal: yo quiero solamente que no sigas vagando por las calles como los muchachos perdidos; pero no me opongo a que vayas a ver a tu maestro, con la condición de que vuelvas al momento.

—Gracias, noble señora.

Y sin esperar más corrí a la calle, como un alma en pena a quien permitieran salir del purgatorio.

Cuando llegué a la puerta de la celda de Fray Justo, la encontré solamente entornada y oí una voz muy conocida. Pegando después el ojo al intersticio de dos tablas, vi sentado al frente en el escaño a mi tío Alejo en persona, y pasó y repasó la de mi maestro, que iba y venía con agitación. El cerrajero que yo suponía muy lejos con los voluntarios, estaba casi negro con las intemperies, enflaquecido, con el traje estropeado y roto por muchas partes; tenía el sombrero en las manos, pero conservaba en la cabeza un pañuelo sucio, manchado de sangre, que se anudaba sobre su frente; sus pies desnudos, rajados, llenos de polvo, parecían no obstante más cómodos en anchas ojotas, que en los *rusos* que solían oprimirlos.

No pude contenerme más que un momento; abrí con estrépito la puerta; me precipité adentro; abracé sin decir palabra uno después de otro a mis amigos. Los dos dieron por su parte un grito de alegría y correspondieron a mis abrazos.

Alejo se puso después, de un brinco, en medio cuarto; se sentó sobre los talones y me presentó la palma de la mano, para levantarme en equilibrio y seguir sin duda bailando conmigo de ese modo. Pero, ni yo tuve valor para poner el pie en aquella mano, ni él la siguió extendiendo más de un corto instante; porque mientras que yo me enjugaba los ojos, él volvía a ponerse de pie para darme las espaldas y hacer lo mismo con las mangas rotas de su chaqueta. ¡El dulce y triste a la vez recuerdo de mi madre acababa de levantarse a un tiempo en nuestra memoria!

Mi maestro, a quien tal vez hacía sufrir más ese recuerdo, se apresuró entonces a volver a la conversación que yo había interrumpido.

—Vamos, hombre! —dijo con impaciencia—; vuelve a sentarte y responde a mis preguntas. Juanito tendrá gusto en oír estas cosas, como buen patriota que promete ser.

Alejo obedeció la orden, no sin dirigirme antes una mirada llena de cariño y de compasión.

—¿Qué hubiera querido vuestra Paternidad?

—¡Me gusta la pachorra! ¡Que siguieses con los otros, bendito hombre de Dios! ¡que no te vinieses al olor de la chicha, como un *guanaco*!

—Pero ¡si ya no hay ni rastro de chapetones en este mundo! Y los otros se han de venir también, como yo.

—No permita el cielo semejante torpeza. Eso sería perder miserablemente los frutos de tan feliz victoria. En fin... ¡qué hacerlo! Cuéntame a lo menos con algún orden lo que ha pasado desde que llegaron a Oruro.

—Allá voy, Reverendo Padre; allá voy.

Alejo meditó enseguida un momento; se rascó la base del cráneo tras la oreja; tosió; quiso hablar; se quedó con la boca abierta; hizo un movimiento de impaciencia, y comenzó a referirnos, por último, a su manera, lo que fue en aquel tiempo el episodio más notable de la guerra de la independencia y el triunfo más trascendental de los casi inermes patriotas, en esta parte de la América del sud.

—Los orureños *vivaron* a la patria antes de que llegásemos nosotros. Su gobernador... quiero decir el de los chapetones, Sánchez Chávez, se había huido con mucha plata de las cajas reales; pero lo apresaron con toda felicidad en la Barca.

»¡Qué recibimiento el que nos hicieron! No quedó uno solo sin salir a nuestro encuentro hasta más de una legua, casi todos a pie, porque hay pocos caballos en la puna. Nos gritaron desde lejos: ¡vivan los valerosos cochabambinos!; y nosotros los pagamos en la misma moneda, y seguimos dando aquellos gritos y silbidos de alegría que sabemos dar en la fiesta de toros de San Sebastián, y que se oyen a veces hasta en Colcapirhua.

»Cuando entramos en las calles de Oruro llovían tantas flores de las puertas, ventanas y balcones, que yo creí que habría tras del cerro más jardines que en Calacala; pero vi después que solo eran papeles y cintas de todos colores, picados con tijeras y perfumados, eso sí, de riquísimas esencias.

»Estuvimos allí dos semanas. Don Estevan creyó que debíamos arreglar como aquí las cosas del gobierno de la patria. El paisano Unzueta me dijo, también, que le ayudase a montar dos cañones inservibles que había botados en el Reducto; pero no pudimos, y yo me aburrí tanto, que quise arrojar uno de ellos a los fosos, y ya lo tenía levantado sobre mis hombros, cuando me rogaron que no me enojase de un modo tan feo que daba miedo; y yo les contesté bueno... ¡ahí está!, y me fui a mi cuartel.

»El domingo (era 12 de noviembre, pero Alejo no sabía nada de fechas y recordaba solamente los días de la semana, como todos los de su clase) nos hicieron formar los jefes, don Estevan y don Melchor, en la pampa, cerca del Reducto; y dijeron que los de a pie debíamos juntarnos con los de Oruro, que eran un poco menos que nosotros, los infantes. Son chiquitos, retacos; pero ¡caramba! ¡cómo habían sabido andar en sus pampas! ¡y cómo gritan y silban, y qué valientes son, también, en *la guerra*! Ya lo verá, vuestra Paternidad, y tú también, muchacho.

»Después de eso que iba diciendo, nos hicieron repartir provisiones de maíz tostado, harina, chuño y charqui. A los que tenían mosquetes, trabucos y fusiles, que eran muy pocos, ni ciento cincuenta siquiera, les distribuyeron, además, pólvora, balas, piedras de chispa... lo que necesitaban, según el estado de sus bocas de fuego. Tocaron marcha los tambores y cornetas, y... ¡viva la patria! salimos andando por la pampa, camino de La Paz, primero los fusileros, enseguida nosotros los de macana, después la caballería, y al último los que no podían entenderse con los dos cañones que se empeñó siempre en llevar el paisano Unzueta.

»El mundo —conviene que lo sepa su Paternidad y tú, también, Juanito—, es, más allá de las cuestas de Challa, así como mi mano, como esta mesa; solo hay, a largos trechos, de leguas y más leguas, unos cerritos como el de San Sebastián o Alalai, o cadenas de cerros un poco más altos como esta que acaba en el San Pedro. Creo también que Dios no puso los árboles y las flores más que en nuestros valles. Yo no he visto por aquel lado más que el *ichu* y unas yerbas o arbustos que llaman *tolas*.

»Ese día llegamos apenas a un pueblo que tiene por nombre Caracollo, siempre en medio de la pampa. Ni cansados como estábamos, pudimos dormir por la noche los de Cochabamba y del Valle. El frío, cuando cae la helada como cayó entonces, hace gritar, hasta en este tiempo de calores, a las vicuñas. Dicen que por San Juan revientan con él las mismas piedras. Pero nuestros compañeros, los orureños, se reían de nosotros, y dejándonos guarecer en las casuchas, durmieron al raso, en el suelo pelado, como unos angelitos.

»Al día siguiente, lunes, seguimos andando, sin poder alcanzar hasta la tarde unos cerritos, en medio de los cuales campamos al aire libre; porque no había más que una casa, de la hacienda de Pan-Duro o del Marquesado, en la que se alojaron los jefes. Más allá seguía la pampa interminable, y parecía alfombrada de verde y amarillo, con los tolares más tupidos y altos que los que habíamos empezado a dejar a nuestras espaldas. Solo sobresalían allí, en varias direcciones, las *huacas* o casas y sepulcros de tierra amasada de los *gentiles*. Muy lejos, hacia la parte por donde teníamos que seguir la marcha al día siguiente, se elevaba un poco el terreno... mire, vuestra Paternidad: como aquí, en la palma de mi mano, se levanta el lugar en que se anudan mis dedos; y mucho más lejos, sobre esa altura, se veían dos pequeñas y delgadas pilastras, casi juntas, que me dijeron que eran las torres de Sicasica, distantes más de nueve leguas todavía. El camino que debíamos andar hasta allá, parecía, en fin, una cinta blanca extendida entre la yerba.

»El martes muy temprano, cuando nos acurrucábamos, pidiendo a las ánimas del purgatorio que hicieran salir el Sol para calentarnos, los tambores, cajas, pífanos, clarines y cornetas tocaron la diana, con más ganas y más largo que nunca. Nos formamos para seguir la marcha; pero don Estevan nos demoró recorriendo las filas a caballo, y le oí decir a don Miguel Cabrera, su secretario, que íbamos a vernos las caras con los soldados de los chapetones.

»A la hora del almuerzo [8 de la mañana] descansamos en el Reducto Viejo, a la orilla del único riachuelo que hay en esa pampa; encendimos fuego con los tolares, que arden aunque estén verdes; hicimos *lagua* y desayunamos, riendo alegremente, en chacota. La pampa adelante de nosotros estaba desierta, silenciosa. Entre las *huacas* pastaban algunas llamas y vicuñas. Dos de éstas cruzaron a la carrera el camino, de este lado a este otro (de izquierda a derecha, según él accionaba); lo que nos dio tanto gusto, que nos paramos todos a un tiempo, y arrojamos al aire sombreros y monteras, con gritos y silbidos que debieron oírse hasta en Sicasica.

»—¡Bueno, muchachos! —exclamó don Melchor, que ya había cabalgado su famoso bayo calzado de tres—; esto es prueba de que tendremos buena fortuna, aunque yo nunca lo he dudado. Todo depende ahora de las lanzas y *macanas*. ¡Viva la patria!

»—¡Viva la patria! ¡viva Quitón! —le contestamos.

»Seguimos andando, andando por la pampa que no tiene fin, hasta que no se veía ni un poquito de nuestra sombra (las 12 del día); y nos mandaron hacer alto, como a media legua de donde se levantaba el terreno. Vimos entonces por el lado de Sicasica una larga fila de bayonetas, que brillaba al Sol sobre los tolares, aproximándose a nosotros muy lentamente. Luego, cuando la cabeza de esa víbora con escamas de espejos se acercó al punto donde bajaba de aquella parte el terreno, fue recogiéndose en pedazos a uno y otro lado, y apareció de largo a nuestros ojos, tan recta y unida, que yo hubiera jurado que era realmente de una sola y misma pieza. Despedía relámpagos de toda ella; la cabeza y la cola sobresalían y brillaban mucho más todavía, porque las formaban soldados de caballería, con lujosos cascos y corazas de acero reluciente como la plata.

»Don Estevan hizo tocar llamada de oficiales, y todos se reunieron en rueda, a un lado del camino, para recibir sus órdenes. Nosotros nos miramos las caras... Creo que estábamos un poco amarillos, y que las espuelas de los *huauques* de la caballería metían más ruido, como de campanillas.

Pero nos ajustamos bien las fajas de los calzones; terciamos los ponchos sobre el hombro izquierdo; alentamos los *leques* y monteras, y preparamos las *macanas*. Nos dijimos, también, que eran muy pocos... Queríamos engañarnos nosotros mismos y animarnos los unos a los otros. La verdad, *Tata*: serían más de la mitad de todos nosotros, y ya he dicho de qué modo deslumbraban sus armas desde lejos... aunque yo no envidiaba a nadie con mi barreta.

»Cuando concluyó el consejo, se vino a nosotros el mismo don Estevan, en su alto y ligero frontino, con la espada desnuda ya en la mano, y nos dijo:

»—¡Muchachos! ¡viva la patria!

»—¡Viva la patria! ¡mueran los chapetones! —le contestamos.

»—Muy bien, hijos míos —repuso—; ahí están los chapetones. Vamos a ir sobre ellos. Yo quiero estar a vuestro lado, para ver ahora lo que hacen las *macanas*. ¡Que nadie grite y solo se cumplan mis órdenes! ¡En columna! ¡adelante!

»Desobedecimos sin querer ni pensar su recomendación de callarnos, pues gritamos más que nunca, y obedecimos su voz de mando, poniéndonos en filas en todo lo ancho del camino. Entre tanto, don Melchor había hecho formar la caballería en dos escuadrones, a nuestras espaldas, y el paisano Unzueta porfiaba por hacer arrastrar sus cañones o carronadas, como él decía, sin poder alcanzarnos, ni ponerse nunca a nuestro lado, según se había convenido.

»Formados así con don Estevan a la cabeza, fuimos a paso largo al encuentro del enemigo, que no se movía y se estaba «como si tal cosa», con las armas en descanso. Parecía que no nos había visto, ni que siquiera llegaban hasta allá nuestros gritos y silbidos. Cuando estuvimos a unas cuatro cuadras solamente, salieron de sus filas algunos tiradores y comenzaron el fuego graneado en guerrillas. Nuestros fusileros se adelantaron asimismo.

»—¡En batalla! —nos mandó a nosotros don Estevan.

»Y nos pusimos, del modo que mejor pudimos, en dos filas con el frente a los chapetones.

»Nuestra caballería avanzó entonces, y se puso a uno y otro lado, por escuadrones. Creo que tronaron al mismo tiempo, no sé dónde, las carronadas.

»Seguimos adelante, al trote... gritábamos como en el momento de ir a sacarle la enjalma al toro; pero ¡brum! ¡bruum! sonaron dos descargas; una nube blanca nos ocultó la vista del enemigo; cayeron no sé cuántos; la caballería cargó al escape; el fuego continuó, que era una maravilla.

»Quisiera saber, *Tata*, quién gritó después el primero. Tanto he oído decir: ¡yo! ¡yo! a todos los *huauques*, que he llegado a creer que fui yo mismo.

—Sea como quieras —dijo aquí mi maestro con impaciencia—; eso no importa nada.

—¡Que no ha de importar! —repuso Alejo—; ¡si por eso no más hemos vencido!

—Pero ¿qué fue? ¡Vamos, hombre! no seas cargoso.

—¡*Huincui*, Reverendo Padre! ¡*huincui*!, grité yo o gritó alguno de nosotros y caímos todos entre las tolas, de modo que si los chapetones nos vieron —lo que yo dudo, porque harto tenían que hacer con la caballería—, debieron creer que nos habían muerto desde el primero hasta el último en las primeras descargas.

»Pero nosotros no queríamos hacernos los muertos solamente. Sin que nadie lo dijese —aunque seguimos gritando ya como siempre, incorregibles en esto, como somos y habían sido los orureños—, fuimos a gatas, así, por entre las *tolas*.

Aquí el narrador se puso en medio cuarto para continuar accionando con más espacio. Quiso acompañar cada una de sus palabras del gesto o movimiento que le convenía o expresaba.

»Las balas silbaban que era un contento sobre nuestras cabezas, con un fuego nutrido, como de castillos de cohetes en el Corpus; el humo de la pólvora, con el viento que comenzó a soplar de ese lado, se nos entraba por las narices hasta los sesos, y creo que nos emborrachaba... Íbamos adelante; de vez en cuando levantábamos la cabeza; pero ¡*phis!* pasaba una bala, y volvíamos a tendernos en el suelo, para seguir siempre adelante.

»Cuando llegamos al lugar en que se levantaba el terreno —lo que no había sido tan poca cosa como parecía de lejos ¡y con *sorocchi!* —tuvimos que pararnos, para subir más pronto. Muchos, muchísimos cayeron allí, para no contar nunca este cuento. Me pareció que vi entonces volver a escape por un lado a la caballería; y he sabido después que tuvo realmente que volver a rehacerse; porque en la primera carga se encontró con un cuadro formidable que no pudo romper de ningún modo.

»Ya no había *huincui,* ni cosa que valga. Era mejor impedir que el enemigo cargase sus bocas de fuego.

»—¡A ellos, hijos míos! ¡a ellos! ¡Palo y tente tieso! —gritaba don Estevan.

»No sé, *Tata,* si habrá habido en este mundo un hombre más valiente; pero no hay ahora ninguno como él, ni ha de haber ya nunca quien se le iguale. Venía a caballo, a cuerpo descubierto, arreando a los rezagados con la espada. Las balas le tenían miedo y se pasaban para matar a otros, como dice que hacen; porque buscan a los cobardes.

»—¡*Huactai, huauque!* —nos dijimos nosotros mismos.

»Y trepamos a brincos, en desorden, como cabras por el monte.

»Desde este momento —perdone vuestra Paternidad—, ya no puedo dar cuenta más que de lo que hicimos yo y los más próximos de mis compañeros.

—Bueno, hombre de Dios! —dijo mi maestro con más impaciencia; porque se había detenido a escuchar con avidez y le fastidiaba sin duda la más ligera digresión.

—El humo era tan espeso que no veíamos ya nada a dos pasos de distancia. Yo quedé, también, como tuerto. Un golpe muy recio me aturdió, y la sangre caliente me chorreaba de la cabeza, inutilizándome este ojo (el izquierdo). Iba a brincos, gritaba o creo que bramaba, con la barreta en el aire, cuando me encontré delante un granadero como una torre.

»—¡Ajá! —le dije.

»Mi barreta cayó entonces sobre su gorra de cuero, y... ¡la Virgen de las Mercedes le dé la gloria!

»Enseguida vi todo colorado... quise matar, matar sin descanso, y di golpes a todo lo que se me ponía por delante. No me gusta alabarme; pero creo que rompí e hice volar en pedazos más de un fusil como *chala* y más de una cabeza como calabaza. No sé, no puedo decir de qué modo me defendía... Una vez sentí cosquillas debajo del brazo, y solo después advertí que me había arañado la bayoneta de algún chapetón en el costado.

»Me encontré, en fin, solo en medio de la pampa. La caballería iba a lo lejos en persecución de los dispersos, por el lado de Sicasica.

»Don Estevan nos mandó reunir de uno en uno con los oficiales; porque no oíamos ni voz de mando, ni atendíamos, ni comprendíamos el toque de los tambores y las cornetas.

»Cuando estuvimos al cabo en montón, con los prisioneros al medio, que serían unos doscientos, se acercó el mismo don Estevan en el frontino bien sudado, más brioso y herido en la tabla del pescuezo, y nos dijo a todos, aunque mirándome a mí, según me parece:

»—*¡Valerosos cochabambinos! ¡a vuestras macanas el enemigo tiembla!*

—¡Bien! ¡viva el valiente don Estevan! ¡Sus palabras son dignas de pasar a la historia, hijos míos! —exclamó mi maestro entusiasmado.

Pero volviendo al punto a preocuparse de la idea que desde antes le atormentaba, agregó con severidad:

—¡Y sin embargo te has venido! ¡y se vendrán los otros!... ¡y el mismo don Estevan!

Alejo, entusiasmado por su parte con sus propios recuerdos, no fijó su atención en estas últimas palabras y continuó su relación interrumpida.

—No sé ya de qué manera explicar nuestro contento, los gritos, la algazara con que contestamos: y nos pusimos a recoger enseguida las armas abandonadas en todo el campo. Una hora después, cuando más, estuvimos ya en Sicasica. Parecía que nos habían crecido alas en los pies... ¡Con qué gusto se corre así, como nos hicieron correr tras de ellos los chapetones!

»Lástima fue que no hubiese ya nada que hacer. Encontramos muchos muertos en el camino, y muchos más, a montones, cerca del pueblo. Los *huauques* de la caballería nos esperaban en la orilla del riachuelo que pasa por delante, desmontados, tendidos en el suelo, regalándose con la comida y las copas de aguardiente que les traían las mujeres de Sicasica; y nos recibieron con silbidos de burla, y nos gritaron de todas partes:

»—¡Eh! ¿dónde están los chapetones?

»Pero no fueron ellos, tampoco, los que dieron fin con los últimos chapetones. Los vecinos del mismo pueblo y los indios de la comunidad, reunidos al sonido de los *pututus*, habían recibido antes a palos y pedradas a los dispersos que llegaban, de modo que no quedaron más enemigos vivos que los que nosotros tomamos prisioneros en el mismo campo de *la guerra*.

»Me han dicho, pero no creo, que escapó con algunos oficiales, su jefe, el brigadier... no recuerdo su nombre... una cosa así como *peroles*.

—¡Pero te has venido como un *guanaco*! ¡y se vendrán todos al olor de la chicha de San Andrés! —exclamó nuevamente mi maestro.

—Descansaba yo tranquilamente, cuando me mandó llamar don Estevan —continuó diciendo impasible Alejo—. Estaba en la mejor casa del pueblo, con todos los jefes reunidos en consejo.

»—Hoy mismo, sin pérdida de tiempo... ¡adelante! —decía muy irritado.

»—No puede ser —contestaba don Melchor—; esperemos noticias de los patriotas de La Paz.

»—Es inútil. Volvamos sobre Oruro —gritaba Unzueta.

»—¡A Cochabamba! —exclamaban muchos oficiales.

»En este momento me presentaron a don Estevan.

»—Alejo... tú te llamas Alejo ¿no es verdad? —me preguntó.

»—Sí, mi general —le contesté—. Vuestra señoría me conoce desde que hablábamos en la huerta de Cangas, cuando salí de penitente el Viernes Santo.

»—Es verdad —repuso riéndose, y me dio la mano.

»Con razón lo queremos todos y somos capaces de hacernos matar por él.

»—Quiero premiar tu valor y tus fuerzas que me han asombrado —continuó—. Pídeme alguna cosa, para dártela en presencia de tus compañeros.

»—Señor... mi general —le respondí—; quisiera irme ahora mismo a Cochabamba.

»—¡Demonio! ¡he ahí lo único en que piensan estos salvajes! —exclamó él, dando un puñetazo sobre la mesa.

—¡Y tenía razón! ¡es así! Tú y todos los *huauques* no pueden vivir sin ver lo verde, como animales —dijo Fray Justo con enojo.

Creí que Alejo iba a encolerizarse como acostumbraba; pero lo vi con sorpresa inclinar tristemente la cabeza.

—No tenía razón, ni vuestra merced, Tata —contestó después con dulzura.

—¿Y por qué? ¿Vas a decirme ahora que no querías venirte por la chicha de San Andrés? —insistió imprudentemente mi maestro.

Alejo quiso hablar; pero me miró y volvió a inclinar la cabeza.

—¡Vamos! ¡responde!

—¡Que sea lo que quiere vuestra merced! —gritó al fin Alejo demudado y espantoso—. Yo supe ya en Oruro «la mala noticia»... no me dijeron que «la niña» consintió en que el muchacho se fuese a vivir en «aquella casa»... yo quería... ¡caramba! el mismísimo don Estevan me dijo que hacía bien, Reverendo Padre!

—¡Basta! ¡perdóname, mi buen Alejo! —le interrumpió Fray Justo, y estrechó fuertemente una de sus manos entre las suyas. Yo me apoderé de la otra y lloré con él; porque aquel hombre fuerte y sencillo quiso llorar y lloró entonces como un niño.

Un instante después oímos repicar en todos los campanarios, gran tropel de gente, frenéticas aclamaciones de alegría en la plaza. Los Padres del convento corrían por los claustros, para salir precipitadamente. Uno de ellos, que debía ser patriota, entreabrió la puerta de la celda, y gritó:

—¡Victoria! ¡los porteños han vencido! ¡es cierta, ciertísima también la noticia de Aroma!

Mi maestro no esperó más, para salir en cuerpo, como estaba, sin acordarse de su manto. Alejo y yo le seguimos; pero en la puerta de la celda me detuvo el cerrajero, y me dijo con profunda convicción:

—Ya no hay ni rastro de chapetones, muchacho. Don Francisco [el gobernador Rivero] no quiso creerme, ni tampoco su Paternidad. Ahora verán si era necesario quedarse en la puna sin motivo.

El gentío era inmenso en la plaza. En la esquina del cabildo el escribano don Francisco Ángel Astete, subido sobre una mesa que habían sacado de una pulpería inmediata, leía en alta voz el bando en que el gobernador hacía saber a «los valerosos habitantes de Cochabamba» la victoria de Suipacha, alcanzada por las tropas auxiliares que venían de Buenos Aires, y el felicísimo triunfo de Aroma del que no se tenían todavía noticias oficiales.

No puedo dar una idea del regocijo popular en aquel día y el siguiente. Nunca, jamás, ni cuando la proclamación definitiva de la independencia, después de Ayacucho, se han visto demostraciones semejantes. Las nuevas generaciones y las que han de venir hasta el fin de los siglos, no oirán, sobre todo, más bulliciosos repiques de campanas. Y esto por tres razones igualmente perentorias: 1.ª no se festejarán jamás con ellos otros triunfos tan memorables; 2.ª Había más templos habilitados en la ciudad; 3.ª se rajó entonces, tañida sin descanso por cuarenta y ocho horas consecutivas, la gran campana de San Francisco.

Cuando, ya casi cerrada la noche, enronquecido a fuerza de gritar como todos: ¡viva la patria!, volví a la casa de doña Teresa, encontré en la puerta a Clemente y tuve miedo. Su sonrisa de satisfacción —una vez conocido su carácter, como ya lo conocía—, me hizo estremecer, con la idea de que me esperaba mucho de malo. Me tomó, en efecto, del cuello, y me arrastró ante la noble señora, refugiada otra vez en su oratorio, cuya atmósfera estaba más irrespirable con el olor a tabaco y anís.

—Aquí está, mi ama y señora Marquesa, el vagabundo —dijo—; aquí está el que más grita entre los alzados en la plaza.

—¡No me engañaba, Dios mío! —exclamó la señora—; ¡es el mismísimo enemigo!

Se persignó enseguida dos veces, para librarse de las asechanzas del que acababa de nombrar, aunque indirectamente, y añadió:

—Llévale sin tardanza y que se cumplan mis órdenes.

Debía estar y estuve dos días encerrado en mi cuarto, a pan y agua solamente; con el aditamento de que, al abrirme, no solo me repitieron que no pusiese los pies en la calle, sino, «ni en el patio principal, ni un palmo más allá del pasadizo, a no ser para ir a rezar el rosario en el oratorio, o a misa los domingos muy temprano con Clemente.»

Capítulo VIII. Mi cautiverio. Noticias de Castelli

La cólera de doña Teresa no debía aplacarse en mucho tiempo, y aunque «la noble señora» no me dijo ni una palabra más que antes, ni me miró con peores ojos las raras veces que la encontraba en el comedor o a las horas de rezar el rosario, lo sabía yo muy bien, por dos razones.

En primer lugar la cara de Clemente, más risueña cuando me miraba, me decía que el monstruo estaba contentísimo de poder atormentarme y de haber encontrado un «sufre dolores» mejor que el pobre pongo, a quien dejaba ya más tranquilo. Diré únicamente las cosas que hacía de ordinario para gozarse con mi castigo, dejando en el tintero, o para su caso, mil otras que se le ocurrieron en circunstancias anormales. Por las mañanas, apenas abría yo mi puerta, buscaba con afán por todas partes, aunque lo tuviese a la mano, un pedazo de yeso o de carbón, con el que trazaba enseguida solemnemente en el suelo la línea hasta donde me era permitido trajinar en la casa. Fingía olvidarse de llamarme a comer, mientras la comida apartada para mí, de la que se servía a los niños, no estuviese completamente fría. En las horas en que yo me encerraba en mi cuarto para leer, llevaba a mi puerta los niños Pedro de Alcántara y Agustín para que me gritasen estas u otras cosas parecidas:

—Juanito ¿no quieres ir a la plaza? ¡Están repicando, Juanito! ¿qué habrá sucedido? Dicen que Fray Justo te espera en la calle... Anda, Juanito... ¡que te llaman los muchachos para jugar a la *palama*!

Cuando hablaba cerca de mí con alguna persona de la casa o de fuera, no dejaba nunca de buscar un motivo de lamentar las dolencias de su ama, y concluía diciendo:

—¡Qué desgracia! quién hubiera pensado que la señora *Marquesa*criase cuervos para que le sacasen los ojos! ¡cómo hay en este mundo serpientes que muerden el seno que les da calor!

Los domingos se levantaba al segundo canto del gallo, para llevarme a la misa del alba que celebraba un fraile muy madrugador, evitando de ese modo que pudiese yo hablar siquiera accidentalmente con algún conocido en la calle. Todas las tardes al reunirnos para rezar el rosario, o al salir después del oratorio, hablaba del duende que probablemente volvería al jardín, al cuarto de los libros o al mío, de donde solo estaba alejado por los exorcismos que había hecho poco antes el Reverendo Padre Arredondo. Me hacía dar después con Feliciana el cabo más pequeño posible de vela, y decía que el pongo no podía ya separarse del cuidado de la puerta en aquel tiempo de bulla y alboroto que era el de los *alzados*.

En segundo lugar, el alegre e incesante repique de las campanas, los vítores de la multitud que llegaban diariamente hasta mi cuarto, el tropel de caballos que con frecuencia pasaban por la calle, las noticias que a su manera daban y comentaban los criados en la cocina —no dejaban duda de que la revolución ganaba inmenso terreno, esto es si no había acabado por completo la dominación española. Casi a un tiempo con la nueva feliz del triunfo de Aroma habían llegado la del pronunciamiento de Chuquisaca, que se verificó al aproximarse una expedición de Cochabamba, conducida por don Manuel Via, y la del triunfo obtenido en Suipacha, el 7 de noviembre, por las tropas argentinas al mando del general don Antonio González Balcárcel sobre las acumuladas en la frontera sud del Alto Perú, por Nieto y Paula Sanz, a órdenes del brigadier don José de Córdova. Súpose pocos días después la completa evacuación de La Paz por las fuerzas del coronel don Juan Ramírez, que habían repasado el Desaguadero a consecuencia de la derrota de Piérola en Aroma, para incorporarse a las tropas de Goyeneche. Salían de la villa expediciones armadas, como la que condujo don Bartolomé Guzmán a La Paz, con el fin de reparar el error cometido después de la victoria de Aroma. El entusiasmo, el delirio del pueblo llegaron, por último, a su colmo cuando el mismo gobernador don Francisco del Rivero partió con tres mil caballos y dos o trescientos infantes a incorporarse al ejército auxiliar. Debo advertir con este motivo y por si acaso sea necesario, que aquella casa en que yo estaba, sus moradores y las personas que la visitaban, eran de las excepcionales en medio de la decisión general con que Cochabamba abrazó la causa de la independencia.

¡Qué no hubiera dado yo por encontrarme siquiera un momento en la calle o en la misma plaza, entre la multitud, para aliviar mi corazón con el grito que salía libremente de todas las bocas y que yo solo podía arrojar para mí entre la almohada y el colchón de mi cama! ¡cómo deseaba hablar con mis amigos Fray Justo y Alejo o siquiera El Overo, aunque no fuese más que por el ojo de la llave de una puerta o al través de una pared! ¿Por qué no venía a verme el Padre que debía tener entrada en todas las casas? ¿por qué mi tío no hacía valer una vez por lo menos los derechos que le daba sobre mí el parentesco?...

Mis dos consuelos continuaron siendo la lectura, amenizada con el hallazgo de un tomo desencuadernado de las comedias de Calderón de la Barca y una comedia completa de Moreto, y las lecciones que daba a Carmencita, o las inocentes conversaciones que tenía con ella.

¿Cómo pudo nacer ese ángel de las entrañas de doña Teresa?¿tanta belleza de tanta fealdad? ¿tan dulces, nobles y tiernísimos sentimientos de tanto orgullo y egoísmo? Yo no lo sé. Puede ser que se encontrara en ella uno de esos ejemplos que parecen confirmar la creencia de que las hijas se asemejan mucho más a sus padres. Don Fernando, como creo ya haber dicho en otra parte, había sido un hermoso y apuesto caballero en su juventud. Pienso, también, que debió haber nacido naturalmente bondadoso, y que los defectos que de él conoceremos más tarde, provenían de su viciada educación.

Carmencita tenía hermosos cabellos rubios, destinados a ir tomando con el tiempo un color castaño o completamente negro, como sucede en nuestros climas; su rostro graciosamente ovalado, muy blanco y sonrosado en las mejillas, con ojos de azul oscuro, cuyas pupilas parecían zafiros; con nariz un tanto aguileña y una boquita de labios perfectamente delineados, podía ofrecer un buen modelo para pintar una virgen niña estudiando su lección al lado de Santa Ana; pero tenía frecuentemente una expresión picaresca, sin malicia, que la hubiese hecho digna, también, de representar a las gracias en un cuadro pagano. Vestíanla unas veces de saya y manto, como a gran señora, y otras de manolita, representando ella primorosamente uno y otro papel. En el segundo sobre todo, con su mantilla caída a las espaldas, su vestido de anchísimo vuelo, sus zapatitos rojos, sin faltarle en la liga ni un puñalito de latón dorado, se ponía tan mona que hacía reír hasta a doña Teresa. Creo que ésta la amaba y que no amaba más en el mundo, ni a sus otros hijos; porque si bien recomendaba respeto y ciega complacencia para Pedro, en consideración a que era el mayorazgo, y permitía las travesuras de Agustín, no la vi nunca hacerles ni un halago, ni desear su compañía.

Carmencita me hizo confidente de sus pequeños secretos; me mostraba antes que a nadie los juguetes que le regalaban; partía conmigo todo lo que más le gustaba. Un día, a principios de marzo de 1811, se me acercó haciendo un dengue encantador y graciosas contorsiones, con las manos en las espaldas; saltó después por varias veces presentando y volviendo a ocultar alternativamente a mis ojos un racimo de uvas maduro y dorado prematuramente.

—¿Qué es esto? —me decía—, ¡que no adivinas!

—¿Quién te lo ha dado? —le pregunté.

—¡Vaya! ¿quién ha de ser? Luisito... ¡ése! ¡Luisito!

—¿Y quién es Luisito?

—¡Qué tonto!: el hijo del *gringo*.

—¿Cómo lo has visto? ¿dónde vive?

—Pasa siempre por la puerta; vive aquí, aquí, aquí... no sé dónde.

Y al decir esto señalaba todo el rededor de mi cuarto con su dedito sonrosado y daba brincos por todas partes. Después partió el racimo de modo que me quedase la mayor parte; puso ésta sobre el libro abierto que yo leía cuando ella entró, y se me escapó ligera como un pájaro.

Pero este mi segundo consuelo no duró mucho tiempo. Mi verdugo Clemente debió contar según creo a la noble señora que la niñita aprendía a leer o conversaba conmigo, y se me notificó que no volviese a recibirla en mi cuarto, ni la contaminase más con mi compañía. Desde entonces Carmencita solo pudo enviarme de lejos y furtivamente un beso o una sonrisa.

Por el mes de abril de este año de 1811 en que, merced a los triunfos de Suipacha y Aroma, todo el Alto Perú se consideró librado a su propio destino o a su espontánea adhesión a la suerte que corriesen las provincias del Plata, me hallaba yo tan cansado de mi confinamiento, que había momentos en que medía con la vista la altura de las paredes del patio, de los corrales y del jardín, para fugarme de aquella casa donde no sabía yo por qué me encontraba. Tenía vehemente deseo de hablar por lo menos con alguna persona racional, o de oír hablar siquiera otro lenguaje que el que hablaban los criados en chacota en la cocina. Una tarde que vi entrar al

Comendador de la Merced y al sabio licenciado en animadísima conversación, no pude contenerme y tomé un heroico partido.

El siempre friolento Pedro de Alcántara se había sentado a las puertas de uno de los dormitorios, donde llegaba un rayo de Sol, y jugaba con sus muñecos. Me acerqué como si lo hiciese distraídamente, con un papel en la mano, del que hice primero un barco, enseguida un gallo y, por último, cuando el niño hubo fijado su atención, aquella ingeniosa plegadura que tantas veces le vi a mi maestro.

—¿Qué vas a hacer ahora? —me preguntó.

—Nada —dije—; pero, si quieres, corta esto por aquí, con unas tijeras, y ve lo que consigues sacar.

Lo hizo él al punto, y fue dando gritos de admiración al sacar la cruz, la corona, los clavos, la túnica; todos los fragmentos que así parecían, y que yo tenía buen cuidado de irle diciendo.

—Enséñame esto, Juanito —me dijo del modo más suplicatorio y persuasivo que él podía.

—No vale la pena —le contesté.

Y como entre tanto había hecho ya un conejo o cosa parecida de un pañuelo, se lo arrojé como si brincara a su lado el mismo animal vivo y verdadero; lo que acabó de trasportarlo de alegría.

—Enséñame —insistió—: no seas malo.

—Aquí no se puede ya estar —repuse—; hace mucho frío, y tu madre la señora doña Teresa, no quiere que yo entre en la antesala.

—Vamos allá... por aquí... ¡vamos pronto!

Y diciendo esto me tomaba de la mano y me arrastraba dentro del dormitorio; mientras que yo fingía resistir, y entraba, y me hacía arrastrar hasta la antesala. El portón estaba felizmente cerrado; pero para librarme de cualquiera sorpresa, hice sentar a Pedro de modo que apoyase en él las espaldas, y yo mismo me recosté, afianzando mi hombro izquierdo en el marco. Enseguida sin dejar de entretener al niño de cuantas maneras me sugería mi ingenio, oí la conversación que voy a repetir sin citar personas, pues ellas se harán conocer muy bien por sus mismas palabras.

—*Nihil novum sube sole*, mi querida doña Teresa; la impiedad es muy antigua en el mundo.

—Y Dios consiente, pero no para siempre.

—Sí, Reverendo Padre; eso se sobreentiende.

—Pero ¡qué horror! ese impío, ese don... ¿cómo se llama?

—Juan José Castelli.

—Eso es... yo no comprendo cómo le han puesto los nombres del discípulo predilecto y del padre putativo de nuestro Señor.

—¡Entrar a La Paz en días de semana santa! ¡recibir obsequios y dar bailes!

—¡Y las blasfemias que no se cansa de decir!

—¡Y en francés, Reverendo Padre, en la lengua abominable del Ante Cristo, que ha destronado al rey!

—Él es terriblemente afrancesado.

—*Anibal in Capuæ*. Déjenlo vuestras mercedes enervarse en las delicias... *Quos Deus vult perdere, primo dementat.*

—No, esto no puede ser ¡Dios mío! ¿qué dicen ahora estos alzados? ¿son o no son cristianos? ¿eran de buena fe vasallos de don Fernando VII?

—La verdad es que ellos mismos están descontentos.

—¡Con cuánta razón ha querido excomulgarlos el Ilustrísimo señor Arzobispo Moxó!

—¡Ojalá volvieran sobre sus pasos! Pero ¿cómo decía el señor licenciado que eran esas herejías?

—*Liberté*, que viene de*libertas*; *fraternité*, de *frater, fratris*; *egalité*, de...

—No lo entiendo, pero debe ser muy malo.

—Abominable, debe decirse, mi señora.

En este punto se oye abrirse el portón del alabardero que da al patio.

—¿Quién es? ¿cómo te atreves a entrar, Clemente?

—Perdone, vuestra merced, mi ama y señora *Marquesa*: es el hijo del *gringo*, que viene a recoger la peana del Señor, que vuestra merced quiere hacer dorar para la Exaltación.

—Está bien; hazle entrar al oratorio.

Ruido de pasos de dos personas que atraviesan la sala por el lado indicado. Prosigue la conversación.

—¿Y ese canto endemoniado que dicen comenzó a entonar uno de sus oficiales insurgentes, creo que de borracho, en un sarao?

—No lo recuerdo. Debe ser el que cantaron para degollar al santo rey Luis XVI.

—Pero tengo idea de haber oído su nombre. *Capio, intendo*...

—La Marsellesa, señor ¡la Marsellesa! La inventó el mismo diablo que hizo la catedral de Estrasburgo.

Esto último lo dijo una voz burlona que yo conocía demasiado. Mi sorpresa fue tal que lancé un grito, y temiendo que mi verdugo viniese atraído por él y me delatase, salí a brincos, a refugiarme en mi cuarto.

El domingo de aquella semana íbamos a misa con Clemente, cuando un hombre emboscado detrás de la esquina del templo de San Juan de Dios, se puso delante del zambo, lo tomó con ambas manos de la faja de los calzones y lo levantó como una pluma sobre su cabeza, diciéndole:

—Buenos días, don Clemente.

La sorpresa, el susto del miserable fueron tales que no pudo ni gritar, y solo tuvo fuerzas para agitar maquinalmente los brazos y las piernas, como si nadase en el aire.

Puesto después sobre sus pies por aquel inesperado y tan extraño saludador, que se reía de sus visajes y contorsiones, le dirigió una mirada suplicante, se compuso la faja, procuró sonreír del modo más complaciente y ruin que él sabía, y exclamó:

—¡Qué don Alejo!

Mi tío, porque era él en persona, lo sujetó entonces de una oreja, y le dirigió imperativa y brevemente estas palabras:

—Quiero hablar a mi gusto con el niño; entra tú a oír misa y no salgas sino el último de todos, para ir a buscarnos a mi taller. ¡Cuidado con decir después lo que ha pasado! Ya me conoces... ¡vete!

Y concluyó con un puntapié, que hizo llegar más pronto a Clemente hasta la puerta del atrio de la iglesia.

—Vamos ahora, muchacho —agregó; y me condujo de la mano hasta su taller, que estaba a pocos pasos de allí.

La fragua ocupaba uno de los costados del cuarto; el yunque estaba clavado al centro en un grueso tronco de molle, teniendo arrimados a éste las tenazas, los martillos y una comba enorme que solo Alejo podía manejar. El otro lado lo ocupaban una larga mesa provista de muchos instrumentos y útiles de cerrajería, un montón de astas y regatones de lanza y muchas barras de estaño, cuyo acopio allí no era fácil explicarse. Una puertecita abierta en la pared de este mismo lado daba entrada a otro cuarto pequeño, en el que dormía el herrador y cerrajero. Me hizo sentar allí sobre su cama, y él tomó para sí un banquito grosero, de tronco de algarrobo, con tres gruesas estacas que le servían de pies.

—Yo no puedo ir a la casa en que estás —me dijo—; ¡no sé lo que haría en esa casa! Luisito Cros me ha avisado que te tienen preso; cuéntame ahora la verdad de todo lo que esa alma de tigre hace contigo.

Estaba espantoso. Yo no quise decirle lo que sufría, el abandono en que me hallaba, la reclusión a que me habían condenado. Le dí a entender únicamente que deseaba más holgura y que, sobre todo, me hiciesen enseñar algo de provecho, o me dedicasen a algún oficio.

—Está bueno —contestó—; yo le diré hoy mismo estas cosas a su Paternidad. Felizmente no he querido ir con don Francisco y he preferido trabajar con los otros de aquí y el *gringo.* Has de saber —continuó más tranquilo y volviendo a la preocupación general de los ánimos en aquel tiempo—, que la patria está triunfante en todo el mundo; ya no hay ni rastro de chapetones, es decir con armas y metidos a soberbios. Toma; aquí tengo estos papeles que te contarán mejor lo que ocurre. Para eso sabes leer, Juanito.

No bien hubo concluido llamaron tímidamente a la puerta. Me dio un abrazo, y puso fin a la conversación con estas palabras:

—Debe ser el zambo más malo que Lucifer. Anda con él... yo no quiero ver su cara que se ríe siempre, como la máscara del aldabón de esa casa del infierno.

A medio día vi por el pasadizo la alta y encapuchada figura de mi maestro cruzar ligera y silenciosamente el patio en dirección al oratorio, y meterse en él sin anunciarse, como en su propia celda. Como una hora después vino Clemente a mi cuarto y me dijo con aire de sumisión y el más profundo respeto:

—Niño don Juan, la señora mi ama quiere ver a su merced en el oratorio.

Cuando llegué al portón, oí que hablaban dentro con calor. Me detuve a escuchar. Se me figuró que el ángel pintado allí, me decía a mí mismo:

—Detente... ¡escucha!

Y he aquí lo que pude sorprender de aquella conversación.

—Ya te he dicho que el espantoso trastorno de estos tiempos, que tú mismo fomentas siendo sacerdote, no permite mandarle a estudiar en Chuquisaca. Pero ¿qué le falta? ¿de qué se queja? ¿no está tratado al igual de mis hijos? ¿qué más hubiera hecho por él la hija del mayordomo?...

—¡Cállate, por Dios, Teresa! Al hacer este inmenso sacrificio de venir a tu casa me he prometido hablar tranquilamente contigo; pero me falta la paciencia.

—Puedes abusar si quieres de tu sagrado carácter. ¡Loado sea el Señor que manda estos nuevos tormentos al corazón de una triste viuda!

—¡Acabemos, Teresa!

—¡Sí, acabemos! La voluntad de don Fernando se cumplirá tan luego que se pacifiquen estos dominios de su Majestad el rey. Que venga ahora el muchacho, y te diga él mismo si yo he mentido... ¡bendito Dios! ¡Sea todo esto y mucho más, si él lo quiere, por mis pecados!

Creí que iba a repetir la orden de llamarme, y retrocedí algunos pasos, para volver enseguida con ruido y golpeándome como atolondrado en la puerta.

—Entra, Juanito —dijo doña Teresa casi con amabilidad—; ven acá... ¿por qué no has ido a visitar a tu maestro?

Yo me acerqué primero a besar la mano que éste me extendía, y contesté luego con algún atrevimiento:

—Clemente me ha dicho que vuestra merced no quiere que yo salga, ni...

—¡Clemente es un animal! —gritó ella con cólera—; el zambo maldito... ¡Dios me perdone!, todo lo entiende al revés y voy a plantarlo en la calle. Lo que yo no quiero es que pierdas el tiempo con tus antiguos compañeros con quienes jugabas a la *palama*; que no salgas para hacer inútiles los buenos ejemplos y consejos; que...

—Basta —le interrumpió mi maestro—; desde hoy irá a verme todos los jueves ¿no es verdad?

—Cada día, si lo quiere vuestra Paternidad —repuso la señora, cambiando de tono en la conversación con Fray Justo, quien hizo lo mismo enseguida para despedirse.

—Gracias, señora doña Teresa. Quede Dios con vuestra merced... hasta el jueves, hijo mío.

Yo me retiré a mi cuarto tan pronto como él hubo salido. Me cerré por dentro y me puse a leer los papeles que me había dado Alejo por la mañana. Eran copias de la proclama del gobernador antes de su salida para incorporarse al ejército de Castelli y Balcárcel, y del armisticio que habían celebrado éstos con Goyeneche. Supe así que las fuerzas de la patria y las del virrey de Lima, comandadas por el gobernador del Cuzco, estaban frente a frente a orillas del Desaguadero.

Capítulo IX. De qué modo dejamos de rezar una tarde el santo rosario, y de la única vez que estuvo amable doña Teresa

Mi situación mejoró mucho con la visita de mi maestro a la noble señora. Pude moverme libremente por toda la casa y hasta asomarme por un momento a la puerta de la calle, cuando ocurría alguna novedad. Carmencita obtuvo permiso para recibir mis lecciones a medio día, en el comedor, en presencia de Feliciana. Un sastre harapiento vino a tomarme medidas, en un hilo, en el que iba haciendo nudos, y se rió de mis vestidos que se habían quedado demasiado cortos. Me dieron zapatos nuevos, para reemplazar los que de rotos se me caían de los pies. Clemente anduvo muy listo, atentísimo conmigo, en las diferentes comisiones que para esto había recibido.

El primer jueves siguiente, cuando me llamaron a almorzar, encontré a doña Teresa, que iba a retirarse del comedor con sus hijos. Se detuvo en la puerta que daba a la antesala, y me dijo:

—Cuidado que te olvides de que hoy es jueves y que tienes que visitar a Fray Justo. Sería capaz de creer —¡Dios le perdone el mal juicio!—, que yo lo he estorbado. Este bruto de Clemente me ha traído ya mil incomodidades.

El aludido, que estaba poniendo a la sazón mi almuerzo en la esquina de la mesa donde yo acostumbraba tomarlo, se inclinó hasta el suelo como anonadado; pero yo vi que se sonreía maliciosamente.

En todo el trayecto hasta la plaza me figuré que me encontraba trasportado por encanto a otra ciudad que la de Oropesa del valle de Cochabamba, muy parecida, pero más bella y animada. Y esta ilusión no provenía únicamente de mi largo cautiverio. Las calles mejor empedradas y barridas diariamente, parecían más espaciosas; las casas recientemente compuestas o pintadas por lo menos, tenían mejor aspecto arquitectónico. En la plaza mi ilusión fue más completa. El suelo que antes era accidentado, con grandes hoyos en los que se reunían las aguas pluviales, y montones de escombros y basuras, se hallaba perfectamente nivelado. Creí que veía por primera vez, en el centro, la vieja fuente pública, llamada de Carlos III, por haberla mandado construir expresamente dicho monarca, «en premio de los servicios de sus leales y valerosos cochabambinos, durante la rebelión de los indios.» No vi, por último, en toda ella, ni uno solo de los feísimos puestos de recova; pues los habían removido a otro sitio, en un gran canchón, a espaldas de la casa de educandas de San Alberto.

Todo esto se había debido a un bando del gobernador, publicado el 4 de diciembre del año anterior, a los afanes del cabildo y al entusiasmo de los vecinos, para recibir dignamente la visita prometida y no llevada a efecto por el Delegado de la Excelentísima Junta de Buenos Aires.

En las calles y la plaza encontré muchos corrillos de mujeres del pueblo, que comentaban a su manera una proclama de la Junta Provincial, organizada en ausencia de gobernador Rivero. La Junta había desmentido las especies alarmantes que hacían correr los pocos desafectos a la causa de la patria, y prometía hacer saber todas las noticias que recibiese del ejército, cuya situación no había cambiado a orillas del Desaguadero. Llamó particularmente mi atención un corro numeroso a las puertas del cabildo, en el que hablaban con calor don Pedro Miguel de Quiroga y don Mariano Antezana, miembros de la Junta, teniendo a su lado al valiente Guzmán Quitón (que formaba por entonces un nuevo regimiento de caballería) y —¡oh sorpresa!— al docto licenciado don Sulpicio Burgulla!

No pude oír más que estas últimas palabras de don Pedro Miguel:

—Hemos dicho siempre la verdad a nuestro pueblo... ¡que callen ahora los malvados! Vencimos ya en Aroma... ¡venceremos en todas partes!

El licenciado se puso enseguida en su lugar, estirado sobre las puntas de sus zapatos enhebillados; levantó su bastón con borlas en el aire; tosió para darse mayor importancia, y gritó con su voz de falsete:

—*Excelsior! Audite, cives!*

La multitud asombrada de su genio, lo contempló con tamañas bocas abiertas, y concluyó por gritar a su vez:

—¡Viva don Sulpicio! ¡Viva la patria!

Mucho me sorprendió esta su conducta por entonces. Más tarde comprendí que tuve en aquel momento ante mis ojos un tipo profético de la especie más dañina para las nuevas nacionalidades que se formaban: esos hombres llamados de ciencia y experiencia, adoradores del dios éxito; esos pedantes con canas que han embaucado a las inocentes multitudes, disculpándose de todas sus infidencias con un latinajo o una frase mal chapurreada en francés, y exigido respeto a sus blancos cabellos, cuando inclinaban ellos mismos la cabeza hasta el suelo, para besar los pies de los más despreciables y vulgares tiranuelos!

Mi maestro me esperaba ya a la puerta de su celda. Me condujo de la mano hasta el escaño, y él ocupó su cómodo sitial.

—Cuéntame ante todo tu vida —me dijo cariñosamente, y me hizo enseguida muchas preguntas, a las que yo respondí del modo que antes a las de Alejo.

Le referí estudiosamente con sus mínimos detalles mi descubrimiento de los libros en el cuarto del duende. Sabía que esto lo alegraría; porque el estudio era para él su único consuelo; y vi, en efecto, que se iluminaba su semblante. Cuando concluí de hablar, me felicité interiormente. Acababa ahora de comprender que la naturaleza y los consejos de mi santa madre me habían hecho incapaz de encerrar en mi corazón un sentimiento de venganza. Encontraba, por otra parte, un indecible placer en ocultar mis propios dolores, para no aumentar una gota de amargura al cáliz de aquel hombre tan justo y bondadoso, a quien amaba y veneraba como a nadie ya sobre la tierra.

No pude, sin embargo, dejar de dirigirle, al último de esta conversación sobre mi vida actual, una pregunta que él mismo parecía esperar y temer.

—¿Quién soy? ¿puedo saber algo de mi padre?

Él reflexionó por un momento, y me contestó:

—Tu buena madre quería que tú lo ignorases siempre. Respetemos su voluntad.

Después de un largo silencio, para distraerme sin duda de mis tristes meditaciones, pasó a hablarme de los sucesos públicos que a todos preocupaban. Me dijo que realmente había fundadas esperanzas de una gran victoria, tal vez final, de las armas de la patria.

—Creo que la Providencia protege visiblemente la causa de la justicia —añadió entusiasmado—. Yo no pensaba, hijo mío, que tan gran revolución llegase tan rápida y felizmente a su desenlace.

Me habló, por último, de mis lecturas.

—Debes haber visto los horrores de la conquista en las obras de don Fray Bartolomé de las Casas, Obispo de Chiapa —me dijo—; pero no vayas a creer que los españoles fueron peores que la generalidad de los hombres en aquel tiempo. No hay ya para qué recordar esos crímenes espantosos como un justificativo de nuestro anhelo de independencia, que proviene de otras causas más inmediatas. Ten cuidado, por otra parte, de no dejarte alucinar con los libros de Herrera y Garcilaso, cuando hablan de la solicitud de los reyes de España por sus vasallos de estos dominios. Las medidas con que desde la gran Isabel hasta el pobre don Carlos IV creyeron favorecerlos, han sido siempre muy perjudiciales. De las *encomiendas*, que tuvieron por objeto la conversión de los indios al cristianismo, resultó su completa esclavitud y embrutecimiento en supersticiones más groseras que el antiguo culto del Sol; de los *repartimientos* con que pensaban poner a su alcance los efectos de ultramar que necesitasen, vinieron los más odiosos abusos y monopolios, la desnudez y miseria de esos infelices, esquilmados por los corregidores y exterminados a millares cuando se rebelaron con *Tupac Amaru*; del tributo, que parecía iba a aliviarles de mayores pechos y servidumbres personales, nace su tal vez incurable abyección; de las *comunidades* conservadas por la conquista, sin las antiguas costumbres que proveían a la subsistencia de todos, provino la mayor degradación de los indios llamados forasteros, la holganza de los comunarios y el empobrecimiento general del país. Todo lo bueno es imposible; lo que se juzga mejor se hace pésimo, cuando emana de un poder lejano, que nada ve más que por ojos ajenos, ni preside directamente a la ejecución de sus mandatos.

—Los españoles dicen que nos han dado todo lo que ellos mismos tienen; que si nos hacen mal, es por error, no porque ellos lo deseen —observé yo tímidamente.

—Nunca nos convencerán de que todas sus leyes sobre industrias y comercio no tienen en mira el provecho de la metrópoli antes que todo —me contestó—. Ya lo verás mejor que yo mismo con el tiempo.

—Han querido ilustrarnos; sus libros llegan hasta mí.

—Nos dan la luz al través de una pantalla; la luz que ellos temen hasta así opaca, hijo mío. Su política sería imposible si hubiera una escuela solamente en cada lugar. Te he dicho que en nuestro país, con motivo del alzamiento de Calatayud, se prohibió por algún tiempo, enseñar a leer y escribir a los niños mestizos y aun criollos. Una sola imprenta en manos de un americano en cada virreinato mataría al punto su poder. Los libros que has encontrado por fortuna son demasiado raros en todo el Alto Perú. En esta ciudad yo solo sé de tres bibliotecas particulares, de unos cuatrocientos volúmenes cuando más: la que destruye hoy la mano de una cocinera; la de los Boados y Quirogas, y la de los Escuderos. ¡Y cuántos sacrificios de dinero, fatigas y peligros personales han costado!

—La revolución nos conduce a la herejía, según dice el sabio señor licenciado don Sulpicio.

—¡Ah! las imprudencias de don Juan José Castelli!

—Ha dicho en francés...

—Lo que debiera haber repetido mejor en castellano, en quichua, si la sabe. Eso es el credo de la humanidad, como el evangelio, de donde lo ha tomado la filosofía que a éste combate sin embargo.

—Quiso cantar uno de sus oficiales la marsellesa, compuesta, según mi amigo Luis, por el diablo en Estrasburgo.

—El Luisito Cros es un bellaco. Su padre, que es alsaciano, debe haberle contado la verdad, y él trató de divertirse probablemente con tu ignorancia. No, hijo mío —aquí se paró y prosiguió con acento que parecía inspirado—, esta causa es tan grande y justa que los mismos españoles respetarán un día a los que la han invocado. Has visto ya que Figueroa murió por ella; pronto oirás hablar del esforzado Arenales.

En los jueves siguientes volvimos sobre el mismo tema. No quiero ya recordar más sobre él en estas memorias. Me expondría, tal vez, a fatigar la atención de mis lectores, y esta consideración me hace guardar en silencio los discursos de mi querido maestro, que parecerían hoy triviales y eran admirables en aquel tiempo de tinieblas.

Me apresuraré, más bien, a referir dos cosas que llenarán de admiración a mis curiosos lectores, como sucedió conmigo.

Una tarde en que todos los habitantes de la casa estábamos reunidos en el oratorio para rezar el santo rosario, notó doña Teresa y extrañamos los demás la ausencia de Clemente, que solía ser el más puntual, para llevar la voz, como ya dije en otra parte.

—¿A dónde se ha metido el condenado? —preguntó la señora; y se persignó, como acostumbraba siempre; cuando aludía al enemigo o cosas del infierno.

Iba enseguida a mandarnos a buscarlo; pero entró el perdido con muestras de agitación, y dijo misteriosamente a doña Teresa:

—El capitán... ¡Don Anselmo Zagardua!

La señora hizo un movimiento de sorpresa.

—¿Qué quiere? ¡Dios mío! ¿qué será? —exclamó muy contrariada.

—Está en mi cuarto. Dice que el señor...

—Sí, ya sé... no hay para qué nombrarlo, estúpido! ¿Qué le sucede?

—Que está malo... que la hinchazón ha subido hasta las rodillas.

—Hazle entrar... pronto... ¡aquí mismo!

Y apenas hubo salido Clemente, continuó doña Teresa:

—Feliciana, llévate a los niños... que cenen y se acuesten. ¡Váyanse todos! ¿Qué quieres tú ahí? Vete a tu cuarto... ¡cuidado con abrirme la puerta para nada!

Al cruzar el patio vi a Clemente que volvía con un hombre extraño, como de sesenta años de edad, alto y seco, vestido de uniforme militar muy usado y raído. Caminaba con dificultad, apoyado en un grueso bastón; porque le faltaba una de sus piernas, y la tenía de palo, y tan tosca como entonces era posible procurársela en el país.

Otra tarde —no recuerdo si del 27 o 28 de junio—, fui llamado al comedor, media hora antes que de costumbre. Doña Teresa se sonreía dulcemente a la cabecera de la mesa, rodeada de sus hijos. Me hizo sentar en mi esquina, para que los acompañase, y me dijo que no me hiciera esperar desde aquel día. Besaba con frecuencia a Carmencita. Dio una palmada en la redonda mejilla de Agustín.

—Ven, hijo mío —continuó diciendo a Pedro; y cuando éste se hubo acercado, quiso abrocharle el cuello de la camisa y no pudo, y exclamó, dirigiéndose a la criada—: Feliciana, querida Feliciana, aquí falta un botón. ¿Por qué han descuidado hasta este punto al niño de mi alma?

Era otra, completamente distinta de la doña Teresa de siempre; era una señora amable, una cariñosísima madre, una ama que reconvenía sin cólera a sus criadas. Su amabilidad conmigo llegó hasta el punto de darme espontáneo permiso de pasear por donde yo quisiese.

Salí contentísimo a ver a mi maestro; fui por el camino preparando el elogio de mi protectora, que pensaba pronunciar ante aquél, adornado si era posible de algún texto latino tomado al vuelo de los doctos labios del licenciado Burgulla. Pero, no bien hube abierto la puerta de la celda me sentí sobrecogido de la más profunda aflicción, al ver el abatimiento, el indecible dolor que se retrataban en el semblante y toda la persona de Fray Justo. Estaba de pie, con los brazos cruzados sobre el pecho, inclinada la cabeza al suelo, como si mirase a sus pies una tumba recién cubierta. Recordé haberle visto así mismo, al través de mis lágrimas, cuando vestían a mi madre la fúnebre mortaja.

Ni el estrépito con que abrí la puerta, ni un vivo rayo de Sol que penetró por ella, bañándole hasta medio cuerpo, le arrancaron por lo pronto de su meditación. Solo por un movimiento maquinal se llevó una mano a los ojos deslumbrados, y adelantó la otra enteramente abierta, como para protegerse de algún súbito golpe que le amenazara. Recobrando después la conciencia de lo que pasaba a su alrededor, me miró tristemente, y me dijo como si yo le llevase la confirmación de la desoladora nueva que había recibido:

—Ya lo sé; el desastre ha sido completo... ¡Dios lo ha querido!

Notando por último el asombro, la estupefacción con que yo le oía, me refirió la derrota que habían sufrido las armas de la patria en Huaqui, el 21 de junio de 1811.

El tiempo no pudo borrar la profunda impresión que dejaron sus palabras en mi ánimo. Creo hoy que él veía y me hizo ver claramente desde entonces las consecuencias espantosas de aquel suceso para la causa de nuestra independencia.

El armisticio, que tenía suspensas las hostilidades, no podía conducir a ningún resultado favorable. La conciliación de los intereses de la España y de la América es ya de todo punto imposible. Goyeneche ha dado traidoramente un golpe irreparable a la revolución, so pretexto de que Castelli habló de libertad y recordó a los indios el *Tahuantinsuyu* de los Incas, de lo alto de las misteriosas ruinas de Tiahuanaco.

«La cruzada argentina que en Suipacha contaba a lo más con 1.500 hombres, llegó a las márgenes del Desaguadero convertida en grande y poderoso ejército de 12 mil hombres, que los mismos segundos de Goyeneche, altivos y soberbios españoles, creyeron muy difícil contener hasta en la posición elegida con tanto acierto por su jefe. Esa oleada, que cruzó de sud a norte nuestro territorio, arrastró consigo casi todos los recursos del país, que tenían dispuestos la revolución de

Cochabamba y la feliz victoria de Aroma. Perdidos ahora, no sé cómo puedan repararse. Estas provincias nuestras tan separadas del mundo por grandes cordilleras y desiertos, no renovarán ni un mal fusil, ni un viejo mosquete que el enemigo recoja en el botín. Desde hoy la guerra será un sacrificio heroico, desesperado del Alto Perú, con el que se conseguirá a lo menos asegurar la independencia de las provincias del río de la Plata.»

¡Cómo quisiera yo que nuestros historiadores nacionales repitan mejor cada día estas palabras! Así contestarían victoriosamente a los apasionados cargos de un escritor argentino que, desconociendo mil generosos esfuerzos de las provincias de Potosí, Chuquisaca y La Paz, solo ha querido hacer justicia a Cochabamba.

Cuando me volvía a casa muy pensativo y cariacontecido, oí la voz de Alejo, que me llamaba a la otra acera de la calle, en donde él se había detenido con un objeto largo y pesado, más grueso que su barra, envuelto en una tira de cotense.

—Apuesto —me dijo—, que su Paternidad te ha afligido con su tema de que ya no hay remedio. No lo creas, muchacho. Estamos bien, mejor que nunca. Nuestros paisanos no entraron en el combate, porque los habían mandado no sé a dónde, y cuando regresaron al oír los cañonazos, hicieron retroceder a los *chapetones*. Todos sin que falte uno... —digo mal, menos los pobres infantes, que habían muerto hasta el último, con su jefe y sus oficiales—, se han de venir a nuestros valles. Entonces nos veremos las caras. ¡Si soñaran los *chapetones* lo que les espera!

Al pronunciar estas últimas palabras levantaba en el aire aquel objeto extraño que tenía en la mano.

—El Padre Justo —prosiguió—, cree también que esto no es bueno. Pero has de saber, Juanito, que aquí tengo yo con qué exterminar el ejército del rey Jerjes. Si tú quieres, puedes venir mañana a mi taller, y... ¡ya verás! ¡ya verás si el Gringo, el Mellizo, el Jorro y yo sabemos o no más que el Padre Padilla, que había inventado la pólvora!

Y dicho esto se alejó precipitadamente con dirección al cabildo. Yo continué mi camino, encontrando ya en las esquinas corrillos de mestizos, en los que se hablaba de la noticia con la misma indiferencia o desprecio que el cerrajero.

Al pasar por el zaguán vi a Clemente, que hablaba de la puerta de su cuarto a Feliciana, que estaba dentro.

—Así son, así son los ingratos —dijo elevando la voz para que yo lo oyese—. ¿Por qué lo extrañas, mujer? Ellos ríen cuando llora el ama, y ponen cara de perro cuando ella se ríe.

Y volviéndose súbitamente a mí, me gritó:

—¿No es verdad, hijo del aire?

No pude contenerme. Aquellas injurias, después de sus últimas humillaciones y del pasado martirio que le debía, me hicieron perder toda paciencia. Le azoté fuertemente la cara de mono con la mano, y seguí a pasos lentos el camino de mi cuarto.

—¡Atrevido! ¡insolente! ¡*botado*! —me gritó Feliciana. El miserable debió haber quedado frotándose la cara, con más susto que indignación.

Aquella noche no me llamaron ni a rezar el rosario, ni a cenar. Tenía por fortuna un resto de vela y fui a encenderlo en la cocina. Quise leer y no pude. Reflexionando en lo que había hecho, me felicitaba por ello, como me sucedió en otra ocasión, en que creí tener a la mano la venganza y no quise tomarla. Sabía ahora que así como no aplastaría nunca al enemigo vencido, no sufriría, tampoco, en lo sucesivo, la humillante ofensa, sin rechazarla al punto con dignidad.

Repentinamente mi puerta se abrió con estrépito y cayó un bizcocho sobre la mesa, delante de la que yo estaba sentado. Volví la cabeza y me pareció ver una punta del vestido de Carmencita. La hermosa niña, escapándose no sé cómo, me traía la parte que podía de su propia cena, y se volvía volando, para que no advirtiesen su ausencia del comedor. Una lágrima dulcísima cayó de mis ojos sobre la página del libro en que leía la comedia de *El valiente justiciero*, de Moreto; tenía hambre, pero no mordí una sola vez el regalo de mi única amiga en aquella casa, que guardé cuidadosamente en el arca como un objeto sagrado.

Al día siguiente a la hora en que doña Teresa solía levantarse de la cama, me llamó al oratorio una de las mestizas. Encontré a la noble señora sentada en su tarima, con su faldero en las rodillas y entre dos de sus amigas vestidas de hábito de la orden tercera de San Francisco. Debían estar hablando sin duda caritativamente de mí; porque éstas se persignaron al verme, y exclamaron casi a un tiempo:

—¡Jesús! ¡tan niño todavía!

—¡Pobrecito!

—He pensado —me dijo la señora—, que te vayas hoy mismo a Las Higueras.

—Será lo que mande y quiera vuestra merced —le contesté, sin saber de qué punto se trataba.

—Pancho —continuó ella—, ha venido con su sobrino que debe quedarse en la ciudad; tú irás en el caballo de éste como puedas. Dime ahora lo que necesitas.

—Nada, señora.

—Está bien. Como *el pobre* Clemente se ha enfermado y Feliciana tiene que asistirle, Paula cuidará de ver lo que te falte.

Dichas estas palabras me señaló la puerta. Pero yo no salí tan pronto, como hubiera querido, para no oír estas otras palabras caritativas que dijo en quichua una de sus amigas, llamada doña Martina:

—¡Pobre Teresa! ¿qué víbora recogiste en tu casa?

Paula vino poco después a mi cuarto; puso en una silla un poncho y un tapabocas de género de algodón tejido en el Beni, y me dijo:

—Don Pancho espera en el patio con el caballo.

Salí tras ella, recogiendo el poncho y el tapabocas. Todos los criados y los niños Pedro y Agustín rodeaban al enfermo Clemente y reían con él a la entrada del callejón. Ninguno respondió a mi saludo de despedida, ni menos se acercó a estrecharme la mano. Se iba el *botado*; lo mandaba la señora con *don* Pancho, por haber pegado a *don* Clemente... Aquello era muy divertido. Pero ¡no!: una cabecita rubia, más bella en su desgreño matinal, arrimada a los barrotes de la ventana del dormitorio, pensaba de otro modo. Al irme anonadado de aquella casa, no sabía si por algunos días o por siempre, tuve el consuelo de ver a mi generosa amiguita, que me mandó un beso con sus deditos sonrosados.

Capítulo X. Mi destierro

Es la villa de Oropesa de Cochabamba el granero y el depósito de la abundancia de los pueblos confinantes en las provincias de la Plata, con que su población la ha hecho más grande que a otras ciudades de mayor carácter por el populacho que la habita... En ninguna parte es más nociva que allí esta mala mezcla, aborrecedor de su primer origen.
Marqués de Castel-Fuerte.

Francisco Nina, arrendatario de Las Higueras, una pequeña propiedad de doña Teresa, con seis colonos, a las inmediaciones del pueblo de Sipesipe, era un hombre de cuarenta años, mestizo, muy alto y grueso, carirredondo, lampiño, de aspecto bonachón, que ciertamente no engañaba. Tenía un gran sombrero de lana de carnero, tapabocas amarillo como el mío, poncho y polainas de alpaca tejidos primorosamente en su misma casa, zapatos de suela raspada, con formidables espuelas de hierro, bien amarradas con largas correas un poco más arriba del talón. Cabalgaba —en montura de dos picos, con pellón de piel de cabra y estribos de madera muy pequeños para sus pies— una yegua blanca, barrigona como una *vinchuca*, según él mismo decía.

Yo monté como pude un jaco lanudo entre blanco y negro, muy asustadizo, ensillado lo mismo que la yegua, bajo cuya cola metía la cabeza para caminar, o no quería caminar de otro modo.

Tres horas cabalgamos, Pancho delante y yo detrás, a buen paso, pero parando más de trescientas veces, no por culpa mía —que aunque chambón me sujetaba del pico delantero de la silla y dejaba al jaco seguir a la yegua a su manera—, sino por las incomprensibles señas y palabras que iba cambiando mi guía por el camino muy poblado de casas, con los rústicos parados en las puertas o detrás de las tapias de los corrales. Unas veces silbaba, mostrando abiertos el índice y el dedo siguiente de la mano derecha, para cabalgarlos sobre el índice extendido de la izquierda; otras les dirigía después del silbido una pregunta en una sola palabra, como: «¿Y? —¿Tienes? —¿Ya?», recibiendo en respuesta alguna otra seña afirmativa, o palabras muy breves, como: «Sí —Se entiende —Ya —Está por haber —Por supuesto»; de todo lo que yo pude colegir únicamente que se trataba de caballos, de alguna fiesta o expedición a la que todos parecían querer concurrir muy contentos. Por lo demás, los hermosos campos que cruzábamos, aunque agostados, bajo frondosos árboles siempre verdes, como los sauces, molles, naranjos y limoneros que bordaban el camino,[10] distraían mi vista con los cuadros risueños y animados que le ofrecían por todos lados. Tropas de mujeres y niños pelaban el maíz o recogían el trigo en gavillas; reían alegremente; de vez en cuando resonaban ruidosas carcajadas, y más de una llegó distintamente a mis oídos el grito de ¡viva la patria! En los rastrojos pastaban numerosos rebaños. Recuas de asnos, con grandes costales, de cuyas bocas, no bien cerradas por la redecilla de lana, se escapaban las mazorcas más pequeñas, cruzaban en todas direcciones. Sus conductores, enormes y esbeltos hijos del valle, iban por detrás, con el grueso rebenque llamado *verdugo* en la mano; silbaban, daban gritos, para animar a las fatigadas acémilas; algunos tenían adornados los som-

---

10 El valle, especialmente en las cercanías de Quillacollo, era por entonces un bellísimo bosque de árboles frutales. Me dicen que mis paisanos destruyen torpemente las arboledas, para cultivar con preferencia el maíz; y que no plantan siquiera sus hermosos sauces indígenas o los álamos recientemente importados de la Carolina, al borde de sus espaciosas carreteras. ¡Y luego se quejan de que la tierra se les seca y ya no llueve! (N. del A.)

breros o monteras de flores amarillas del *sunchu*; no pocos llevaban colgado del cuello a las espaldas, el *charango* con que distraían sus momentos de descanso, a la llora de la *sama* o de la comida.

Por fin a eso de la una de la tarde llegamos a Las Higueras. El sitio debió haber recibido su nombre de los hermosos y copudos árboles que lo poblaban. La casa estaba situada en un gran claro pedregoso en medio de ellos. Era simplemente una sala con dos cuartos más pequeños a uno y otro lado. Un largo corredor los precedía, dando frente al camino de entrada. La cocina era un sotechado de paja, que se arrimaba al lado de la derecha. Los corrales de bueyes, asnos y gallinas se extendían al otro lado. Los caballos tenían su lugar en el campo, a la entrada de la casa. En el momento en que llegamos había allí dos grandes y relucientes potros amarrados en estacas, los que levantaron las finas cabezas y las largas y pobladas colas, relinchando alegremente.

Una mujer de la misma edad que Pancho, más blanca, robusta como él, vestida de pollera de bayeta de *Castilla* (que así se llamaba a todo lo que venía de fuera, se hiciese o no en la Península) y camisa de tocuyo, descalza de pie y pierna, como todas las mujeres del pueblo en sus casas, esperaba parada en la puerta. Un joven de dieciocho años, blanco como la mujer, casi tan alto y grueso ya como Pancho, con calzón de barragán, igualmente en mangas de camisa, pero calzado de medias de lana y zapatos de suela, salió precipitadamente de la sala, a tomar la brida del caballo de mi guía y sujetarle el estribo.

—Bueno, Venturita —dijo el arrendatario apenas puso el pie en el suelo, y dio un buen tirón de orejas al joven, que se rió con indefinible satisfacción. Se acercó luego aquél a la mujer, y la saludó con una recia palmada en el hombro, caricia a la que ella le contestó con no menos fineza, con un fuerte papirotazo en las narices.

—¡Mariquita! —gritó Pancho muy contento—; ¡Mariquita! ¿a dónde estás? Te traigo una cosa... ¡oh, qué cosaza!

—*Chunco, tatitoi*, ya voy con la merienda —contestó una voz fresca de niña, desde la cocina.

Entre tanto Ventura se acercó a mí sin ceremonias; me tomó de la cintura con las dos manos, y me levantó de la silla para ponerme en el suelo.

Entramos en la sala, y tomamos asiento en una banca sin espaldar, arrimada a la pared, tras una larga y ancha mesa de madera toscamente labrada. Dos de los ángulos de la sala estaban ocupados por poyos de adobes, en que se hacían las camas de Pancho y de Petrona, su mujer. En uno de los del otro lado había una mesa muy alta, que sostenía una gran urna de vidrio, en la que se veía una imagen de la Virgen de las Mercedes, contrahecha, con ojos más grandes que la boca, y mejillas más rojas que una cereza, teniendo en equilibrio en la palma de la mano un niño Jesús tan pequeñito, que parecía un juguete con que ella se divertía. El otro ángulo, al frente de éste, servía para depositar las monturas. Los tirantes del techo, que se podían alcanzar con la mano desde los poyos o la banca, tenían colgada en ellos la ropa dominguera.

No bien nos hubimos sentado entró una rolliza joven, con la gran fuente de merienda en las manos; puso ésta sobre la mesa, y colocó a su lado un rimero de platos de barro enlozados, con cuatro cucharas de madera de naranjo y dos cuchillos, que fue a sacar detrás de la urna de la Virgen.

Pocas veces he visto un tipo tan bello de la *chola*. Sus rizados cabellos castaños, sus grandes ojos pardos, sombreados por largas pestañas, levantadas hacia arriba; sus redondas y sonrosadas mejillas; su boca de labios rojos un tanto gruesos, con dientes brillantísimos; su cuello blanco, como el de una señora de la sangre más pura y azul, todo en ella tenía algo de mejor, de más lino y delicado que en la generalidad de las mujeres de esa robusta raza cochabamhina, mucho más española que india, que mereció tan mal concepto al excelentísimo señor Marqués de Castel-Fuerte, y de la que hablan con elogio los viajeros europeos, que la han conocido en sus mismos valles, recibido su sencillo y cordial hospedaje y conservado de ella gratos recuerdos. Vestía lo mismo que su madre; las anchas mangas de la camisa dejaban ver sus redondos brazos, con hoyos graciosos en los codos; sus diminutos pies descalzos merecían pisar los más ricos tapices, pero se acomodaban los domingos, cuando más, en los zapatitos de badana blanca, adornados de lentejuelas, que yo veía colgados de una espina de algarrobo, clavada en la pared, a un lado del tirante guardarropa.

La *merienda* traída por ella, el plato principal de los hijos de esos abundosos valles, ante el que es nada la famosa olla de la Península, ostentaba, en divisiones artísticas, formando figuras caprichosas, una pirámide de papas rellenas, en cuyo centro debía estar el ají de gallina y de conejo; un círculo de habas con charqui; cuadros de diferentes salsas, de riñones, de queso, de huevos, en todo lo que entraban principalmente el *locoto* y la tremenda *ulupica*.

Al ver a su hermosa hija, y también la apetitosa merienda, se levantó Pancho entusiasmado, y gritó:

—¡Ajá, Mariquita! ¡viva la...

Pero su mujer le dio un pellizco, y me miró y dijo, cambiando de tono:

—Comamos, niño, harto y a gusto, como Dios manda, cuando no es viernes de cuaresma.

Y así lo hicimos todos, con las cucharas al principio y después con las manos. Hablamos de mil cosas, reímos como locos, con o sin motivo alguno. ¡Cuánto comencé entonces a bendecir mi destierro! En aquella casa, entre aquellas buenas gantes, sentía el dulce calor del hogar en mi corazón, ese encanto indefinible de la vida en el seno de la familia.

Terminada la merienda, Petrona se subió sobre la banca; tomó de una repisa un cantarito de roja y brillante arcilla y dos vasos barrigones, enlozados de verde, a los que llamaban loritos, y los colocó con aire de solemnidad sobre la mesa. Los ojos de su marido brillaron de alegría.

—¿Quieres? —me preguntó.

Yo comprendí que era la chicha, la bebida del pueblo, de la que tenía muy mal concepto, desde que muy niño oí a don Francisco de Viedma llamarle «el brebaje», y atribuirle cuanto creía malo en el país.

—No; soy muy niño todavía —le contesté.

—¡Vaya! —repuso—, ¿y entonces con qué te destetaron?

Y rió a carcajadas, acompañándole al punto su mujer y sus hijos.

Él y Petrona solos tomaron sus dos o tres loritos cada uno. Los hijos no podían hacerlo en su presencia; tomarían más tarde cuanto quisiesen; pero «no debían faltarles al respeto».

Entregado después a mis propias inspiraciones, sin que nunca se me dijese lo que debía hacer, como en la ciudad, pero libre de andar, de correr por donde me diese la gana, con la seguridad de encontrar una sonrisa de mis huéspedes al volver a la casita, fui feliz, gocé por muchos días, bendiciendo a la Providencia, que me había arrojado no sabía de qué manera a este mundo, en esos hermosos campos del jardín y granero altoperuano.

En aquella época trillaban las mieses en las eras. Vi que no faltaban caballos; pero los ocupaban poco y preferían servirse de los bueyes.

—Los caballos tienen que hacer —decían.

Nunca pasé por las inmediaciones de una era sin oír, en medio de las alegres excitaciones de esa ocupación campestre, los gritos mil veces repetidos de:

—¡Viva la patria!

Solo en la casita en que yo vivía no se tocaba nunca este punto, y cuando algún extraño quería decir algo sobre él en conversación, el propietario de aquella le hacía señas de callar, o pasaba bruscamente a otra cosa.

Una tarde hallé a Pancho y su mujer, que tenía un papel en la mano, hablando misteriosamente en el corredor.

—¿Qué hacemos? —decía él—; yo no quiero que el niño sepa estas cosas. ¿Qué diría la señora Marquesa?

—Que se vaya con Ventura —contestó ella, señalando con la mano la cordillera del norte.

—Sí, a los altos... ¡eso es! —repuso Pancho.

Pero me vieron y callaron, para darme después la bienvenida, y decirme que la merienda nos esperaba con dos conejos muy gordos, de chuparse los dedos.

Por la noche, Ventura que hacía mi cama en su cuarto, al lado de la suya, me dijo:

—En este mismo lugar dicen que dormía don Enrique. Mi padre no se cansa de hablar de él. ¡Qué bueno! ¡qué generoso debió ser! ¡Y qué guapo para andar a pie! ¡qué buen cazador! Las *tarucas* de los altos deben alegrarse mucho de que las haya dejado en paz.

—No le he conocido —le respondí—; ni recuerdo haber oído hablar nada de él.

—Ya no pertenece al mundo —repuso Ventura; y hurgando en un agujero debajo de la cama, sacó una carabina antigua con muchos enchapados de oro y de plata y continuó—: Mira su fusil; se lo regaló a mi padre, cuando volvieron de cazar la última vez en las lagunas.

En este momento entró Pancho, y le dijo con mucha naturalidad, aunque ellos tenían bien estudiada la escena que ante mí representaban:

—He ahí lo que tú sabes hacer, grandísimo bellaco. Toda vez que se te manda ir a los altos buscas lo primero el fusil de don Enrique. ¿O tal vez el niño quiere ir también contigo?

—Sí, ciertamente —me apresuré a contestarle; lo que le dio tal gusto que no pudo disimularlo.

Rayaba apenas el alba del siguiente día cuando Ventura y yo, montado él en la yegua y yo en el jaco, llevando la carabina, salimos al camino que conocía, parar ir buen trecho por él, y tomar enseguida otro, que nos permitiese cruzar todo el ancho valle, en dirección a la cordillera del norte. Pero no bien llegamos a la parte en que debíamos torcer con este objeto a la izquierda, hizo él retroceder velozmente su cabalgadura, riendo como un loco; se bajó, se quitó el poncho y las espuelas, me alcanzó la brida, y me dijo:

—La pícara ha salido solo por verme. Vas ahora tú a ver lo que le hago.

Dicho esto volvió, caminando a pie con precaución. Yo adelanté un poco para observarlo. A algunos pasos de allí, a un lado del camino había una casa como la nuestra poco más o menos. Una joven, parecida en la figura y el vestido a Mariquita, estaba parada en un poyo que había delante de uno de los pilares del corredor, y dándonos la espalda hablaba en aquel momento con alguna otra persona que debía hallarse dentro del cuarto. Ventura se acercó a ella, la abrazó de las piernas, se la puso sobre un hombro y corrió en círculo, dando gritos con su carga. La joven por su parte dio primero un alarido al sentirse arrebatada, y siguió después riendo a carcajadas; mientras que dos ancianos de cabezas enteramente blancas, hombre y mujer, salían a la puerta y reían también de igual manera.

Aquella curiosa escena duró todo lo que Ventura pudo correr sin cansarse. Depositó entonces suavemente la joven sobre sus pies en el suelo. Pero ésta, que estaba más roja que un tomate, le dio un fuerte pellizco en el brazo, y se escapó a brincos a la casa, sin que los dos viejos dejasen de reír y cada vez con más ganas.

Ventura parecía trasportado de placer con aquel pellizco.

—Ven —me gritó—; y cuando me hube acercado con la yegua en que él montó, les dijo desde allí mismo a los de la casa—: Voy a los altos... ¡hasta mañana!

Como una cuadra más adelante, se volvió a mí, con el rostro radiante de alegría.

—¿Qué te parece? —exclamó—; es Clarita, mi prima... ¡mi novia!

—Muy linda, casi tanto como tu hermana —le contesté.

—¡Oh, mucho más! Ella y su hermano, el que fue la otra vez a la ciudad —viven con nuestros abuelos que has visto salir a la puerta. Cuando nos casemos por San Andrés, dicen que no ha de quedar uno en todo esto sin venir a bailar en la ramada que hemos de hacer en la puerta.

No sé qué más iba a decir, pero se detuvo y se demudó visiblemente.

Yo miré por todos lados, y no vi nada que hubiera podido causarle una penosa impresión. Solo me fijé entonces en unos acordes de violín que parecían salir de una casa ruinosa, situada más adelante, a un lado del camino de travesía que seguíamos.

Esta casa era de altos y cubierta de tejas, a diferencia de las de un solo piso y cubiertas de paja o de una simple torta de barro, que generalmente habíamos encontrado por allí. El balcón desvencijado tenía restos de barandado, sujetos con correas; el techo me pareció que se hundía por un lado; la escalera de adobe —tal como pude verla por sobre las tapias que rodeaban un patio cubierto de yerba—, había perdido algunos de sus escalones por la acción de las lluvias. En la puerta que daba entrada al patio, vi, por último, al capitán don Anselmo. No vestía ahora su viejo uniforme militar, sino la chaqueta y el calzón de los campesinos acomodados. Tomaba el Sol tranquilamente y fumaba en una grande pipa de barro.

El armonioso instrumento, cuyos acordes siguieron llegando más distintamente a mis oídos, debía obedecer a la mano maestra de un inspirado artista. Jamás olvidaré el aire de aquella música que hoy mismo suelo repetirle a Merceditas, y que ella dice que haría llorar a una roca. Es como una queja humilde, airada, tranquila, violenta, tierna, amenazadora alternativamente, pero siempre la misma, de un corazón en el que ha muerto la esperanza.

—La casa vieja... el loco... ¡que bestia soy! —murmuró Ventura.

Y tomó en el acto un largo rodeo, por entre un rastrojo de maíz. En vano le pregunté la causa de su agitación y trastorno; en vano porfié por que me dijera algo de las personas que habitaban aquella casa. Siguió adelante mudo, taloneando a la Vinchuca y no se acordó más de mí en todo el resto poblado del camino. Harto tenía que hacer, por otra harte, como su padre, con los campesinos que iba encontrando o salían a sus silbidos.

Cuando hubimos llegado al terreno pedregoso que se extendía a los pies de la cordillera, con rastrojos de trigo y grupos de molles enanos, me recomendó que observase atentamente el suelo a mi alrededor. Quería librarse, tal vez, por ese medio, de las nuevas preguntas con que temía que yo le importunase.

—Hay muchas perdices —me dijo—; pero se esconden entre las piedras, de modo que es muy difícil verlas.

En efecto, no descubrimos ninguna a tiro, aunque dos volaron repentinamente de los pies mismos de mi espantadizo jaco, que estuvo a punto de arrojarme al suelo y romperme el bautismo.

Tomamos después una quebrada seca, por cuyo cauce seguimos hasta un punto en que ya no era posible remontarlo. Detúvose allí mi guía, se apeó y me hizo apear a su manera. Me pidió enseguida la carabina; se adelantó con mucha precaución algunos pasos, hasta un recodo; apuntó de allí largo rato hacia la izquierda, y partió el tiro como un cañonazo, repetido más de seis veces por el eco.

Un momento desapareció Ventura tras el recodo, y volvió a saltos, con una hermosa viscacha en la mano.

—Ahora hay que cortarle la cola, que puede dañar la carne, y poner el animal en las alforjas —dijo muy contento—; se lo mandaremos a Mariquita, y ella sabrá lo que ha de hacer, separando la mitad para *los otros.*

Debíamos trepar la áspera pendiente de la izquierda por una senda en zig zag, y así lo hicimos por más de una hora a pie, con mucha fatiga, llevando cada cual de la brida nuestros caballos. Nos vimos entonces sobre el primer escalón de la cordillera, en que comienza a crecer el *ichu* y se cultivan las papas. Ventura extendió los pellones cerca de un ojo de agua, que mandaba un hilo a perderse en las arenas de la quebrada; y sacó de las alforjas nuestro fiambre: un pollo relleno de ají, chuño con queso y un tamal de maíz. Yo me senté dando frente al valle, ante el dilatadísimo y espléndido panorama que se ofrecía ahora a mis ojos, y exclamé:

—¡Oh! qué hermoso!

Voy a intentar describirlo. Tal vez pueda ofrecer siquiera una imperfecta idea de él a mis lectores.

El Sol brillaba en medio de un cielo tan límpido como solo se puede contemplarlo desde allí, en la estación seca del invierno; ni la más ligera exhalación se elevaba de la tierra por el aire sereno y trasparente; mis ansiosas miradas podían esparcirse libremente en un semicírculo de un diámetro de más de quince leguas.

La cordillera interior, llamada *real* de los Andes, venía a mi derecha con una altura uniforme; se levantaba y deprimía a trechos cerca del Tunari; tomaba su mayor altura en los picos de éste, que encierran la nevera que se distingue a grandes distancias como una perla engastada en azulado esmalte. Deprimíase más hondamente enseguida, en las quebradas de Chocaya; volvía a levantarse, para continuar al N. O. y arrojar al E., en línea recta, el ramal tan alto como ella misma en que yo estaba, y que se perdía a lo lejos, no sin elevarse bruscamente en picos más altos y cubiertos de nieve que el Tunari, donde toma el nombre de *Yurackasa*, o sea de las Abras Blancas.

Los contrafuertes de estos dos grandes ramales, prolongándose a veces en cadenas de cerros, acababan de formar con ellos los cuatro valles de Caraza, Cochabamba, Sacaba y Cliza. Entre el primero de éstos y el segundo brillaba, en una depresión de los cerros, la gran laguna de Huañacota. Sobre el de Cliza, al confín del horizonte, veíanse reverberar, también, los lagos de Vacas.

El fondo de los valles, las llanuras que encierran, las faldas más bajas de los montes debían ofrecer a la vista, en la estación lluviosa del verano, todos los matices del verde desde el más sombrío hasta el amarillento, con los huertos, los bosques de sauces, los sembrados de toda especie que entonces contienen. En la de invierno, en que yo los admiraba, presentaban grandes manchas de verde oscuro en las partes pobladas de árboles vivaces, entre los que se distinguían los rojos tejados y campanarios de las aldeas. El resto cubierto de rastrojales, o ya enteramente despojado de toda vegetación, presentaba los matices más variados de musgo y amarillo, desde el más opaco hasta el blanco de las eras. Desde el punto en que yo estaba se descubría la parte sud del valle de Caraza; la mitad más hermosa del de Cliza, desde la villa de Orihuela; casi todo el de Sacaba, menos uno de sus más bellos rinconcitos: el del Abra; todo, absolutamente todo el de Cochabamba, con sus menores detalles. Podía yo dibujar en el papel su configuración, el curso de los torrentes y de los ríos, el plano más perfecto de los pueblos del Pazo, Sipesipe, Quillacollo, Tiquipaya y Colcapirhua.

La reina de aquellos valles, la ciudad de Oropesa de Cochabamba, se extendía al confín del valle de su nombre, a los pies de la cadena de cerros que separan a éste del de Sacaba. Uno de sus barrios, el del sud, se perdía entre las graciosas colinas de Alalai y San Sebastián; el del oeste llegaba hasta las barrancas del Rocha; los del norte y del oriente desaparecían en medio de huertos y jardines. Entre las altas columnas de los sauces llamados de Castilla, sobre las copas de los más bellos sauces indígenas y de los frutales, se levantaban sus blancas torres, los rojos tejados de sus numerosas casas. Al frente de la ciudad, separado de ella por el lecho del Rocha, exhausto con las sangrías que reparten sus fecundas aguas, se extendía, en fin, hasta cerca del pie de la cordillera, adelantándose hasta él mismo por la quebrada de Taquiña, el frondoso vergel de Calacala, sobre cuyos bosques de eterna verdura, se levantaban dos o tres grandísimas copas de diez veces centenarios ceibas.

—¡Oh! ¡qué hermoso! —repetía yo, notando los detalles después del conjunto.

Y hoy mismo, después de haber recorrido en mi aventurera vida muchos lugares renombrados de la América, admirando ya únicamente en mi imaginación aquel cuadro, cuyas bellezas sobrepasan a las que ésta puede concebir, repito esas palabras, sin temor de que los que me oyen las supongan hijas de una exageración de mi amor por la tierra en que nací, que ya no he de ver y en la que quisiera que descansasen mis huesos bajo de uno de sus frondosos sauces. Recuerdo que el gobernador Viedma llamaba a mi país «la Valencia del Perú», y añadía que era tan bello como el que más de su querida España. Tengo, por otra parte, a la vista el libro de D'Orbigny, que acaba de enviarme mi compañero de armas don José Ballivián. El sabio viajero francés dice que «esas llanuras sembradas de edificios, esos campos ricos y abundosos despertaron en él la memoria de su patria!» ¿Cómo, pues, un hijo de tan amenos valles no ha de poder pregonar que son «el país más fecundo, bello y delicioso del mundo»?

Estas últimas palabras de Oquendo vinieron naturalmente a mi memoria en aquella ocasión.

—«Valerosos ciudadanos de Cochabamba» —comencé a decir.

Pero Ventura me interrupió, y quiso él mismo repetir el discurso de que he hablado en otra parte.

—¡Cómo! ¿lo sabes tú? —le pregunté con sorpresa.

—¿Y cómo no? ¿quién no lo sabe? Yo creía más bien que a ti no te gustasen esas cosas.

—¡Si solo sueño con ellas, Ventura! ¡si yo quisiera ser tan grande como tú para pelear por nuestra patria!

—Ja, ja, ja, ja, ja!...

—¿Por qué te ríes?

—Porque mi padre te ha mandado aquí, creyendo que podías hacerle quitar sus tierras con doña Teresa. Pero lee esto, y después te diré lo demás.

Con estas palabras puso en mis manos el papel que sin duda tenía en las suyas Petrona, cuando la sorprendí hablando misteriosamente con su marido. Era una proclama del gobernador Rivero, dirigida a la provincia de su mando después de su regreso de la derrota de Huaquia. Voy solo a copiar algunos fragmentos.

—«Hijos de la valerosa provincia de Cochabamba, compatriotas y hermanos! Sabéis que el ejército auxiliar combinado con nuestras tropas, que se situó a las márgenes del Desaguadero, con el designio de sujetar los movimientos del que a la banda opuesta estala colocado, ha sufrido el 21 de junio próximo pasado una derrota...» «Con este conocimiento, he determinado que en la provincia de Cochabamba no quede hombre desde la edad de dieciséis hasta sesenta años, que no empuñe la espada...» «Si entre vosotros hay algunos que por enfermedad o por otras causas justas no puedan participar la felicidad de trabajar en tan sublimes objetos, estoy persuadido de que reemplazarán su deber con franquear a los otros sus armas y todos los demás auxilios con que les sea posible contribuir a esta grande obra. Desde mañana debe principiar nuestra total reunión en los pueblos por barrios, y en los campos por haciendas, para dirigirnos a las quebradas de Arque y Tapacarí, donde se prefijarán nuestras operaciones. Hasta aquellos puntos, cada uno debéis proveeros de lo necesario para vuestra subsistencia...» «Apresuraos, hermanos, convenciéndoos de que vuestra vigilancia asegurará la victoria: elegid vuestros capitanes para militar bajo la voz de los que ocupen vuestra confianza: redoblad los votos de la que tenéis en el Dios de los ejércitos...» «Obrad, en fin, hermanos míos, por el estímulo de nuestro interés común, sin dar lugar a que en ejercicio de la autoridad de que por vuestro consentimiento estoy encargado, haga sentir a los que seáis indolentes todo el rigor de las leyes...»

Niño como era yo entonces, este lenguaje patriarcal tan franco, cariñoso e insinuante al principio, como severo y de amenaza en conclusión, me conmovió profundamente.

Hoy, viejo como soy, comparando los tiempos en que aún vivo con aquéllos de tan nobles sacrificios, pedidos y prestados con tanta naturalidad y sencillez, no puedo trasladarlo a esta hoja sin sentirme emocionado mucho más todavía, y... ¡diantres! yo creo que he llorado; porque una gota ardiente ha caído sobre mis dedos temblorosos!

Cuando hube concluido de leer, Ventura habló de este modo:

—El ejército ha salido ya a ocupar las quebradas. Pero mi padre debe reunir hoy y mañana a los que aún quedan en estado de pelear y tienen caballos. A fin de que tú no le avises a doña Teresa que él es cabecilla de alzados, y queriendo evitar al mismo tiempo que yo le siga a *la guerra*, nos ha mandado aquí, con el pretexto de que se pasa el tiempo de preparar un barbecho.

—¡Volvámonos, Ventura! —exclamé.

—No te agites —repuso él—; haré lo que me ha ordenado hoy mismo. Esta noche dormiremos en casa de uno de los indios, aquí, muy cerca. Mañana nos bajamos como *galgas*; me hago dar un pellizco más con Clarita; llegamos a almorzar, y tú le dices a mi padre que te has fastidiado, o, más claro, que eres un buen patriota.

Al decir esto se levantó; montamos a caballo, y seguimos subiendo la pendiente ya muy suave. Cien pasos más arriba, dio Ventura un silbido y apareció como por encanto un perro negro, de orejas tiesas y puntiagudas, un tanto lanudo, el inteligente *alco*americano, en una palabra.

—Es el Ovejero; él solo, cuida más de cien ovejas —me dijo su amo con satisfacción.

Y siguiendo al Ovejero por una delgada senda que serpenteaba entre el pajonal, llegamos al *rancho* de que me había hablado Ventura, y que estaba situado al pie del segundo escalón de la cordillera, mucho más bajo que el primero.

Aquella noche —extendido en el lecho más blando que pudo prepararme Ventura—, soñé que me había vuelto un gigante diez veces más grande que Pancho y cien veces más fuerte que Alejo; y que, armado de uno de los cedros de Tiquipaya, a guisa de *macana*, abatía centenares de granaderos con altas y belludas gorras de cuero. Mis víctimas exhalaban tristísimos lamentos; el aire vibraba a mi alrededor con los acordes del violín que había oído yo por la mañana. Me encontré después repentinamente, sin saber cómo, caballero en mi jaco, que me arrebataba del campo de batalla, corriendo tras de la Vinchuca, en dirección a la casa vieja, en cuya puerta me esperaba doña Teresa con su faldero en los brazos, y se reía de un modo que daba miedo.

Recuerdo también —¿y cómo pudiera olvidarlo?—, que, al despertarme asustado de la risa de doña Teresa, oí cantar a Ventura en la puerta de la choza, a la luz de la Luna, un *harahui* imitado del de Ollanta.

Urpi huihuaita chincachicuni...

Pero ¿qué estoy haciendo? ¿Pueden acaso comprender mis jóvenes lectores esa lengua, tan extraña ya para ellos como el siriaco o el caldeo?

Mejor será que ponga aquí otra imitación pésima en castellano, que les dará a lo menos una remota idea de aquellos tiernísimos cantos populares, olvidados ya, cuando apenas comienza a nacer —harto enfermiza y afectada, por desgracia—, la nueva musa lírica de nuestra literatura nacional.

> «Una paloma se me ha perdido
> En la enramada.
> Tal vez la encuentres, ¡oh golondrina,
> Que inquieta pasas!

»Oye sus señas, como en mi duelo
Posible es darlas;
Porque no hay nadie que decir pueda
Belleza tanta.

»Hermosa Estrella de la Alegría[11]
—Así se llama—,
Sus ojos mismos son dos luceros
De la mañana.

»Ninguna has visto sobre la tierra
Como ella blanca;
Porque lo es menos la pura nieve
De las montañas.

»Al ver su rostro la flor soberbia
De la *achancara*[12]
Se dobló mustia sobre su tallo,
Quedó humillada.

»Su tierno arrullo los corazones
De piedra, ablanda;
Y un dulce aroma que da la vida,
Su aliento exhala.

»Dile que al verla, siempre a su lado
Su pobre Ollanta,
No envidia al Inca sus andas de oro
Y de esmeraldas.

11 Cusi Coyllur, hija del Inca Pachacutek. (N. del A.)
12 Es blanca y roja, y constituía un adorno del tocado, a manera de plu-
maje. (N. del A.)

»Y dile, dile, que si no vuelve,
 Que si es ingrata,
Morirá solo, junto a su fuego,
 Que ya se apaga!»

Capítulo XI. El ejército de Cochabamba. Amiraya

Todo se hizo al día siguiente como quiso Ventura, menos la parte del pellizco; porque al llegar nosotros a la casa de los abuelos, por una senda distinta de la del día anterior, que él me hizo tomar, para que no pasásemos junto a la casa vieja, su novia lo vio oportunamente, y fue a refugiarse tras de la abuela, que estaba sentada a la puerta.

—¡Malvado! ¡facineroso! ¡atrevido! —le gritó, sacando y ocultando alternativamente la cabeza, por sobre el hombro de la anciana.

Y él contestó a estas finezas tirándole con mucha gravedad la viscacha, sin acordarse ya de la parte que, según dijo al cortarle la cola y ponerla en las alforjas, debía tomar primero para nosotros Mariquita.

Debo advertir, también, que solo la abuela pudo festejar esta nueva gracia con risa un tanto forzada. Su marido Venancio Fuentes, se había marchado muy temprano a Sipesipe, diciendo que estaba comprendido en la proclama del gobernador y que él era «más hombre que todos», sin que nadie pudiese persuadirle de que ya tenía noventa años, y que, caballero en mula por otra parte, no podría cargar lanza en mano al enemigo.

Cuando llegamos a nuestra casita —digo nuestra, porque yo, pobre huérfano, la iba considerando como hogar de mi propia familia—, encontramos todo el claro delante de ella ocupado por caballos, en su mayor parte rocines como arañas y jacos tan lanudos como el mío. En todas partes se veían lanzas toscas, clavadas en el suelo o arrimadas a las tapias y los árboles. Los jinetes llenaban completamente el corredor, la sala y la cocina. «El comandante don Francisco Nina», con una lanza más grande y brillante que las otras, provista además de su llama roja y amarilla —colores de la

España todavía—, estaba parado a la puerta, en un poyo de piedras, que servía para que las mujeres pudiesen subir por sí mismas a caballo; y con toda la gravedad del más consumado brigadier hacía apuntar en un papel los nombres de sus soldados, sirviéndole de secretario y jefe de estado mayor el sacristán de Sipesipe don Bartolito.

Al vernos a Ventura y a mí, su rostro de ordinario apacible y bonachón se contrajo y demudó de un modo espantoso, como el de Alejo, al cual vi entonces que se asemejaba. Yo le pronuncié un largo discurso por el estilo convenido; pero su cólera crecía a cada una de mis palabras, y exclamó por último, golpeando fuertemente las piedras del poyo con el regatón de su lanza:

—¡Soy capaz de ensartarlos a los dos de un lanzazo! ¡Esto no hay quien lo aguante, caramba! El abuelo ya se torció un pie con el porrazo que le ha dado la mula; está ahí gritando en la cama... y ahora se me viene el otro condenado para seguirme a la guerra!

Ventura se arrodilló a sus pies, y le dijo:

—Me llevas, tata, o me voy a presentar a los porteños.

Estas sencillas palabras hicieron en él mayor impresión que toda mi retórica.

—¡Hágase lo que Dios quiera! —contestó con acento solemne, e inclinó la cabeza sobre el pecho.

A eso de las doce del día —era el 13 de agosto de 1811—, se vio una gran nube de polvo por el lado de la quebrada de Putina. El ejército de la provincia volvía por allí al valle de Cochabamba, abandonando las posiciones que había salido a ocupar antes inútilmente en las quebradas de Arque y Tapacarí.

—¡A caballo! ¡hijos míos, a caballo! —gritó Pancho.

Todo fue ruido y confusión, hasta que al fin, un cuarto de hora después, estuvo aquel escuadrón formado, casi con orden, en el claro. Pancho y su hijo montaron los hermosos caballos de que antes he hablado y que sin duda tenían dispuestos y muy bien cuidados para aquella ocasión. Yo obtuve, con mil ruegos y hasta lágrimas, que el primero me permitiera seguirles en el jaco, acompañado de un indio viejo, el tata Tuli, caballero éste en la Vinchuca, en pelo y con bozal, porque hizo falta la montura para el hijo del arrendatario. Debía alejarme en caso de peligro con mi nuevo guía a alguna altura, donde no pudiesen llegar las balas.

Al salir el último de todos al camino, vi a Mariquita parada en la puerta de la sala. Para hacer los honores de su casa a los patriotas se había puesto su ropa dominguera, sus zapatos de badana y unos aros y un gran topo de plata, que eran la cosaza traída por su padre para ella de la ciudad. Tenía las manos juntas sobre el pecho; oraba en silencio, y de sus bellos ojos, levantados al cielo, corrían dos gruesas lágrimas por sus mejillas. Su madre debió haber tenido que permanecer adentro, cuidando del abuelo, que no podía sentar el pie y porfiaba sin embargo por que le diesen su lanza y lo hiciesen subir de cualquier modo en su mula.

Recuerdo que le oí gritar más de una vez:

—¡Yo soy más hombre que todos ellos! ¡viva la patria! ¿No saben que soy el yerno de Nicolás Flores?

Sería la una de la tarde cuando todo el ejército de Cochabamba se encontró reunido en el llano de Sipesipe, cerca del río Amiraya, que es el mismo Rocha engrosado por el Sulti, el Anocaraire, el Viloma y todos los torrentes del valle, antes de abrirse paso por la quebrada de Putina. Sabíase ya que Goyeneche, con su ejército de ocho mil hombres, enorgullecido por su triunfo de Huaqui, se había remontado de las inmediaciones de Tapacarí a las alturas de Tres Cruces, para bajar enseguida por el estribo de la Cordillera Real que viene a morir en el valle de Cochabamba al frente del llano indicado. Esto mismo hizo después el general Pezuela, como veremos más tarde, y será siempre lo que haga cualquier otro general en su caso, para no aventurarse en la profunda garganta de Putina, entre ásperas y pedregosas pendientes muy fáciles de guardar como inexpugnables Termópilas.

El energúmeno historiador español don Mariano Torrente, cuya obra sobre la revolución hispanoamericana me escanta y divierte, por algunos preciosos detalles que contiene y por las lindezas que regala a los patriotas, dice: «un ejército de doce mil cual era el de los insurgentes, los más de caballería, apoyado su frente en el río de Amiraya y su retaguardia en elevadas montañas (habla de la serranía que corta en parte el valle y separa a Sipesipe de Quillacollo) con partidas muy gruesas destacadas en el pueblo de Sipesipe, habría arredrado a cualquiera otra clase de tropas que no se hubieran ya acostumbrado a medir sus esfuerzos por la vara de los tropiezos.» Nuestros escritores nacionales aseguran, por su parte, que no llegaría a la mitad el número de nuestros soldados; exageran la debilidad de sus armas, y hasta han permitido que un historiador chileno tenga la peregrina ocurrencia de decir que no hubo tal batalla y que Goyeneche entró sin resistencia a Cochabamba.

Entre estas opiniones (es decir la española y la boliviana solamente, porque la chilena es un desatino) puedo yo ahora, como testigo ocular de todas aquellas cosas, pronunciar gravemente, con toda seriedad, el fallo del Sganarellede Moliere, declarando a mis jóvenes lectores que entrambas partes tienen razón.

Los hombres aglomerados allí para defender la naciente patria pasarían, en efecto, de diez mil; pero las tropas que podían considerarse pasablemente regularizadas no llegaban a seis mil, contando entre éstas unos seiscientos hombres que el brigadier don Eustaquio Díaz Vélez había traído de Chuquisaca, como único resto del ejército auxiliar después de la derrota de Huaqui.

La infantería no era ni la cuarta parte del número total, ni estaba toda armada de «bocas de fuego», como se decía entonces. Había un largo batallón con hondas de correas trenzadas y las consabidasmacanas. Los mejor armados tenían pésimos fusiles, de piedras de chispa por supuesto. No eran raros los mosquetes y trabucos naranjeros que interrumpían la uniformidad en las filas. Una columna, como de doscientos hombres, entre los que reconocí a Alejo, estaba muy ufana de sus curiosísimas armas recientemente imaginadas y hechas con candor infantil y resolución heroica en el país, y que merecen una descripción particular y la respectiva explicación de su manejo.

Llamábanles cañones, y eran más bien arcabuces, muy blancos y relucientes como de plata, pero de humilde estaño; largos de una vara y nueve pulgadas; de paredes gruesas, para que pudiesen tener alguna consistencia, y, por esto mismo, de escaso calibre, como de dos onzas. Tenían hacia la mitad unos muñones semejantes a los cañones ordinarios; el oído era de bronce, y terminaban en una groserísima culata de madera. Un hombre levantaba con mucho esfuerzo el arma a la altura del hombro, donde debía afianzarse en una almohadilla de cuero de carnero con su lana; otro ponía por delante una horqueta, en cuyos extremos acanalados descansaban los muñones; un tercero daba fuego con la mecha, y estaba encargado además de llevar la baqueta y un jarro de agua para refrescar el arma exteriormente después de cada tiro. Más tarde se inventaron otros cañones sobre ruedas, y proyectiles no menos curiosos; pero aún no es tiempo de que me ocupe de ellos.

Una mitad de la caballería era de buenas tropas disciplinadas y amaestradas en la campaña anterior, con verdaderas

lanzas y muchos sables. Un escuadrón tenía cascos y corazas; había otros dos con corazas solamente. La otra mitad
iba asemejándose por grados a la primera tropa de caballería
que vi yo, cuando el alzamiento del 14 de setiembre, hasta el
flamante escuadrón que acababa de traer el comandante don
Francisco Nina y a cuya cola formábamos yo y el *tata* Tuli.

Había, en fin, algunos artilleros con un obús y las dos
célebres carronadas de Unzueta, que merecieron recuerdo
particular del historiador Torrente, por sus problemáticos y,
en concepto de éste, desastrosos servicios en Aroma.

Después de todos estos detalles, que son los más importantes sobre las tropas, no me creo con fuerzas para describir el equipo y los variadísimos trajes de aquellos guerreros.
Básteme decir que los más veteranos venían de una larga
campaña y de una espantosa derrota, con sus groseros uni-
formes en andrajos, y que los más bisoños acudían ahora a
cumplir su sagrada obligación, vestidos cuando más con su
ropa dominguera, sin pedir ni esperar nada para sí, provistas las alforjas del fiambre preparado por la esposa o la hija,
que se habían quedado llorando bajo el techo de paja de su
rancho. Agregaré, sí, que tales como estaban, como ahora
mismo los contemplo en mi imaginación, sintiendo no ser un
Goya para retratarlos en un cuadro inmortal, me parecen
mil veces más hermosos y respetables que los soldadotes del
día vestidos de paño fino a la francesa, con guantes blancos
y barbas postizas,[13] que dispersan a balazos un congreso,
fusilan sin piedad a los pueblos indefensos, entregan la me-
dalla ensangrentada de Bolívar a un estúpido ambicioso, se
ríen de las leyes, hacen taco de las constituciones, traicionan
y se venden... ¡oh, no puedo!... ¡Mercedes! ¡me estoy aho-
gando!

13 Ya he dicho al principio cuando comencé a escribir mis memorias.
     (N. del A.)

....

He tenido que interrumpir mi historia y llamar a gritos a Merceditas, como habéis visto; porque la cólera me sofocaba. Pero ya estoy tranquilo, y voy a continuar.

Aquel ejército tan abigarrado y mal traído tenía un estandarte singular, resplandeciente de oro, de plata, de perlas y de fina pedrería, que acaba de recordarme el nombre mismo de la dulce compañera de mi vida. Era la imagen de la Virgen patrona de la ciudad, venerada desde la fundación de ésta en el templo de la matriz. Las señoras principales solían obsequiarle todos los años lujosísimos vestidos de lama y las joyas más valiosas. Llamábanle ahora la patriota, por haber sido su fiesta la ceremonia religiosa más solemne que se celebró después del primer grito de independencia; y he aquí por qué la habían traído sobre el campo de batalla.

Estaba en sus andas, sobre los hombros de cuatro colosales vallunos, en medio de la columna de los arcabuceros que antes he descrito. Cuando me acerqué a contemplarla con el sombrero en la mano, llegaba ante ella un grupo de mujeres de las rancherías inmediatas de Suticollo, Amiraya y Caramarca. La inundaron de flores campestres recogidas en sus faldas, y le decían en quichua:

—Madre piadosa, estrella de los afligidos, extiende tu hermoso manto sobre los patriotas!

De los jefes que comandaban el ejército no puedo dar, tampoco, más que algunos informes de los principales, porque yo no sabía distinguirlos a todos por sus nombres.

El gobernador Rivero me pareció hombre de más de cuarenta años, muy respetable y hasta imponente. Criollo puro, era blanco y rubio, con ojos claros, nariz aguileña, poblado bigote, que caía sobre sus patillas a la española. Llevaba tricornio galoneado; su poncho rojo de seda, levantado sobre los hombros, permitía ver la casaca azul bordada y el tahalí que harto conocía yo, por ser obra de las manos de mi madre; tenía altas botas de montar con espolines de plata; el caballo, que él conducía con mucha destreza, era uno de esos hermosos tordillos de raza andaluza extinguida después por Goyeneche y renovada apenas muy trabajosamente en estos últimos tiempos.

Don Eustaquio Díaz Vélez pasó velozmente por la primera vez ante mis ojos, y supe su nombre y condición, porque me los dijo Ventura, cuando vitoreaban a aquél las tropas. Me pareció más pequeño y grueso que el gobernador. Tenía ojos muy vivos y brillantes, rostro tostado por las intemperies y barba espesa y crecida. Su uniforme militar estaba muy usado y descolorido; regía, como solo puede regirlo un argentino, un bellísimo potro alazán con crines rizadas, dignas de un león.

Distinguí a lo lejos a don Estevan Arce, delegado del partido de Cliza, a la cabeza de sus gigantescos vallunos, y a Guzmán Quitón al frente del nuevo regimiento que, ya dije en otra parte, había formado en el país, en ausencia del gobernador.

Apenas formadas las tropas en columnas, Rivero y Díaz Vélez fueron hablándoles al revistarlas. Solo llegaron hasta mí los vivas que proponían y aquellos con que eran contestados. Me pareció que una vez sola invocaron el nombre de Fernando VII y que éste mereció una aclamación menos ruidosa que las que contestaron a los de la Junta de Buenos Aires, de la provincia y, sobre todo, al nombre mágico de esa patria, que aún no bien comprendida, era ya el anhelo principal de mis rudos y sencillos paisanos.

En el momento en que resonaban los más entusiastas vivas en el campo, apareció un grupo de jinetes sobre la cuesta de Sipesipe. El que venía adelante agitaba en el aire una bandera blanca y roja, probablemente improvisada; y un momento después se vio una columna de humo en la misma cumbre, de alguna fogata encendida por otro de ellos.

Debió ser una partida de exploradores destacada del ejército; porque inmediatamente los generales dictaron órdenes urgentes, y todo fue un ir y venir interminable de oficiales montados, que recorrían el campo en todas direcciones. La infantería, con excepción de la columna de arcabuceros, se adelantó al pueblo de Sipesipe, para tomar posiciones en las alturas inmediatas y tras las cercas de las huertas y canchones, según observé más tarde. Los arcabuceros ocuparon la playa del río, guareciéndose en las barrancas. El grueso del ejército, o sea la caballería, pasó a la margen izquierda del río, y se formó por escuadrones en el mismo llano de Amiraya. La imagen que le servía de estandarte, fue conducida, en fin, a la retaguardia, ocupando una posición dominante en la falda de la serranía que, como ya he dicho, divide en parte el valle por aquel lado, entre Sipesipe y Quillacollo.

Los exploradores bajaban entre tanto precipitadamente por el camino de la cuesta, a pie, arreando cada cual a su cabalgadura; y en toda la cresta iba relumbrando a sus espaldas una interminable fila de bayonetas, de las primeras tropas de vanguardia del ejército enemigo.

Mi compañero el tata Tuli, tanto por su seguridad personal, cuanto por cumplir la orden de su patrón don Pancho, reiterada ahora con una señal, me condujo entonces donde él quiso y donde yo no podía dejar de seguirle aunque no quisiese; porque mi jaco era solo, como ya es muy sabido, un apéndice de la cola de su yegua.

Mucho me alejó, hasta el punto de Caramarca, donde tomamos posición en un morro de la serranía. El tiempo estaba despejado; ligeras nubes blancas, como copos de algodón, flotaban en el cielo; un viento recio pero limpio, soplaba, como de ordinario en aquella estación, de la quebrada de

Viloma, y barría prontamente el polvo que se levantaba en el campo ocupado por las tropas; de modo que podíamos ver desde allí la gran batalla que ya era inminente.

La vanguardia del ejército enemigo bajó al llano en muchas filas paralelas por el camino y los costados de éste, al trote y con buen orden, como era de esperar de tropas bien disciplinadas y veteranas. Componíase de los batallones Real de Lima y Paruro, una columna ligera de cazadores y seis piezas de artillería de montaña, que habían sido ya montadas en la cumbre y que debían ocasionar increíbles trabajos a sus conductores en aquella agria y rápida pendiente. Su jefe, el brigadier don Juan Ramírez, a quien creo haber distinguido más de una vez ese día, siempre a caballo, al frente de los suyos, debía alcanzar gran fama en la guerra, por su valor, su actividad y su grosería y estupidez, pudiendo decirse de él que era al mismo tiempo león, águila y rinoceronte.

Serían más de las tres de la tarde, cuando esta vanguardia abrió sus fuegos de cañón sobre las posiciones de nuestra infantería. Las famosas carronadas de Aroma contestaron al punto y con tiros certeros, según confiesan los españoles. En aquel momento la cuesta se inundó con el grueso del ejército de Goyeneche.

Dícese que éste ordenó a Tristán apretar el paso con la retaguardia y se anticipó a bajar al llano con la división del centro, a la cabeza de sus granaderos del Cuzco, para dirigir personalmente el vigoroso ataque con que, media hora después, fue desalojada la infantería patriota, que en desordenada fuga consiguió rehacerse solo un momento en las colinas de Suticollo, antes de verse definitivamente arrojada hasta la playa del río, en la que se encontraba la columna de arcabuceros.

Hubo entonces un momento de reposo. Goyeneche quería reunir todas sus tropas y disponerlas convenientemente, para lanzarlas al llano de Amiraya.

—Huyamos, niño... vámonos a la rinconada de Vilomilla —me dijo el tata Tuli despavorido.

Y sin esperar respuesta taloneó a la Vinchuca, bajó del morro, atravesó el río y hubiérase ido hasta el punto que indicaba, haciéndome seguirle por fuerza, si no obtuviera yo con mil ruegos y amenazas que nos detuviésemos en Payacollo y tomásemos otra posición dominante, en la colina que como un cono regular se levanta allí en la llanura.

El Sol estaba ya próximo a tocar la cumbre de la cordillera y el viento soplaba con más fuerza, arrastrando nubes de polvo y de humo hacia la embocadura de la quebrada de Putina. Podíamos ver aún las principales peripecias de la batalla.

El ejército enemigo invadía la playa con su vanguardia desplegada en guerrillas, y su caballería se adelantaba por uno de sus flancos, en medio de un vivo fuego de sus cañones perfectamente situados en las barrancas abandonadas por los patriotas. No creo que las balas de nuestros arcabuces hubieran contenido el ataque un solo instante. Su alcance era muy poco; no se podía forzar el proyectil sin destruir más pronto el ánima de la pieza; ésta se ponía inservible, en fin, después de seis o siete tiros a lo sumo.

La numerosa caballería patriota recibió con una carga general a las primeras columnas enemigas en la margen izquierda del río; pero fue rechazada y se desordenó, de tal modo que parecía consumada la derrota. Una pequeña parte comenzó a huir por la escabrosísima serranía de su retaguardia. Recuerdo muy bien haber distinguido un objeto reluciente que conducía uno de los jinetes y que debió ser la imagen de la Virgen, salvada, con los dedos de la mano derecha rotos de un balazo, por Jacinto Gómez, que llegó antes que nadie con ella y la tremenda noticia a la ciudad.

Los brigadieres Rivero y Díaz Vélez, el indómito don Estevan Arze y el bizarro Guzmán, consiguieron todavía reorganizar algunos escuadrones, e intentaron flanquear por ambos lados al ejército enemigo, para cargarlo enseguida por retaguardia. Este supremo esfuerzo que pareció prometer un buen resultado al principio, escolló sin embargo ante la táctica y disciplina del contrario, que le opusieron al punto compactos y formidables cuadros erizados de bayonetas en el ala izquierda, mientras que en la derecha la caballería española, rechazaba victoriosamente el ataque.

Al cerrar la noche, aquello no fue ya más que una persecución y matanza sin piedad de los patriotas. La mayor parte de éstos huía por su derecha, subiendo el lecho del río, en dirección al punto en que yo me encontraba. Era ése, en efecto, el camino más seguro de la retirada, para tropas de a caballo que no podían subir sin mucha dificultad y peligro la serranía de que tantas veces he hablado.

El tata Tuli volvió a arrastrarme consigo; pero yo oía tiros de fusil por el lado de nuestra casita; sentía estremecimientos nerviosos en todo mi cuerpo; deseaba ir allí a toda costa, y con inaudito esfuerzo conseguí apoderarme del cabestro con que estaba embozalada la yegua.

—¡Huyamos! ¡huyamos, por Dios! —gritaba el indio desesperado.

Una bala perdida, no sé si de los dispersos o de los perseguidores, silbó sobre nuestras cabezas. Él tomó entonces el partido de saltar al suelo, y se metió en una honda acequia, por la que siguió corriendo como un loco, mientras que la Vinchuca espantada se me hacía soltar de un tirón y corría por el campo, seguida siempre de mi jaco.

Las sombras de la noche se espesaban; no sabía yo a dónde iría a parar de ese modo, esto es si conseguía llegar a alguna parte antes de quedar despedazado sobre aquel suelo pedregoso, pues me era ya muy difícil sostenerme sobre la silla, asido con ambas manos del pico delantero, abandonadas las riendas al incontenible jaco, que saltaba acequias, barrancos y cercas, para alcanzar a su inseparable compañera. Al fin vi delante de mí una columna de negro y denso humo, seguida de llamas crecientes que se elevaban más y más por el aire, y creí distinguir al siniestro resplandor del incendio nuestra casita, el bosque de higueras, el claro de la entrada, extraños bultos que sobresalían en éste entre las piedras.

Un momento después mi cabalgadura se detuvo tan súbitamente y dio tal respingo, que me arrojó por sobre su cabeza; pero en lugar de estrellarse la mía contra las piedras, como lo creí y esperé, tocó en un cuerpo blando y peludo, que no se movió ni dio señales de vida.

Me puse de pie, y vi primero que el incendio abrasaba el sotechado de la cocina; enseguida, a la luz de las llamas, reconocí en el cuerpo de que he hablado, el hermoso caballo de Ventura, que él y Mariquita llamaban Consuelo, y que muchas veces vi a ésta acariciar y ofrecerle pequeñas mazorcas de maíz o granitos de sal con sus lindas manos. Tenía roto el cráneo por una bala y había un charco de sangre delante de su hocico.

Algunos pasos más allá encontré cuerpos humanos; un granadero con su gorra de cuero sujeta a la barba, yacía de espaldas con el pecho atravesado por una lanza rota por la mitad; cerca de él los cadáveres del arrendatario y su hijo, estrechamente unidos entre sí, indicaban que si no los habían muerto abrazados, se buscaron arrastrándose para morir con las manos enlazadas.

Corrí dando gritos a la casa; pero tropecé en la puerta con otro cadáver, que creí sería el de Petrona. Me acerqué a la cocina para proveerme de un hachón y... —¡Dios mío!

no sé, no comprendo cómo puedo escribir estas cosas—, me pareció ver en el suelo, o vi más bien realmente, porque había sido una verdad horrible, el cuerpo de Mariquita tendido de espaldas, con los brazos en cruz, casi desnudo, cayendo sobre él las brasas del techo incendiado. Este mismo se desplomó al punto, y se elevó a los aires un volcán de negro humo y chispas encendidas.

¡Así se mostró de golpe a mis ojos de niño uno de los más espantosos cuadros de la guerra! ¡Oh! la guerra no debe hacerse ya en el mundo más que por los pueblos desesperados que tengan un motivo tan grande y justificado como aquel que invocó la América en 1810; porque sus consecuencias son siempre muy crueles para los seres más inocentes y desvalidos, como aquella pobre niña, a quien vi yo por última vez en muda oración, a la puerta de la humilde casita que ya no tendría quien la habitase de sus antiguos dueños!

¿Cómo queréis —si así lo esperáis—, que os cuente lo que sufrí, mi horror, mi espanto?... Yo creo que huí, que di vueltas por el claro, cayéndome y levantándome muchas veces. Un silencio profundo me rodeaba; la Luna tranquila salía a derramar sus rayos argentados sobre aquellos cuadros, que no sé si alumbrados por el resplandor de la hoguera o por esta luz apacible eran más dolorosos y terribles.

Unos silbidos débiles se oyeron de entre las higueras; una voz, que yo reconocí con gozo al punto, llamó con precaución, por sus nombres, a todos los que ya no podían responderle; un momento después Alejo estaba a mi lado, y yo me abrecé fuertemente de él, sollozando.

—¿Qué es esto? —me preguntó—, ¿dónde están?

—¡Han muerto! —le contesté

—¡Jesús! —repuso él, y dejó en el suelo otro cuerpo inanimado de un niño de mi edad, que había traído en sus hombros—. Éste —continuó diciendo—, tiene la culpa de que yo no haya muerto en la batalla, antes de oír lo que me dices. Se empeñó en venir conmigo para traer la baqueta y la mecha; lo hirieron muy pronto; se me abrazó de los pies; lloraba... recordaba el nombre de la abuela, y yo tuve que huir con él para salvarlo. ¡Pobre Dionisio!

Enseguida corrió a reconocer los cadáveres; entró en la casa, removió, quemándose las manos, los escombros de la cocina, y tardó mucho en volver allí donde yo estaba mudo, tembloroso, con el cuerpo de Dionisio a los pies. Vino llorando; sollozaba más que yo que era un niño... ¡qué estoy diciendo!, lloraba y sollozaba, debo decir, como lo hacen siempre esos hombres fuertes y sencillos, esas rudas naturalezas que son puro corazón para amar a los que saben hacerse amar!

—Nada tenemos que hacer aquí —me dijo después de mucho tiempo, cuando pudo articular palabras entre sus sollozos—; no podemos ya dar auxilio, ni recibirlo de nadie. Quiero ponerte en seguro; yo volveré a enterrarlos, aunque me maten... ¡mejor! ¡no seguiré viviendo sin ellos! A éste —hablaba del cuerpo de Dionisio—, lo dejaremos al lado del pobre abuelo, que está muerto también sobre el estrado.

Yo le seguí donde él quería llevarme. Pero a los pocos pasos se detuvo, y me preguntó:

—¿Por qué no huyeron?

—Creo —le respondí—, que las mujeres se quedarían por cuidar al abuelo, que no podía caminar...

—¡Y los otros —concluyó él—, vinieron a hacerse matar en su casa por defenderlos!

Lo que hicimos después me ha dejado únicamente recuerdos muy confusos. Tengo idea de que, al pasar un torrente, que debió ser el de Viloma, me tendí de bruces y bebí con avidez el agua tibia y salobre, que corre sobre rojas arenas, como sangre. Recuerdo que llegamos —no sé si yo con mis propios pies o en los brazos de mi guía—, a una choza, a cuya puerta ladraban furiosamente unos perros. Recuerdo, también, que varias personas me hacían acostar por fuerza sobre unos cueros de carnero; que éstos ardían, como las brasas que vi caer sobre el cuerpo de Mariquita y que también caían sobre el mío; que quise huir y me sujetaron, o me oprimió un peso como el del caballo que yacía muerto en el claro de Las Higueras.

Capítulo XII. Cierto, admirable y bien sabido suceso

Cuando me desperté estaba extendido en el suelo sobre los cueros de carnero, envuelto en una grosera manta de lana, teniendo un techo muy bajo y enteramente ahumado ante mis ojos. Me volví con esfuerzo a un lado, y vi en cuclillas y arrimado a la pared de piedras toscas sin cimiento, a un indio viejo con montera abollada y poncho negro que le cubría todo su cuerpo hasta los pies.

—¿Dónde está Alejo? —le pregunté en quichua, o más bien en ese feísimo dialecto de que se sirven los embrutecidos descendientes de los hijos del Sol.

—Se fue hace tres días —me contestó.

—¡Pero si yo vine con él anoche!

—Eso fue la noche de *la guerra*.

—¿Y cuántos días han pasado?

—Ahora es domingo; la guerra fue en martes. Uno, dos, tres, cuatro... ¡cinco días!

—Pero ¿qué me ha sucedido?

—Cuando te trajo *don* Alejo en sus brazos, como a una *guagua*, no querías acostarte y nos reñías muy enojado. Al día siguiente vino el *Callaguaya*; te dio una agua olorosa de yerbas hervidas; te ha hecho poner sinapismos de *centella*[14] y creo que ya te ha curado. Esta mañana hizo unas rayas con carbón sobre una piedra; sopló un puñado de coca; vio de qué modo caían las hojas, y me dijo que al despertarte hoy mismo estarías sano y me pedirías de comer.

El *Callaguaya* debía ser uno de esos indios médicos y adivinos de la provincia de Larecaja de la Paz, que actualmente recorren todavía gran parte de la América del sud ejerciendo su extraño oficio, cargados de yerbas y drogas que solo ellos

---

14 Yerba de hojas lanudas en forma de estrella. (N. del A.)

conocen.[15] Comprendí que me había dado alguna fiebre cerebral; me sentía muy débil: me dolía todo el cuerpo, especialmente el cogote, los brazos y las piernas, donde la terrible centella había hecho sus efectos revulsivos; pero me senté y comencé a vestirme con mis ropas que encontré a mi lado.

—Don Alejo —decía entre tanto el indio—, me dejó un peso del rey para el Callaguaya, otro para que le hiciese la merienda y le comprase la mistela, y un tostón para mí. Él se fue muy afligido a *enterrarlos*. Ha querido que el mismo cura vaya con capa de coro y cruz alta a Las Higueras, para llevarlos al panteón.

—¡Dios mío! ¡no he sonado! —exclamé.

—A los otros —prosiguió impasible mi interlocutor—, los han enterrado sin responsos, en unas zanjas muy largas y hondas que hicieron todos los indios de las comunidades de Olmos-Rancho y Payacollo. Eran muchos... no sé cuántos; pero hubieran llenado una plaza en una fiesta, si estuvieran vivos.[16]

Calló aquí un momento, para llenarse la boca del *aculli*, o sea un puñado de coca con su respectivo pedacito de *llucta* o ceniza amasada con papas, y volvió a decirme mientras mascaba:

—Don Alejo me encargó que te llevase en mi borrico al convento de San Agustín.

—¿Y él dónde se ha ido? —le pregunté.

15 El señor Claudio Pinilla, adjunto a la legación que en 1883 fue a representar a Bolivia en el centenario del Libertador, cuenta que a su regreso a Venezuela encontró a uno de ellos, en un vapor de la carrera del Pacífico. (N. del E.)

16 Llegaban a mil. Torrente se queda corto cuando dice: «Fueron los principales trofeos de esta insigne victoria 8 cañones, un obús, una bandera, 70 prisioneros y 600 muertos que se hallaron al día siguiente tendidos en el campo.» Agregaré que los cañones eran los de estaño que ya conocemos, y que nadie hará creer nunca que hubiesen quedado 70 patriotas vivos en manos de los vencedores. (N. del A.)

—¿A hacer el duelo con la abuela doña *Chepa* y con Clarita —me contestó; y añadió siempre impasible—: el pobre Dionisio no había muerto todavía; lo están cuidando mucho; pero dicen que siempre se morirá.

—¿Sabes tú quién es Dionisio?

—El hermano de Clarita, que se fue a la ciudad, para hacer lanzas con don Alejo.

—¡Esto más! —me dije a mí mismo, y me puse a llorar, mientras que el indio seguía mascando su *aculli*, con esa indiferencia que el hábito del sufrimiento ha dado a su raza oprimida, para todos los dolores y miserias de la vida.

Dos días después —porque fue preciso esperar que trascurriesen, para acabar de restablecerme—, el indio *Hismicho*, mi huésped, me condujo hasta la barranca del Rocha en su borrico; y desde allí continué con mis pies, muy lentamente, mi camino hasta el convento de San Agustín. Las calles estaban llenas de soldados ebrios, que proferían amenazas contra los incorregibles alzados cochabambinos; oíanse gritos, *huaiños y sacaqueñas* en las chicherías, al compás de las *quenas y charangos*.

Los vencedores de Amiraya habían perseguido a los dispersos patriotas por legua y media, hasta Vinto. Mandolos reunirse allí su general, y no quiso avanzar de noche hacia la temida ciudad, en la que pudo haber entrado horas después sin obstáculo alguno. Tomó, más bien, otro camino a la izquierda, subiendo el cauce del río Anocaraire por media legua, y acampó en la ranchería de este nombre, en uno de los puntos más amenos y poblados de árboles del extenso valle.

Al día siguiente por la mañana recibió en Quillacollo una diputación del cabildo, que le pedía y obtuvo garantías para la ciudad vencida; y un poco más tarde vio comparecer a su presencia, con el mismo objeto, al gobernador Rivero y uno de los miembros de la junta de guerra, don Pedro Miguel

Quiroga. Pocos días antes Rivero le había escrito una carta muy notable, en la que le conjuraba, como a americano, a desistir del temerario propósito de continuar una guerra tan desastrosa, cuyo término fatal sería el triunfo de las nuevas ideas. «Cuando todo lo expuesto suceda —le decía—, vuestra señoría no habrá adelantado otra cosa que hacer execrable su nombre, malogrando la oportunidad que tiene de borrar las horrorosas impresiones que causó el suceso de La Paz en el año pasado de 1809»... ¡Júzguese cuál sería ahora la satisfacción de Goyeneche, al ver a Rivero vencido y suplicante!...

Aquel día se adelantó en triunfo a la ciudad; pero se detuvo y fijó sus reales en las afueras, en la Chimba de Vergara, sobre cuyo alto mirador hizo poner orgullosamente su bandera.

En un oficio a la Junta provincial, o más bien al único miembro de ella que se había doblegado, decía: «Mañana, entre diez y once, verificaré mi entrada en esa ciudad, dirigiéndome inmediatamente al convento de nuestra señora de las Mercedes, donde en reunión de todo el clero se celebrará el sacrificio de la misa con un sencillo *Te Deum*.»... Y concluía con estas curiosísimas palabras: «*siendo de mi privativo resorte elegir un alojamiento* en el que ratificaré a todo ese vecindario lo pacífico de mis intenciones.»[17]

¡El vencedor de Chacaltaya, Huaqui y Amiraya no las tenía todas consigo! ¡Se figuraba que los edificios públicos estaban minados y que los insurgentes podían hacerlo volar con todos sus laureles!

Mi buen maestro me recibió con los brazos abiertos y me tuvo largo rato estrechado contra su pecho, mientras que yo

---

17 Una vez por todas advertiré aquí que tengo sobre la mesa los documentos que cito y que me sirven para refrescar mis propios recuerdos. (N. del A.)

lloraba hondamente conmovido. Me hizo sentar después, y habló él primero, como si temiese oír lo que yo podía decirle.

—Una persona que me envió ayer Alejo, de Vinto, donde está actualmente con la pobre abuela, me ha informado de todo, y te esperaba ya con impaciencia y cuidado por tu salud, hijo mío. La suerte desgraciada de nuestras armas estaba prevista por mí. ¿Qué podían hacer nuestros sencillos y candorosos campesinos, tan ufanos de sus cañones de estaño, contra un ejército inmensamente superior a ellos por sus recursos, armas y disciplina? Pero lo que ha pasado con Francisco Nina y su familia... ¡oh! eso es horrible! No sé cómo tengo valor para recordarlo, cuando me estremecía la idea de oírlo otra vez de tu boca.

Después de un momento de triste silencio, me dijo súbitamente:

—¿Has visto nunca más ingenuidad y nobles sentimientos que en esa humilde familia?

—No, señor —le respondí—; yo creía encontrarme ya entre los míos, como si fuesen de mi propia sangre.

—Y no te engañabas completamente —repuso él—; la abuela es hija de Flores, relacionado de Calatayud, cuya muerte quiso vengar con un nuevo alzamiento, sin conseguir otra cosa que un horroroso suplicio. Ella y todos los suyos se consideraban parientes de tu madre; no venían a verla, porque con la susceptibilidad propia de los campesinos creían que «la niña» no los halagase o se avergonzara de ellos. Pero la amaban desde lejos; la servían sin que ella misma lo supiese... ¿Recuerdas tú la vaca negra que Alejo llevaba triunfalmente todas las mañanas? La abuela... —¡pobre anciana! ¡cómo estará llorando!—, la abuela, te digo, la mandó con Dionisio a la ciudad!, cuando Alejo le hizo decir la receta que yo había dado.

Luego, como para huir de cualquier modo de sus tristes pensamientos, abrió con estrépito la puerta y salió precipitadamente, diciéndome:

—¡Vamos pronto! ¡vamos andando!

Lo seguí en silencio; pero mi sorpresa, mi disgusto y contrariedad no pudieron ocultársele cuando tomamos la calle que conducía a casa de doña Teresa.

—Es de todo punto indispensable —me dijo entonces—; la señora me ha ofrecido y hasta jurado enviarte a Chuquisaca antes de diez días. Tú necesitas estudiar más que nunca, Juanito. Preciso es que otro día sirvas a tu patria desgraciada con entera conciencia de tus deberes de hombre y ciudadano: porque tu patria no ha muerto, ni pueden enterrarla en las zanjas de Amiraya, y ha de renacer mil veces de la sangre misma de sus inmolados defensores.

Abierto por mi maestro, sin anunciarse, el portón del alabardero —pues la puerta del oratorio estaba cerrada—, vimos, al entrar en la sala, al Padre Arredondo cómodamente sentado en el más ancho sitial, junto a una de las mesas de berenguela, teniendo en ésta al alcance de su mano una bandejita de bizcochos y un gran vaso de vino añejo español, llamado el *católico*, pero más moro que Boabdil, sin gota de bautismo. Doña Teresa muy contenta, rejuvenecida, de medio luto, adornada de enormes zarcillos de diamantes y un collar de perlas como huevos de paloma, ocupaba el otro lado, sentada en el extremo de la banca. Mi maestro saludó con la cabeza, y comenzó a decir:

—Perdonen vuestras mercedes; la necesidad de traer a...

Pero doña Teresa, que ya me había visto, le interrumpió, exclamando:

—¡Qué felicidad! ¡ahí está el pobre muchacho! Mi remordimiento hubiera sido eterno si le pasara algo de malo; porque yo —nuestro Señor me está oyendo, y él me castigue si no es verdad—, lo mandé con Pancho sin saber lo que era esa familia de..., ¡Dios los haya perdonado!

Mi maestro hizo un movimiento de impaciencia. Pero se contuvo, y fue a sentarse al otro extremo de la banca. Yo lo seguí, para continuar de pie a su lado.

La noble señora prosiguió hablando.

—Como dije a vuestra Paternidad, y también al Reverendísimo Padre Comendador de la Merced...

Señal de asentimiento del aludido. Quiso hablar; pero tenía la boca llena de bizcocho, y prefirió beberse medio vaso de vino.

—Ahora podemos ocuparnos con calma, sin cuidados —¡bendito el apóstol Santiago!—, de la educación de este infeliz huerfanito. Tú irás a Chuquisaca, a la Universidad de San Javier, muchacho... ¡ve qué fortuna!, en compañía de mi propio hijo don Pedro de Alcántara *Marqués* de Altamira, y... —¡esto sí que ni lo soñaste!— ¡en el séquito de su señoría el ilustre general don José Manuel de Goyeneche y Barreda!

—¡Oh! la bondad de su señoría es sin límites! —añadió el Padre Arredondo—. ¡Qué sentimientos tan cristianos! ¡cuánta sagacidad! ¡qué tino en todas sus palabras y acciones! Yo quedé edificado cuando vi su humildad y compunción en el solemne *Te Deum* que le cantamos en nuestro templo. Luego, nos enloqueció de alegría con su afabilidad, sus salados discursos y cordiales agradecimientos en la humilde colación con que le agasajamos en nuestro refectorio. Sobre todo ¡qué generosidad y largueza con este pueblo rebelde, al que lejos de castigar, arroja dinero a manos llenas desde sus balcones!

En este punto tan interesante oímos pasos precipitados en el patio; el portón se abrió golpeándose fuertemente en un sitial del costado; y entraron despavoridos los criados, en el orden y del modo que sigue: Feliciana, con un azafate de plata en el que había un granadero de pasta de almendras, presentando su fusil dorado y plateado; Clemente, con una fuente de cristal, cubierta por un paño de riquísimos encajes; la mulata, sosteniendo apenas en sus dos manos un enorme vaso de cristal, que contenía no sé qué preciosa bebida refrigerante; las mestizas, llevando en la cabeza canastillos de filigrana, llenos de exquisitas frutas conservadas; el pongo muy lavado, de camisa nueva de tocuyo, cargado de una bandeja, con helados hechos en molde, representando águilas y leones. Todas estas cosas fueron puestas sobre las mesas en medio de un tétrico silencio. Doña Teresa admirada primero, afligida después, iracunda, enloquecida de dolor y rabia al último, habló entonces del modo que ha de verse con Feliciana sin resuello, trémula, confusa...

—¿Qué es esto? ¡qué ha ocurrido, por Dios!

—¡Ay, mi ama! ¡no puedo hablar!

—Pero ¡habla, mujer!

—No sé cómo he de dar comienzo a estas cosas.

—Comienza por donde puedas.

—Allá voy... pero... ¡no puedo!

—¡Me vas a matar, condenada!

—Cuando llegamos a la puerta de la antesala, el señor edecán nos dijo que entregásemos esas cosas al mayordomo, en el comedor; pero yo le respondí que tenía que dar personalmente el recado de vuestra merced.

—Así debía de ser.

—Entramos a la sala. El señor general, que estaba con mucha gente, se dignó venir sin embargo hacia nosotros, más hermoso que un Sol.

—No lo dudo. ¿Y después?

—Le di el recado de vuestra merced.

—¿Le dijiste exactamente todo lo que te encargué, o quitaste algo, o añadiste de tu caletre, por estúpida?

—No, señora, mi ama; le dije solamente lo que vuestra merced me hizo estudiar desde ayer: «que es al vencedor de los alzados; a mi *chunco*; que ahí va ese granadero a saludar al invencible general...

—Bueno... ¡adelante!

—Su señoría tomó el papel que llevaba el granadero de almendras en su fusil, y levantó un poco el paño de la fuente de manjar real; pero... no sé...

—¿Qué? ¡acaba!

—Se sonrió de un modo que me dio miedo. Leyó después el papel; lo estrujó en sus manos y lo tiró a sus pies.

—¡Virgen santísima! ¡yo me voy a morir!

—«Dile a tu ama —gritó—; que mi generosidad y clemencia con este país de incorregibles mestizos, no la autorizan a ella a hacerme estas burlas tan tontas y...

—¡Yo me muero! Pero ¿qué quiere decir su señoría con eso de mestizos? ¿No sabe que yo soy Zagardua y Altamira, sin gota de india y purita española desde el mismo Adán? ¡Qué ocurrencia! ¡Estamos frescos, si yo le llamo a él también «*el cholo mocontullo* de Arequipa»!

En ese momento entró el sabio señor licenciado don Sulpicio, y dijo no sé qué cosa al edecán. «¿Qué quiere ese muñeco?» —preguntó su señoría. «Se informa de si se han leído ya los versos que traía el granadero», contestó el edecán. «Sí ¡voto a Sanes!» —repuso su señoría—; «son perversos, malísimos. ¡Que lleven a ese mico al cuartel de los granaderos del Cuzco, donde le enseñarán a hacerlos más armoniosos!»

—Pero ¿qué castigo de nuestras culpas es éste, santo Dios, fuerte, inmortal? ¿Y qué va a ser ahora de mi comadre y de mi pobre ahijado Serafincito?

El señor licenciado gritó entonces con mucho susto: «¡si el Reverendísimo Padre Arredondo me ha dicho que mis versos gustarían mucho a vuestra señoría!» «El Padre» —gritó más fuerte su señoría—, «es un asno... digo mal: un cerdo bien cebado!»

—¡Cómo! ¿dijo eso de mí su señoría? —prorrumpió aquí el interesado, levantándose como impelido por un resorte a pesar de su inmensa mole.

—Sí, señor, así lo dijo —afirmó Feliciana, y prosiguió su relación—. Un oficial arrastraba de las solapas al señor licenciado; otro le empujaba del cogote; él decía no sé qué cosas en latín. Yo pensé entonces que debíamos corrernos; pero levanté antes el papel y me lo he traído.

—¡Dámelo! —bufó el Padre, y se lo arrebató en el acto de la mano.

Doña Teresa fue corriendo, por su parte, a ver la fuente de manjar real. Las siguientes exclamaciones salieron a un tiempo de sus labios y de los del Padre Arredondo:

—¡Dios mío! ¡aquí dice: *viva la patria!* ¡y yo puse con los mismos clavos de olor: *viva la España!*

—¡Y esto es la más abominable de las herejías! ¡es una copia de lo que los impíos llaman *los droites del home!*[18]

Asombro, estupefacción general de aquellas gentes. Doña Teresa no pudo contenerse; estalló; se precipitó como una furia sobre la infeliz criada; quiso arañarla; la empujó por el pecho, de modo que por poco no la hizo caer de espaldas.

—¡Sal de aquí, negra espantosa! ¡llévate a esas bestias! ¡no quiero ver a nadie! ¡absolución, Reverendo Padre! ¡me muero... me muero sin remedio!

Se volvió enseguida a mi maestro. Estaba horrible, lívida; parecía una Gorgona.

18 El padre debía pronunciar estas palabras como están escritas, en francés grotescamente chapurreado, a la manera de los más afamados literatos de aquel tiempo. Agregaremos que el suceso lo hemos oído contar con ligeras variantes. Puede ser que el muy benemérito coronel La Rosa lo haya embellecido un poco, arrastrado de su viva imaginación. (N. del E.)

—¡Cómo te gozarás tú! —le dijo—; ¡triunfa! ¡ríete azuzador de los alzados!

Mi maestro tomó el partido de calarse la capucha y retirarse de allí en silencio. Yo tomé más que deprisa el camino de mi cuarto. A la entrada del pasadizo encontré a las pobres criadas, que rodeaban a Clemente; y oí a éste decirles con profunda convicción:

—Su merced, nuestra ama, no quiere creer en el duende. ¡Es el duende, el *mesmenísimo* duende de la otra vez, hijas mías! Nadie pudo entrar al corredor del jardín donde pusimos al fresco los dulces. La señora en persona cerró la puerta con dos candados... yo vi que se guardó las llaves en el bolsillo... ¡lo vi con estos ojos que se ha de comer la tierra!

Por la noche, a pesar de las ocurrencias del día, no se olvidaron de llamarme al comedor. Los niños estaban todavía allí. Carmencita vino a sentarse en mis rodillas; me rodeó el cuello con sus bracitos, y yo besé sus hermosos cabellos. Pedro de Alcántara me miró como un idiota, sin decir una palabra, ni contestar con un signo a mi respetuoso saludo. Agustín se me acercó; tomó una silla a mi lado; quiso que yo le contase cómo era una batalla. Yo le ofrecí darle gusto en eso y cuanto quisiese al día siguiente; porque las fuertes impresiones que había sufrido y mi reciente enfermedad me habían dejado como atontado.

Al irme a mi cuarto después de cenar, vi que las criadas se habían vuelto a reunir en torno de Clemente, en un ángulo del comedor; y oí decir otra vez a éste, con la misma convicción y seriedad:

—Es el duende, hijas mías.

Para distraer mi imaginación abrí la comedia de Moreto en el punto en que la había dejado, y que tenía por señal una lágrima mía, como queda dicho en el capítulo IX de estas memorias. Era la escena XIII del acto III entre el rey don Pedro el Cruel y un Muerto. Esta palabra me hizo estremecer; pero continué leyendo:

Muerto: Aguarda.

Rey: ¿Quién me llama?

Muerto: ¡Qué veo!

Rey: Sombra o fantasma ¿qué quieres?

Muerto: Yo. Rey.
           Decirte que en este punto
           Has de ser piedra...

Aquí dos manos muy frías me taparon los ojos; se me erizaron los cabellos; no pude ni gritar. Una risa contenida que oía a mis espaldas, me tranquilizó un poco; las manos se apartaron; me volví... Pero mis curiosos lectores que deben creer en duendes menos de lo que yo creía entonces, lo habrán sin duda adivinado. Era mi amigo el Overo en carne y hueso, el hijo del Gringo, el bellaco Luisito Cros, según le llamaba mi maestro.

—¡Qué susto te he dado! —me dijo riendo.
—No era para menos —le contesté muy enfadado.
—Perdóname, Juanito... ¡yo soy así!
—Te conozco mucho, y no quisiera verte nunca.
—Y yo me muero solo por verte.
—Pero ¿qué quieres? ¿por dónde has entrado?
—Voy a contestar a esas preguntas y a cuantas adivino que tratarás de hacerme enseguida; pero tú responderás a su tiempo a las que yo te dirija. Has de saber que antes, hace más de un año, solía yo venir a divertirme como ahora

en esta casa. No te diré las cosas que hacía para asustar al zambo y la negra, que son más perversos que los duendes verdaderos. Pero vino mi padre de Santa Cruz, donde se fue a hacer trapiches de bronce para moler la caña, o a traer no sé qué cajones de yerbas secas, pájaros empajados y víboras embotelladas, para el gringo de los gringos don Teodoro Hahenke; y me dio unas felpas... ¡qué felpas, Juanito! ¡de cantar el credo! Me hice un santo, más que tú... sí, te lo aseguro. Solo una circunstancia ha vuelto a sacarme de mis loables propósitos de enmienda. Ayer oí mucho ruido en el jardín (porque has de saber que yo vivo aquí, debajo de ese techo que tú ves por el óvalo que da luz de día y viento fresco del Tunari de noche) y atisbé, y vi, y vine por la noche con una linterna de mi padre, y... etc., etc.; porque ya se comprende lo demás.

—Pero ¿cómo hiciste eso de *los derechos del hombre*?

—Mi padre se entretiene con esas cosas, y yo le robé uno de sus papeles, con la seguridad de que me ha de sacudir el polvo de la ropa. Los versos del señor licenciado están aquí; son muy lindos; yo no los entiendo; están en latín. ¡Oye!: *«Invictus Cesar»*... Pero tú, que sabes ayudar a misa, los leerás mejor que yo.

—Dime, más bien, ¿cómo has entrado?

—Por el óvalo, hijo mío. ¿Hay cosa más fácil? Me escondí después bajo de la cama, no para asustarte, sino porque temí que vinieras con alguna otra persona. Y ahora ¿responderás tú a mis preguntas?

—Lo haré por librarme de ti.

—¡Eso no! Vamos por partes. ¿Me perdonas?

—Bueno... ¡te perdono!

—¿Querrás conversar algunas veces conmigo?

—Francamente: acabará por agradarme tu compañía.

—¡Viva la... ¡demonios! casi grito para que vengan y nos desuellen a azotes.

—Sí; es mejor tener prudencia.

—Voy a ser un... ¿qué dice el licenciado? ¡Ah!: un Ulises. ¿Y qué han dicho por aquí de la travesura?

Yo le conté algo de la escena que había presenciado; pero no estaba, ni podía estar de humor para reír como él, y quise poner punto a la conversación. Él me abrazó entonces con cariño; creo que me besó, y se fue como un gato por donde había entrado.

Capítulo XIII. Arze y Rivero

Cumpliendo con la superior orden de V. S., en su oficio de 22 de enero, se han recogido, a poder del señor Prefecto don Mariano Antezana, los despachos de coronel y brigadier con que la Junta de Buenos Aires se sirvió condecorar al señor Rivero... Su actual situación me consterna.
Oficio de Arze a Pueyrredon.

El general don José Manuel de Goyeneche, natural de Arequipa, destinado a ser Conde de Huaqui y Grande de España, aunque más valiera para su nombre ser únicamente buen americano y patriota, no decantaba sin motivo, por aquel tiempo, su generosidad con esta tierra de incorregibles mestizos, o de «la mala mezcla, peor que en parte alguna», de que hablaba el Marqués de Castel-Fuerte, refiriéndose al alzamiento de Calatayud.

Cuando después de su sangrienta victoria de Amiraya y de la matanza que se le siguió de los patriotas derrotados, compareció ante él una comisión de vecinos pacíficos de la ciudad y poco después el mismo don Francisco del Rivero, pidiéndole garantías para su pueblo vencido, se propuso tener «la clemencia de César después de Farsalia». Quizás esto era lo que decía mejor que yo el señor licenciado Burgulla, en sus hermosos versos latinos. Quería el general probar una política contraria a la atrocísima del terror con que al principio se empeñaron él mismo y todos los españoles por ahogar en sangre la revolución. Pero, aunque realmente era mejor, no debía darle resultados más satisfactorios. La hoguera de Murillo no podía apagarse de ningún modo, hasta convertir en cenizas todo el pasado régimen colonial. Aquella revolución era uno de esos grandes acontecimientos históricos, fatales según algunos, providenciales según todos los que creemos en una alta intervención divina, como era de moda, y quizás la única buena, en el tiempo de que estoy hablando.

Ciego a esta verdad —que ojalá hubiera iluminado su mente—, con la ilusión de que el país estaba pacificado, siguió su camino a Chuquisaca, dejando de gobernador a don Antonio Allende, notable y pacífico vecino, muy bien quisto por todos, y una guarnición de cien hombres al mando del comandante Santiestevan. Quiso llevarse y se llevó, también, entre sus tropas, un escuadrón de Cochabamba, para que este nombre célebre ya en los dos virreinatos del Perú y de Buenos Aires, hiciese ver que podía contar con la adhesión de «la provincia más rebelde».[19]

Su séquito personal contó, sin embargo, dos personas menos de las que debían formarlo: el mayorazgo don Pedro de Alcántara *Marqués* de Altamira y don Juan de... «Nada ni de Nadie.» Nunca se acordaría él, ni menos pudo sentir tan gran desgracia, debida al duende. No sé lo que pensaría, si era posible que pensase, mi compañero de viaje a la renombrada universidad de San Javier. Pero yo confieso que no me pesó, por la repugnancia que sentía a viajar de aquel modo; y que, tampoco, me ha pesado nunca en el resto de mi vida la fatalidad de no haber alumbrado mi mente en aquel foco de las luces, ni bebido por entonces las aguas del *Inisterio*, que decían ser tan maravillosas como las de Castaglia. ¿Qué me hubieran enseñado allí? ¿no tenía yo algo más a mi alcance en los libros, así rotos y truncos como estaban, del cuarto famosísimo del duende? ¿cómo hubiera aprendido allí, sobre todo, lo que me ha enseñado del mundo la admirable escuela providencial del infortunio?

19 Los españoles persistieron en dar el nombre de Cochabamba a uno de los cuerpos de su ejército hasta la misma batalla de Ayacucho, aunque no hubiese en él ni uno solo cochabambino. (N. del E.)

Hasta el latín —que era lo que se enseñaba más y mejor en la universidad—, sí, señor, hasta mis ribetes de latín me hizo estudiar por Nebrija mi querido maestro, para distraerse él mismo y distraerme de nuestros sufrimientos, en las visitas de los jueves.

—El estudio de esta lengua muerta —me decía—, no es necesario más que para los sacerdotes, y ya no es tiempo de que tú lo seas. Pero puede proporcionar a todo hombre inteligente —y te proporcionará a ti, porque no eres tonto—, la grata satisfacción de leer obras admirables de los clásicos, que pierden muchas de sus bellezas, cuando las traducen a otra lengua de la de Virgilio y Cicerón.

Llegué, por otra parte, a encontrarme mucho mejor, casi bien, en casa de doña Teresa. Fuera del cariño de mi encantadora discípula Carmencita, creí que podía contar y al fin conté con la amistad del inquieto y voluntarioso Agustín. En cumplimiento de mi promesa, le referí lo que había visto de la batalla. Otro día conseguí que me oyese leer una escena de la comedia de Moreto. Al siguiente vino él mismo a pedirme que la leyese toda, y no quedó satisfecho, haciéndome repetir dos veces algunas escenas. Juró que aprendería de memoria la XI del acto segundo entre el rey y el rico hombre de Alcalá; lo que le fue muy sencillo, porque tenía inteligencia y buena memoria. Con esto se acostumbró a buscar mi trato, y no procuró más exigirme humillantes servicios para sus travesuras. Yo fui complaciente con él, en cambio, de un modo que no perjudicase a mi propia estimación. Le hacía, por ejemplo, sombreros de tres picos de papel, espadas de madera y charreteras de trapos amarillos. Representando al rey don Pedro el Cruel con estas cosas, daba gusto verle declamar su papel en la escena predilecta, y especialmente la tirada de versos, que comienza así:

En fin ¿vos sois en la villa
Quien al mismo rey no da
Dentro de su casa silla?
¿El rico hombre de Alcalá
Es más que el rey en Castilla?

Pero ni en tal ocasión pretendía ya darme las famosas cabezadas con que concluye la escena.

Los criados me trataban, por último, con más respeto, y no por recomendación expresa de la noble señora. Mis largos ejercicios corporales en mi delicioso destierro, el terrible drama que había presenciado y mi enfermedad habían apresurado un poco mi desarrollo físico e impreso un aire de seriedad en mi semblante, que les hacía ver en mí otra persona distinta del pobre *botado* que entró llorando en la casa.

Lo único que no conseguí jamás, es hacerme simpático o siquiera tolerable para doña Teresa, quien me miró siempre con malos ojos y evitó en cuanto pudo dirigirme la palabra. En vano me ofrecí heroicamente a su servicio para hacer la leyenda del día en el año cristiano; dos o tres veces propuse también, tímidamente, ocuparme de algo en sus haciendas o tomar un oficio cualquiera. Ella no solo quería cumplir la promesa que hiciera a mi maestro, sino que parecía desesperada por librarse de mi presencia. Pero los sucesos políticos, que no tardaron en desarrollarse, volvieron a impedir mi viaje a Chuquisaca, contratado ya con un arriero.

Don Estevan Arze, el más infatigable caudillo de la naciente patria, se había refugiado después de Amiraya en las hondas quebradas que separan el valle de Cliza del Río Grande, límite sud de la provincia, en su hacienda particular de Caine. No bien se alejó Goyeneche —cuando él mismo vio desde una altura inaccesible perderse en el último recodo del profundo lecho de aquel río, el último morrión de pelo de los soldados de Ramírez—, volvió a proseguir la obra de libertad a que había consagrado toda su vida. Se presentó primero en el Paredón, pueblo el más inmediato a su hacienda, y lo levantó en masa, armado de hondas y macanas, al mágico grito de: ¡viva la patria! Se vio enseguida dueño de igual modo del extenso valle de Cliza. No tardó, en fin, en presentarse a las inmediaciones de la ciudad, el 29 de octubre de 1811, como lo había hecho antes con Rivero, para el alzamiento del 14 de setiembre de 1810.

El gobernador Allende, a pesar de haber mandado construir trincheras en las esquinas, a una cuadra en torno de la plaza, no se obstinó en resistir, tanto por su carácter conciliador, cuanto porque debía ser simpático en el fondo de su pecho a la revolución, como cochabambino. Así que, cruzados apenas dos parlamentarios —creo que el de Arze fue Fray Justo—, capituló, entregando las armas, sin otra condición que la de que se permitiese a Santiestevan y sus soldados que quisiesen acompañarlo, retirarse libremente al ejército de Goyeneche; lo que se hizo con tal nobleza de parte del pueblo, que nadie ofendió ni con una palabra siquiera a dicho oficial, ni estorbó de ningún modo su marcha y la de los soldados que quisieron seguirle a Chuquisaca.

Un nuevo cabildo abierto nombró entonces *Prefecto* al respetable *ciudadano* don Mariano Antezana, y constituyó una Junta de Guerra que el mismo Prefecto debía presidir. No recuerdo haber oído ya en esta ocasión más que gritos aislados de ¡viva Fernando VII! El nombre de la patria salía por el contrario de todos los labios espontáneamente. La revolución se presentaba del modo más franco y decidido. Hasta el título exótico ya de la nueva autoridad, hasta esa palabra *ciudadano* con que designaba al hombre, lo decía muy claramente.

Volvieron el júbilo, el ruido, el afán, la incesante preparación para la guerra, como en los días llenos de esperanza que se siguieron al primer alzamiento. Don Estevan Arze emprendió una nueva expedición a Oruro, pero no contaba con armas de fuego para combatir al enemigo atrincherado en la plaza, y fue rechazado, y se arrojó sobre la provincia de Chayanta, donde consiguió derrotar dos compañías de buenas tropas, enviadas allí bajo el mando del comandante Astete. El nombre del activo y denodado caudillo resonaba por todas partes con el de la patria. No así el de su antiguo compañero, el del ídolo anterior del pueblo, el gobernador Rivero, a quien se acusaba de infidelidad.

Un día —a fines de febrero de 1812—, en que mi maestro estaba muy contento de verme pasar «el puente del asno», o sea el *quis vel quid* de la gramática latina, entró repentinamente en la celda un caballero vestido de lujoso uniforme militar.

—¡Estevan! —exclamó mi maestro, corriendo enseguida a recibirle—; ¿tú en la celda de un pobre fraile? No esperaba nunca tanto honor.

—Sí, Enrique —contestó el otro afectuosamente—; conozco tu alma, y he elegido este sitio, y reclamo tu asistencia, para cumplir un tristísimo deber.

Se estrecharon las manos; el Padre cedió a su extraño visitante su cómodo sitial y ocupó él, en el escaño, el sitio que yo había ya abandonado, para refugiarme en un rincón, desde donde miraba como un bobo, con tamaña boca abierta, a aquellos dos hombres extraordinarios.

Cuando mi predilecto historiador Torrente se admira de la ingratitud de los americanos para con su generosa y amantísima metrópoli, y fulmina los rayos de su indignación contra «*Guerrero, Arze, Bolívar, La Mar*» y los más principales *insurgentes* de América, alégrome de ver al infatigable caudillo de mi país en tan buena compañía. Tuvo «la misma fe que remueve las montañas»; no perdió el aliento, ni se descorazonó un solo instante en la desgracia; «había aprendido a vencer en las derrotas», como el gloriosísimo Libertador... ¡no sé a qué grande altura hubiera subido, si no le atajara una triste y oscura muerte sus empresas!

Don Estevan Arze era criollo puro como Rivero, alto, nervioso, dotado al mismo tiempo de fuerzas físicas admirables. Montado a caballo con la lanza del soldado en la mano, hubiera podido competir con uno de los *centauros* de las pampas argentinas, que tanta fama alcanzaron bajo Güemes. Era de genio vivo, propenso a dejarse arrebatar por la cólera; había recibido escasa instrucción; pero estaba en una escuela admirable en la que con su talento natural habría adelantado tanto o más que Páez, por ejemplo.

El otro hombre que tenía ante mis ojos, el pobre fraile que me había enseñado a leer y que siempre me había parecido un misterio impenetrable, se transformaba ahora en mi imaginación en el brillante y generoso caballero *don Enrique* de quien me hablaba Ventura; en el cazador que, con la lujosa carabina en la mano, había recorrido las crestas de la cordillera y los amenos valles, dejando indelebles recuerdos de su bondad en los sencillos corazones de los campesinos, cuyas desgracias lloraba todavía él mismo como un amigo.

—Don Martín de Pueyrredón, que actualmente reorganiza el ejército auxiliar, me ordena —dijo el vencedor de Aroma—, recoger sin demora los despachos de gobernador y brigadier que la Junta de Buenos Aires expidió en favor de mi antiguo compañero de armas don Francisco del Rivero. Yo conozco los sentimientos de éste; lo creo débil pero no criminal; quisiera que se justificase; y tanto para cumplir del modo menos penoso mi comisión, cuanto para explicarle la conveniencia de exigir él mismo su juzgamiento, lo he llamado aquí, donde no tardará en llegar.

Apenas hubo dicho estas palabras, entró en efecto Rivero, embozado en su capa; cerró tras él cuidadosamente la puerta; se descubrió y se adelantó hacia los otros, dejando ver su rostro enflaquecido y pálido, con señales de pesar, de profundo abatimiento, de esa enfermedad mortal de la tristeza, que debía conducirlo hasta el sepulcro.

Recibido con las mayores pruebas de simpatía y hasta de respeto por su antiguo compañero de armas y por el Padre, que había sido su condiscípulo y amigo de infancia, rehusó el asiento de preferencia que le ofrecían: permaneció en pie apoyado en la mesa, y miró distraídamente al lugar en que yo estaba. Mi maestro me hizo entonces una señal de alejarme; él se apresuró a decirle:

—Déjale... yo puedo recatarme de mis enemigos; pero ¿por qué de ese pobre niño? ¡Ojalá vinieran a oírme aquí todas las almas sencillas, que el odio injusto no ha cegado!

Arze, profundamente conmovido, expuso su delicada comisión; el Padre agregó, por su lado, algunas palabras de aliento.

—¡Sea! —contestó don Francisco resignado, inclinando la cabeza—. La verdad es que después de Amiraya, en esos momentos de angustia y de pavor, se tendían hacia mí, implorando que salvase mi país de la venganza española, mil brazos que hoy me destrozarían sin piedad por haber oído entonces esos clamores. ¿Y qué más hice yo, por ventura? Dicen que acepté un despacho de brigadier de Goyeneche... Pero ¿quién ha medido la perfidia y astucia del *hombre de las tres caras?* ¿se me creerá ahora si yo digo que recibí el despacho, sin ánimo de usar de él, prometiéndome no desnudar la espada contra mi patria? ¡No! Dejemos que el tiempo me justifique; vendrá un día en que se vea que Rivero era incapaz de traicionar a la causa del suelo en que había nacido; que no era otro Goyeneche... ¡Cuán feliz ha sido ya Quiroga, ese Quiroga a quien maldicen como a mí, y que perseguido después con saña por la misma serpiente que a entre ambos nos engañó, ha buscado un asilo en las montabas impenetrables del Chaparé, entre las fieras que pueden abreviar sus sufrimientos, con más compasión que los hombres, que me harán morir a mí en el lento martirio de la calumnia!

¡Qué bien hizo el vencido de Amiraya en permitir que le oyese hablar así un pobre niño! Merced a esta circunstancia creo que nuestros historiadores nacionales corregirán el juicio tan severo de su conducta.[20] El pecado de Rivero fue muy parecido al del glorioso Miranda en Venezuela, cuando éste creyó perdida su causa y capituló con Monteverde. Si Rivero hubiese tenido la fuerza de ánimo que Arze, Antezana y los otros miembros de la Junta Provincial tuvieron, para resignarse a todas las consecuencias de la derrota, Cochabamba habría sufrido, tal vez desde entonces, los males que sobrevinieron en 1812; pero la gloria de su gobernador habría crecido más a los ojos de sus conciudadanos, como la de Arze después de la suya, y, en mayor escala, la de Bolívar después de la de Miranda. Y esto no por injusta ceguedad de los hombres, sino porque los pueblos quieren en el fondo del alma —a pesar de todos sus clamores en el infortunio—, que sus héroes consumen no solamente su propio sacrificio,

20 Mucho tiempo después de escrita esta parte de mis memorias, mi amigo don José Ventura Claros y Cabrera, actual patriarca de mi bello país, me remitió un pequeño folleto: «Apuntes para la historia de Cochabamba, por EUFRONIO VISCARRA», en el que he visto mejor tratado este punto. Decíame, también, mi referido amigo, que el autor era un joven modesto, estudioso, aficionado a revolver antiguos papeles. ¡Ojalá persista en sus loabilísimos propósitos! ¡No le falte, tampoco, el estímulo que debe dar la opinión pública a los que trabajan por crear en nuestra incipiente literatura y que casi siempre acaba por desaliento! (N. del A.)

sino también el de ellos mismos, si así es preciso, para salvar las grandes causas de la humanidad!

En aquel mismo año de 1811, tras de los primeros pasos del vencedor Goyeneche en el Alto Perú, las masas populares preferían su exterminio, a su antigua condición de servidumbre. Los *aillos*, las aldeas, las villas de la provincia de La Paz se levantaban a la voz de caudillos animosos, cuyos nombres ignora la generación presente, y corrían millares de indios y de mestizos a asediar en la sagrada *Chuquiaguru*[21] a las tropas de guarnición que había dejado en ella el vencedor de Huaqui. En vano venían del Cuzco las hordas de *Choqueguanca* y *Pumacagua*; en vano Huisi volvía con sus sicarios; en vano el fuego devoraba las cabañas y las mieses; en vano eran degollados millares de prisioneros, mujeres y niños, con una ferocidad que horroriza a todos, y —¡cuánta sería, Dios mío!—, repugna hasta al fanático Torrente! ¡El grito de ¡patria! resonaba entre el humo del incendio; salía, diré, de las mismas heridas abiertas por el hierro, más grande, más imponente, mientras más sangre se derramaba!

Lo que siguió de aquella entrevista honraba mucho a los sentimientos personales de los iniciadores de la revolución americana en mi país; pero tal vez no interesaría ya en igual grado que lo dicho, a mis lectores.

21 Es tal el respeto que tienen los indios a la ciudad de La Paz, que cuando van o salen de ella, se arrodillan y persignan en el Alto, para saludarla o despedirse. Si antes y entonces la asediaron, es por la desesperación a que los condujo la esclavitud y el anhelo de la libertad, que, sin embargo, les han dado tan parsimoniosamente los que en esto y en todo han burlado a la gran revolución de la independencia, sin comprender los deseos manifiestos de Bolívar y del vencedor de Ayacucho. (N. del A.)

Capítulo XIV. Las armas y el tesoro de la patria

Mi amigo Luis no volvió a meterse en mi cuarto por la ventana, ni yo pude verlo en ninguna parte, hasta que, unos cuarenta días después de la salida de Goyeneche, me tropecé con él de manos a boca en la calle. Estaba muy pálido y triste, y caminaba con dificultad. Una dulce sonrisa iluminó su semblante al levantar sus ojos, cuando por poco estuve yo a punto de hacerle caer al suelo.

—¿Cómo estás? ¿qué ha sido de tu vida? —le pregunté.

Él me miró como queriendo llorar, y me contestó:

—¡Ay, hijo! ¡si no he podido ni moverme!

—¿Te has enfermado?...

—¡Ojalá me hubiera dado el más atroz tabardillo, aunque el Padre Aragonés me hiciera sangrar tres veces al día y ponerme sinapismos permanentes desde la nuca a los talones!

—Pues, hombre! ¿qué ha sucedido?

—Ya te dije que estaba seguro de que mi padre me sacudiría la ropa sobre el mismo cuerpo. Pero esta felpa... ¡oh! ¡esta zurribanda ha sido la peor de todas, Juanito!

Cambiando aquí de tono con su acostumbrada volubilidad, riendo unas veces, entusiasmado otras, continuó:

—¡La cosa no era para menos, chico! El «*Invictus César*» se había enojado más que de la batalla de Amiraya, del atrevimiento con que le metieron «los derechos del hombre» por las narices. Informado de la sustitución de los hermosos versos del señor licenciado, por obra del diablo, averiguó quiénes sabían francés en la ciudad, y le dijeron que unos cuantos, pero que mejor que todos el*Gringo*. Sin más, ni menos, lo hizo conducir a su presencia con cuatro granaderos del Cuzco, indios más brutos que nuestros *tatas* de Arque y Tapacarí; lo trató peor que a un negro, y dio orden de que lo fusilasen por la espalda, sin confesión, como a hereje que debía ser precisamente.

En estas últimas palabras su acento volvió a ser melancólico, y aun creo que se le llenaron los ojos de lágrimas. Pero no tardó en reírse, para proseguir, diciendo:

—Felizmente el Padre Arredondo que estaba allí, tuvo la ocurrencia de querer levantarse alarmado, con lo que se le rompieron los brazos de la silla en que estaba y cayó de costado... ¿comprendes, Juanito? ¡cayó el Padre Arredondo, y se sacudió todo el piso de la sala como en un temblor de tierra! Esto desarmó en parte la cólera de César; siguieron los ruegos del licenciado, con no sé cuántos *latinajos*, y mi padre pudo regresar con vida a nuestra casa. Estalla rojo como un pimiento; registró sus papeles, y tomó un rebenque...

—¡Mi pobre Luis! —exclamé yo en este momento solemne. Él hizo un gesto de conformidad, y siguió más entusiasmado, como si hablase de otro que de él mismo.

—¿Has visto castigar un rosal, hasta quitarle la última hoja, para que se llene después de frescas, hermosísimas y fragantes rosas? ¿no sabes de qué modo soban la lana para hacer el más mullido de los colchones? Bueno, hijo mío; todo eso es nada ante lo que mi padre hizo conmigo! ¡Cuarenta días, ni uno menos he estado en la cama, en el lecho del dolor, Juanito!

—¡Cómo hubiera yo querido consolarte con mi compañía! —le dije enternecido.

—Mucho lo hubiera celebrado —repuso—. Pero no me ha faltado distracción. He aprendido de memoria los versos del licenciado, y he hecho un admirable descubrimiento. No te rías, ¡hombre!; me voy a enojar... Mi padre mismo dice que es bueno; y vas a verlo ahora, enseguida, en este instante.

Creo inútil decir que, al pronunciar estas palabras, me había tomado del brazo y me arrastraba ya donde él quería, a su manera, y sin dejar de ir ensartando mil cosas por el camino.

—Mientras andamos, y como yo no puedo tener ociosa la lengua, cuando encuentro quien me oiga hablar, voy a contarte de cómo hice el descubrimiento. Al otro lado del espacioso patio, en que mi padre y yo ocupamos dos cuartos arrendados, vive la beata doña Martina, muy amiga de doña Teresa. Nunca ha podido vernos sin hacerse cruces, como si fuésemos dos diablos; mi padre, por ser *Gringo*; y yo, porque un día le amarré un cohete a la cola de su pelado, y se lo solté a su mismo cuarto, en momentos en que ella estaba en contemplación. Sabedora de mi infortunio, se vino a la puerta, fingiendo compadecerse; pero dijo mil cosas del autor de mis días, entre otras que tenía cola, y concluyó con la moraleja de que el cielo mandaba tarde o temprano el castigo a los impíos, que perturbaban a los justos en sus oraciones. Le rogué, le supliqué por cuanto hay de más sagrado que me dejara sufrir en paz lo que ciertamente tenía merecido. No se dio por entendida, y siguió la prédica por más de una hora, hasta que por fin volvió mi padre de la calle, y la espantó con su presencia, que ya te he dicho que es, para ella, la del mismísimo Enemigo. Entonces juré hacerle una mala pasada, y me salí con la mía. Entre las curiosidades de que siempre están llenos mis bolsillos, tenía un medio cartucho de pólvora y un cascabel de cobre, sustraído éste de la cola de pavo de un indio danzante en la fiesta del *Corpus*. Deshice el cartucho y llené de su contenido el cascabel, poniéndole una mecha proporcionada a la distancia. Para arrojar más fácilmente el petardo de mi invención, le amarré, por último, un cordel como de media vara. Armado así, esperé que llegase la noche, y cuando mi padre puso cerca de mi cama una vela, para curar con manos cariñosas lo mismo que ellas hicieron airadas, le dije que me dejase la luz para estudiar mis versos, a lo que él accedió riendo de buena gana. Salió después no sé con qué motivo. Yo me incorporé al punto, no sin lanzar más de un quejido: encendí la mecha; hice dar dos vueltas en el aire a mi cascabel, y lo arrojé con tal acierto, que fue a tronar como una bomba en el mismo cuarto de la beata. ¡Qué gritos, Juanito, los que dieron ella y su pelado! Llena de susto, diciendo que el diablo había tronado en su cuarto, cuando ella se persignaba, vino a refugiarse a mi lado. Yo me persigné entonces a su manera, y le dije, con mucha gravedad, que sin duda castigaba Dios de ese modo a las personas que no se compadecían realmente de las desgracias de su prójimo.

—¡Vamos! ¡tú eres incorregible! —exclamé; pero no pude menos que reírme.

—Vas a ver todavía la conclusión —repuso él con aire de triunfo—; ¡aquí está, chico, la gloria de toda mi vida! Cuando mi padre supo lo ocurrido, es decir el estallido del diablo en el cuarto de doña Martina, no le fue difícil adivinar a quién se le debía este prodigio. Se me acercó muy serio, con las manos cruzadas sobre el pecho, y se limitó a hacerme una señal con la cabeza para que yo hablase. Le conté todo minuciosamente, más muerto que vivo de miedo; él me oyó sin interrumpirme con ninguna pregunta; reflexionó un instante, y dijo: «¡ah, *mon Dieu*! se aprovechará!» Y como, no contento de haber hecho antes los oídos de cobre o de bronce para los cañones de estaño, buscaba con más ganas algo con qué vengar ahora los insultos a «su personalidad», como él dice, cree que las granadas «del sistema del garzón» han de acabar con el ejército de Goyeneche.

—Bueno, ¡magnífico! —exclamé yo en este punto, sin poder aguantar sus mentiras—. ¿Sabes, sin embargo, que no te creo ya ni una palabra? ¿que estoy por pensar que realmente estuviste enfermo de tabardillo o de lo que tú quieras y que tu padre no te dio tal paliza?

—Pero ¿por qué?

—Porque ya oí hace tiempo hablar de las granadas que alguno inventó mejor que tú en Tarata; porque eres un incorregible bellaco, un farsante, un...

—Lo que tú quieras... No me riñas y ve por tus propios ojos; porque ya hemos llegado.

Distraído con la relación de Luis, sin fijarme a dónde me llevaba, furioso por creerme juguete de su bellaquería, llegué a la puerta del taller de Alejo, y me detuve asombrado. El ruido de un volcán, la animación de una colmena ahumada reinaban en él, de un modo tan inusitado, que todos los transeúntes se detenían, como yo, para mirar adentro con la boca abierta. El fuelle soplaba sin descanso, chisporroteaban los carbones encendidos en la fragua y en un horno extraño, construido a su lado; el martillo golpeaba incesantemente el hierro anaranjado sobre el yunque; la lima chirriaba, mordiendo el hierro y el bronce; muchachos en mangas de camisa, completamente tiznados, iban y venían al través de una puerta abierta recientemente en el muro fronterizo de la de entrada, llevando y trayendo diversos objetos, de hierro, estaño, cobre, bronce y madera: Dionisio muy pálido, moviendo los fuelles; Alejo, golpeando con el martillo; el Gringo, sin dar descanso a la lima junto a la mesa; el Mellizo, a quien conocía por primera vez, sin hacer nada, moviéndose por todas partes; daban órdenes a gritos y eran contestados lo mismo por los muchachos: todo esto entre el humo azulado o gas del carbón, a los resplandores de la fragua y del horno, en medio de un calor que, según Luis, era como el de la antesala del infierno.

—¡Hola, muchachos! ¡viva la patria! —gritó Alejo cuando pudo vernos—; ¡adelante, hijos míos! ¡manos a la obra como todos!

—¡Y no hacerme travesuras! —añadió el Gringo, sacándose un momento de la boca el grueso cigarro de Santa Cruz que tenía en ella.

Cruzamos velozmente el taller, dándonos más de un encontrón con los muchachos, y llegamos a un espacioso corral, donde reinaban el mismo ruido y animación. La sierra, el escoplo, el mazo de los carpinteros, dejaban oír allí sus desapacibles sonidos, entre otros gritos de mandato y de contestación como en el taller. De un caño fijo en la pared y que correspondía al horno, chorreaba el bronce fundido sobre pequeños moldes esféricos; de otro caño que venía de la fragua, brotaba el estaño, y corría por una canaleta, repartiéndose a otros moldes grandes y cilíndricos. Algunos hombres retiraban los moldes completamente llenos, con el auxilio de grandes tenazas, palas y chuzos, y ponían los que estaban vacíos enseguida. Otros sacaban de los moldes las bolas huecas de bronce, o los cañones de estaño. Los carpinteros construían culatas y cureñas; ajustaban las piezas de hierro que salían del taller, con clavos calientes todavía, que venían de allí mismo. El Mellizo discurría, también, allí por todas partes, sin hacer nada, agitándose y gritando más que todos.

Mi amigo me explicó minuciosamente todas aquellas cosas. No me sería posible repetir aquí ni la centésima parte de lo que me dijo. Pero no he olvidado las solemnes palabras con que terminó, con el aire, el gesto y la voz del docto señor licenciado.

—*Per istam*, Goyeneche!

Y yo se lo creí a pies juntillas.

—Mi maestro se engañaba —me dije—; este pueblo no tiene más que un solo pensamiento; habrá más de cuarenta mil soldados; las armas... ¡aquí las estoy viendo!

¡Qué entusiasmo por la patria! ¡qué sencilla resolución para los más heroicos sacrificios! ¡cuánto candor! ¡cuán firme confianza en la macana, el cañón de estaño y la granada del sistema del garzón! Cuando hoy recuerdo lo que vi entonces, lo que yo niño creía entre todos aquellos hombres niños, me parece que así, en nuestra ignorancia y sencillez, éramos muy grandes por la fe, por el sagrado fuego en que se abrasaban nuestras almas! Mientras que hoy... ¡Dios mío! ¿qué pensamos? ¿qué hacemos por la patria?...

Un silencio profundo que había sucedido a ese ruido espantoso y continuado, al que se acostumbraban mis oídos, me sacó, por el efecto del contraste, de la estática admiración en que me hallaba delante de un gran cañón de estaño, montado recientemente sobre cureñas, con ruedas de una sola pieza, de madera de algarrobo, como las de esas carretillas de trasportar piedras muy pesadas, con el auxilio de una yunta de bueyes. Había llegado la hora del descanso, y todos aquellos obreros cubiertos de sudor se ponían las chaquetas o los ponchos, para recibir un escasísimo salario, el absolutamente preciso para su alimentación, que un comisario del gobierno provincial les fue dando enseguida.

Volví con Luis al taller donde solo habían quedado el padre de éste, el Mellizo y Alejo. El primero, como ya dije en otra parte, era un hombre alto y grueso, muy rubio y de color encendido. Tendría más de cincuenta años; vestía con sencillez el traje de los criollos; no hablaba muy mal el castellano, y gustaba servirse riendo de algunas palabras quichuas, para hacerse más familiar con los mestizos. ¿Cómo había venido al país? ¿era un humilde aventurero del trabajo, que había emigrado a buscar fortuna en un apartado rincón del Nuevo Mundo? ¿o sería un jacobino arrojado a Cayena y fugado desde allí no sé cómo hasta los valles sobre los que se levanta el Tunari? No puedo responder nada de positivo sobre estas preguntas. Luis mismo lo ignoraba. Me dijo muchos años después, que su padre había venido con Haenke, no sabía en qué condición; que se casó con una buena muchacha mestiza, la que había muerto al dar a luz a mi pobre amigo. Creo que hasta su apellido de *Cros* no era el que propiamente debía él usar, sino alguna corrupción de éste, que ha servido después a toda su descendencia en el país.

El *Mellizo* tenía —según creo haberlo averiguado con mucha dificultad—, el nombre de Sebastián Cotrina; pero era inútil servirse de dicho nombre para designarlo ni aun ante sus íntimos amigos, o para hacerse oír de él mismo. Como sucede frecuentemente hasta el día, entre la gente del pueblo, el apodo había llegado a ser el nombre real de la persona. Hablar de Sebastián Cotrina, era exponerse a que todos se mirasen las caras como si se hablara de un ente desconocido; nombrando a *Chapaco* [diminutivo de Sebastián] se conseguía a veces que el aludido se figurase que se trataba de él; pero diciendo: *Mellizo*, lisa y llanamente, no había uno solo de su clase que no respondiese: ¡lo conozco!, y si él estaba presente, saltaba a responder en persona.

No sé si contaría entre sus ascendientes al Cotrina compañero de Calatayud. Era más cobrizo que blanco; frisaría en los treinta años; lo veo en mi memoria pequeño, gordinflón, de ojitos hundidos y brillantes, carirredondo, de nariz achatada, enteramente lampiño, inquieto, alborotador, bullicioso, gritón como él solo. Tenía la cabeza cubierta por un pañuelo azul, anudado sobre la nuca; llevaba gran mandil de cuero; no soltaba de la mano la primera herramienta que se le ponía delante al entrar en el taller; se movía, chillaba más que todos, y nunca hacía nada de provecho. En el momento en que volvimos con Luis, ponderaba sus fatigas y el enorme trabajo realizado por sus manos o las de otros, pero bajo su indispensable dirección; y diciendo que iba a aprovecharse de aquel momento de descanso, para desempeñar mil otras comisiones patrióticas, que él solo podía desempeñar, salió corriendo, con herramienta en mano y mandil puesto, como estaba, y se fue derechamente a una chichería.

El Gringo sin decir nada, aunque nadie tenía más derecho de alabarse del trabajo, chupaba su cigarro cruceño; alineaba en un rincón las bolas de bronce a que había dado la última mano; ponía sobre cada una de ellas la respectiva cuerdecita de esparto que requería su manejo; ordenaba cuidadosamente sus herramientas sobre la mesa, e iba, por último, a lavarse las manos en una batea de madera.

Mi tío, el fuerte, el bueno y sencillo Alejo, con la cabeza amarrada y con mandil como el Mellizo, después de haber trabajado con ahínco, estaba completamente bañado de sudor, y apiñaba sobre el yunque, con sus manos callosas y ennegrecidas, unas moneditas de plata, que eran su salario, y sobre las cuales caían no pocas gotas relucientes de su rostro.

—¿Qué te parece esto, muchacho? —me preguntó.

—¡Oh! muy lindo, admirable! —le respondí, transportado realmente de placer por lo que había visto.

—Ahora aprenderán revolución —dijo el Gringo, dejando caer el cigarro de la boca; y fue a ponerse tranquilamente una especie de redingote, que había dejado en la trastienda o dormitorio.

—¡Sí, muchacho —repuso Alejo—; esto es revolución!

—Hay mucho *salpetre* en el valle; el señor Haenke ha enseñado a hacer muy buena pólvora; los cerros son de plomo;

no falta estaño; se consigue un poco de cobre; tenemos mucho mundo *de gente* —añadió el Gringo desde adentro.

Mi tío le oía con embeleso, con aquella su risa silenciosa de infinita satisfacción en la que mostraba sus treinta y dos dientes.

—¡No hay más, muchachos! —exclamó—; ¡viva la patria!

—¡Viva! ¡vivaaaa! —contestamos Luis y yo.

—Ahora a otra cosa. ¿Tienes un papel en el bolsillo?

—Sí; casualmente he sacado una copia del bando de la junta de guerra.

—Muy bien. Vas a hacerme un rollo limpio, muy limpio con esos reales. Pero veamos antes el bando de la junta.

Desdoblé el papel, hice que me ponía los anteojos; tosí, me enderecé como el escribano don Ángel Francisco Astete, y me preparé a leer, imitando, también, la voz un poco gangosa de éste mismo.

—¡Espera! —gritó Luis, y se armó de una lanza, para ponerse a mis espaldas, representando la fuerza pública.

—Veamos —dijo Alejo.

—Adelante, pequeñito diablo —añadió el Gringo por su parte.

Y yo leí, del modo que he dicho, aquel célebre bando, del que solo copiaré aquí las partes principales:

«Don Mariano Antezana, Presidente de la Junta Provincial de esta ciudad, con los señores vocales de ella, en nombre de su Magestad el señor don Fernando Séptimo, que Dios guarde, etc.

»Por cuanto en las presentes ocurrencias se hace necesario acudir a todos los medios oportunos»... «y siendo uno de ellos el que todo el vecindario contribuya a los santos y loables objetos de la defensa de la patria y armamento y conservación de sus tropas...

»Por tanto, ordeno y mando que todas las personas de esta ciudad y de toda la provincia, sin distinción de sexo, ni de edad, concurran con el donativo que fuere del agrado de cada uno, para el sostenimiento de las tropas; pero, para que no sea sensible el desembolso, se les señala como contribución, la suma de *ocho reales*»...

—¡Viva la patria! —gritó «la fuerza pública» a mis espaldas.

El Gringo se encogió de hombros, y se salió a la calle. Alejo meditaba, rascándose el cráneo tras la oreja, como le ocurría, cuando no atinaba con lo que debía hacer.

—Bueno —dijo al cabo de un rato—; ahí están mis ocho reales; ponlos a un lado, y hazme el rollo con el resto.

Lo hice así, del mejor modo y con la limpieza recomendada; le puse luego el rollo al bolsillo, porque él no quiso tocarlo por no ensuciar el papel con sus manos; y me miró entonces con aire malicioso, diciéndome:

—¡Qué no adivinas! ¡Vaya, tonto! ¡esto es para la abuela!

Enseguida bajó la cabeza, y añadió muy conmovido, creo que llorando:

—Está aquí con Clarita. Vinieron a hacer curar a Dionisio. ¡Está ciega!... Viven en mi casita del Barrio de los Ricos... donde tú vivías con «la niña».

Capítulo XV. Un inventario. Mi visita a la abuela

Las últimas palabras de Alejo con que he cerrado el capítulo anterior me hicieron reflexionar de un modo que jamás se me había ocurrido hasta entonces; porque, aunque yo había vivido siempre en la pobreza y acostumbrádome a sufrir mil privaciones, no me faltó nunca la providencia por manos de mi heroica madre, y entonces mismo, huérfano como era, no tenía que pensar en mi pan de hoy, ni en el de mañana, que, más o menos amargo, llegaba a mis labios y aseguraba mi subsistencia.

—¡Qué demonios!, el dinero es muy necesario —me dije—; y debe serlo mucho más todavía en medio de los grandes dolores, cuando no es posible ni pensar siquiera en el modo de adquirirlo, ni buscarlo con el trabajo. La abuela, que debe ser algo mío, y que, si no lo es, yo quiero que lo sea, la pobre abuela ciega vive por lo visto del trabajo de Alejo y de Dionisio... ¿No es deber mío protegerla y servirla como ellos? ¿Pero qué puedo llevarle yo, holgazán de mí, ni para qué me sirven ahora mis librotes y mi necia presunción de haber pasado el puente del asno en mi Nebrija? ¿Iré a verla así, con las manos vacías y los ojos llenos de lágrimas, para hacerle derramar solamente las últimas que habrán quedado en los suyos?...

Pensando así muy triste y cabizbajo llegué a mi cuarto; me cerré por dentro, y busqué una llave en el cajón de la mesa, para abrir el arca que contenía toda mi herencia, no inventariada todavía por mí hasta aquel momento.

No había más ropa blanca y de color que la mía, muy usada y raída. La de mi madre debió haber sido distribuida por su mandato a las pobres mujeres que la asistían. Solo quedaba un par de sus zapatitos más nuevos, de cuero embarnizado y con rojos tacones, que yo besé y estuve mirando largo rato, hasta volver a ponerlos en su sitio. En un rincón encontré cuidadosamente enrollado el cuadro de la Virgen; y lo clavé en la pared, sobre la cabecera de mi cama, notando entonces que parecía un retrato de mi madre, y que tenía en un pliegue del manto azul, como imperceptibles sombras, las letras C. y A. con una rúbrica. Un paquete negro, que toqué distraídamente con la mano enseguida, me hizo estremecer, y lo dejé como estaba: era la cuerda del ahorcado. Hallé, por último, un baulito de madera, con su llave en la cerradura; lo puse sobre la mesa; lo abrí; saqué sucesivamente de él un paño no acabado de bordar, que tenía una mancha circular de sangre; una cajita de cartón, y la alcancía recompuesta con cola y aserrín, para unir los fragmentos.

La cajita de cartón contenía el alfiler, los aretes y el anillito de marfil de mi madre. Noté recientemente que éste era una obra delicada de diestro buril: tenía al rededor, dejando solo un pequeño espacio para una tapita de oro, las palabras quichuas *Cusi Coillur*; la tapita tenía a su vez grabada una rosa, y abierta ella, en el fondo de una cavidad, permitía ver las mismas dos letras misteriosas del pliegue del manto de la Virgen.

La alcancía estaba muy liviana; pero al agitarla en mi mano sentí un pequeño ruido metálico y el más claro y seco de las monedas que golpeaban las paredes. Separé al punto con un clavo uno de los pedazos de la tapa recompuesta, y lancé un grito de alegría, con tanta satisfacción como si hubiese descubierto los tesoros de *Tangatanga*. Había algunas monedas de oro, cinco o seis, muy nuevas y brillantes. Cogí una, me la puse en el bolsillo, acomodé todas las cosas como antes estaban, y salí corriendo en dirección a la casita que tanto conocía.

Vi desde media cuadra, al torcer una esquina, a la pobre Clara sentada en una alta silla, que se arrimaba a una hoja de la puerta. Vestía de negro; estaba muy pálida; me pareció ahora más bella que Mariquita, casi tanto como mi madre. Deshilaba sin verlo en su falda un trapo muy limpio de lino; uno de sus pies estaba recogido sobre el barrote de silla; el otro, desnudo, blanco y sonrosado, jugaba distraídamente con el zapato pendiente apenas de la punta de los dedos. Sus hermosos ojos miraban al cielo por sobre el techo de aquel feo caserón del frente, y cantaba a media voz, como mi madre, el siguiente *harahui* del coro de doncellas del Ollanta, que reconocí al acercarme:

«Iscay munanakuc urpi...»

O sea en castellano, para que me entiendan, pero muy mal traducido, porque es intraducible:

«Dos palomas han querido,
Arrullándose en el hueco
Del tronco de un árbol seco,
Vivir juntas en un nido.

»Una de ellas apresada
En lazo traidor un día
Se retuerce en la agonía...
Muere lejos de su amada.

»Y la otra se desespera
Sobre el viejo tronco, y gime,
Preguntando al aura: dime
Dónde está mi compañera?

»¿Cómo puedo con orgullo
Contemplarme en su pupila?

¿Dormiré nunca tranquila
Sin su dulcísimo arrullo?

»Y como el aura a su queja
Murmura, más no responde,
Parte al fin —no sabe dónde—,
Y el nido desierto deja.

»Volando de rama en rama
Y de una peña a otra peña,
Siempre en buscarla se empeña,
Siempre doliente la llama.

»Cuando no puede en el viento
Tender el ala anhelante,
Va con sus pies adelante,
Sin reposar un momento.

»Y corriendo sin cesar,
Arrastrándose en el suelo,
Muere al cabo, sin consuelo,
De cansancio y de pesar.»

La infeliz respondía de este modo, sin saberlo, al Último *harahui* que su novio le había cantado a la luz de la Luna, de lo alto de la montaña, la noche antes de su muerte.

Clara sintió que alguna persona se había detenido a su lado, ya sea por esa inexplicable influencia magnética que siempre lo da a conocer, o ya sea porque oyese mi fuerte y precipitada respiración después de la carrera con que yo había venido. Se volvió a mirarme con sorpresa; se puso muy colorada, y me preguntó con desabrimiento, en buen castellano:

—¿Qué se te ofrece? ¿hay algo en mi cara que pueda divertir a los muchachos holgazanes? ¿por qué no te vas a jugar a la *palama*? ¿quién le calienta agua para tu madre?

—Quiero abrazarte —le contesté—; quiero llorar contigo si me lo permites. Soy el hijo de Rosa... Tú debes haberme visto ya dos veces en compañía de... ¿no te acuerdas?

—¡Hazle entrar, hija... tráemelo! —gritó antes que ella pudiese volver a hablar, una voz fuerte de mujer desde adentro.

Se paró entonces recogiendo las hilas de su falda; me rodeó el cuello con el brazo, y me introdujo al cuarto.

La abuela —porque había sido ella la que habló con esa voz fuerte, que parecía salir de un pecho mucho más joven—, estaba de pie al lado de una tarima que ocupaba el mismo sitio que la de mi madre y de la que sin duda acababa de levantarse para recibirme. Sus cabellos enteramente blancos y muy delgados, como algodón escarmenado, se recogían en dos trenzas que apenas le llegaban hasta los hombros; su rostro moreno y sembrado de esas manchas oscuras propias de la vejez, no tenía profundas arrugas más que en el entrecejo y a los extremos de la boca; sus ojos sin vida, de un color gris verdoso, estaban fijos, mirando sin ver como los de un cadáver; la frente espaciosa, la nariz larga y recta, la barba cuadrada denotaban en ella un carácter firme y resuelto. Era de elevada estatura, no muy encogida por el peso de cerca de cien años. Vestía mantilla negra, caída a las espaldas y prendida al pecho por grande *topo* de plata, terminado en forma de cuchara; jubón blanco, muy llano; pollera de bayeta de *Castilla* café, encarrujada y adornada de franjas negras de merino. Llevaba gruesas medias de lana y zapatos de orejas, amarrados al empeine. Tenía en la mano izquierda un cayado como de pastor, y extendía la derecha a la altura del pecho, esperando la mía.

—Ven —me dijo cuando estreché ésta contra mi corazón—; ven y siéntate a mi lado. No tengo ojos para verte... quiero tocar tu cara y tus cabellos. Tú debes ser muy lindo, como «la niña» —continuó cuando hube hecho lo que decía—; tu cara es suave y delicada: tus cabellos finos, sedosos y rizados; tus pestañas largas me dicen que tienes ojos de chasca... ¿de qué color son, hijo mío?

Me hizo mil preguntas más sobre mi persona, mi vida y la de mi madre, y como yo le respondía del modo menos triste posible y dominaba con esfuerzo mi emoción

—Mentiroso —me dijo—; ¿piensas que la abuela no ve todas las cosas con unos ojos mejores que los tuyos que le han dado sus muchos años? Me quieres engañar; has dicho: ¡pobre abuela! ha llorado tanto que no quiero afligirla más. Pero yo he recogido en estos mis dedos encorvados y rugosos una gotita que temblaba en tus pestañas; yo sé que no puedes ser dichoso... ¿quién puede serlo en este mundo con los *guampos*? Mira, yo era niña, así como tú, cuando vi un brazo del abuelo de tu abuelo sobre un palo muy alto en la Coronilla de San Sebastián. Un año después descuartizaron a mi vista el cadáver de mi padre Nicolás Flores; hicieron salir a mi madre de su casa, llevándome de la mano, para que fuese aquélla del rey, como decían. Ha pasado mucho tiempo... Yo me casé, tuve muchos hijos y he criado a los hijos de mis hijos. Pero ¿piensas que me olvidé de aquellas cosas? No, ¡no! Nadie se acordaba ya de ellas; me veían algunas veces muy triste y pensativa; me preguntaban: ¿qué tienes, abuela?, y yo les contestaba: ¡ya no hay hombres!

—¡Oh! no hables de eso, mamá grande! —gritó o sollozó en éste punto Clara, que se había sentado frente a nosotros en un poyo de adobes, sobre el que debía dormir ella, así como vi que habían hecho otro en la otra esquina del cuarto para su hermano.

—¿Y por qué no? —replicó la abuela—; ¿crees, niña, que yo no soy ya más que ese tronco seco, apolillado del *harahui* que cantabas?

—No, no es eso, madre —repuso la infeliz Clara—; es que no puedo... no puedo...

—¡Cállate! tú no pareces la hija de la que salió de mis entrañas... ¡eres una pobre palomita!

No sé qué más iba a decir cuando entraron Alejo y Dionisio. El primero traía en sus brazos un objeto cubierto por su poncho y se reía silenciosamente del modo que le conocemos; el segundo tenía sobre el hombro una cesta de mimbres, que parecía pesarle mucho, y se sonreía, también, picarescamente.

—¿Lo has traído? —preguntó Clara a Alejo.

—No, no he podido —contestó éste; y como Clara se acercaba a él para descubrir el objeto oculto por su poncho, dio un salto a un lado, agregando—: es una *guagua*... la vas a despertar.

—¿Y tú? —dijo entonces la joven, dirigiéndose a Dionisio; pero éste levantó la cesta sobre su cabeza con ambas manos, para que ella no viese su contenido, y dijo a su vez:

—Son naranjas... están verdes y muy agrias; las he traído de la huerta de Antezana.

—¡Basta! —gritó con autoridad la abuela—. Yo quiero tocar todo eso con mis manos.

Alejo y Dionisio depositaron al punto, sumisamente, sobre la tarima, el primero el mismo cañón de estaño que yo había admirado en el taller, y el segundo su cesta, que contenía cuatro o cinco de las granadas de bronce.

Entonces vi a la anciana ciega pasear sus manos temblorosas sobre aquellos instrumentos de muerte, con la misma atención y —no encuentro otra palabra—, con la ternura que antes había notado en ellas cuando tocaba mi rostro y mis cabellos. Sus labios comprimidos al principio se fueron desplegando, hasta que se agitaron con una risa salvaje que me dio miedo. Se inclinó enseguida sobre el cañón y pegando la boca al oído de la pieza, como si fuese a hablar a una persona, para recomendarle su venganza, gritó con más fuerza, con un acento agudo y vibrante:

—¡Habla, hijo mío! ¡Diles a los *guampos* que nos dejen vivir sin ellos en esta nuestra tierra! Ellos te oirán mejor que a nosotros... ¡ojalá te oiga también nuestro Dios que está sobre todos nosotros!

Tomó una de las granadas; desarrolló la cuerdecita de esparto que la rodeaba; la hizo dar vueltas en el aire como una honda; se rió como antes, y dijo a Alejo:

—¿Cuántos puede matar?

—¡Más de cincuenta, abuelita! —contestó el cerrajero, frotándose las manos, y así debía creerlo él mismo.

—Bueno —repuso la anciana—; si los *guampos* vuelven todavía, yo iré a recibirlos contigo y mi Dionisio, llevándoles estos hermosos frutos de nuestra tierra.

—¿Y yo no puedo acompañarte acaso? —le pregunté, picado de que no se acordase ya de mí.

—Sí, hijo mío —contestó sonriendo—; iremos todos, todos... ¡hasta la pobre palomita!

—¡Ay!... no, no, por Dios! —exclamó Clara horrorizada.

Si mis jóvenes lectores piensan que esta escena es increíble, o que yo la he descrito exageradamente, cuenten con la indulgencia de este pobre veterano de la época gloriosa de la Independencia. ¿Por qué había de sorprenderme siquiera de que dudasen de mi palabra? ¿Quién ha referido todavía aquellas cosas como realmente pasaron? ¿Las han comprendido, por ventura, nuestros escritores nacionales, cuando por solo acriminar más a Goyeneche, desvirtúan los episodios más característicos de aquel tiempo?... No puedo, pues, no debo extrañar de ningún modo que la juventud de mi país no comprenda hasta qué punto llegaban el odio a la dominación española y el delirio de amor por la patria que comenzaba a nacer tan llena de promesas no realizadas todavía. Pero es preciso que sepa desde ahora, que yo tengo que decirle mil cosas, más increíbles aún, de las mujeres de Cochabamba, de los niños que hoy juegan con muñecos y que entonces no tenían más diversión que la de armas inventadas por ellos, para jugar solamente a los soldados y a la guerra.[22]

Era ya muy tarde —la hora tremenda de comparecer ante doña Teresa en el oratorio—, cuando conseguí que mi nueva familia me consintiese retirarme de la casita en que habían trascurrido los años más felices de mi infancia. Una vez pasada la excitación producida en la abuela por el contacto de aquellos instrumentos de muerte, de esas armas que ella creía tan formidables para la defensa de la patria y la venganza de los horrores de que habían sido víctimas los suyos, solo pensó en agradarme como mejor podía, compitiendo con ella Clara y su hermano. Ya en la calle me acordé del principal objeto de mi visita. Volví a la puerta, llamé a la Palomita; le pedí la mano como para volvérsela a estrechar; deposité en ella mi monedita, y me corrí como un gamo, sin volver la cabeza a los gritos de la joven, que siguió llamándome para devolvérmela sin duda, hasta que di vuelta a la esquina.

22 Al fin, después de tantos años llega a mis manos un hermoso libro, pero no es nacional. Hablo de la historia de BELGRANO por el general don Bartolomé Mitre. ¡Ojalá sirviera él de estímulo para que la juventud boliviana presente con más extensión al mundo, los títulos gloriosos con que su patria ha obtenido un puesto entre las repúblicas de la América del sud! Entre tanto, declaro que el ilustre escritor argentino ha comprendido bien el heroísmo de Cochabamba en su lucha con el intrigante y feroz Goyeneche. (N. del A.)

Capítulo XVI. La entrada del gobernador del Gran Paititi

He hablado de los niños, y he aquí lo que hacían por entonces.

Una tarde llegó Agustín a mi cuarto, caballero en un palo, con arreos militares de mi invención, tricornio y charreteras de papel, y enorme alfanje de un tronco retorcido de membrillo. Hizo que se apeaba con mucha dificultad de su brioso corcel de batalla; se cuadró a mi presencia, como si me reconociera mayor graduación que la suya, y me dijo:

—Señor Comandante, su señoría ilustre el Delegado de la Excelentísima Junta de Buenos Aires, me ha ordenado conducir a vuestra merced a su campamento.

—¿Y quién es esa nueva señoría que ha reemplazado aquí a don Juan José Castelli? —le pregunté con la mayor seriedad que me era posible.

—Don Luis Cros y Cuchufleta, Caballero del hábito de San Juan Bautista, Mariscal de Campo de los ejércitos de la patria, Gobernador Intendente del Gran Paititi, General en Jefe del Ejército Auxiliar, etc., etc. —me contestó él, parodiando todos los títulos que solía usar Goyeneche en sus proclamas y bandos de buen gobierno.

—¿Y dónde está?

—En su campamento de las Cuadras. Esta noche, al salir la Luna, debe hacer su entrada triunfal en esta valerosa ciudad de Oropesa del valle de Cochabamba.

—Pero tú ¿cómo lo has sabido?

—Porque ayer, cuando vuestra merced se fue a dar lección en el convento, pasó él por la puerta con la artillería... ¡oh! ¡qué lindos cañones! Él mismo me dejó la orden, que debo cumplir como buen militar. ¡Yo soy capitán! ¡me ha nombrado su ayudante de campo, nada menos!

Comprendí que mi amigo iba a hacer una de las suyas, y rehusé terminantemente seguir al capitán don Agustín, quien me rogó en vano y se incomodó al fin de igual modo.

—Está bien ¡rabo de Lucifer! —me dijo por último, remedando en esta imprecación al brigadier Ramírez—. Yo me voy solo, y reventaré a mi caballo para llegar a tiempo; y

> Ya que solos estamos, sabed, Tello,
> Que el libertaros me movió a emprendello!

Media hora después, una espantosa confusión reinaba en la casa. Doña Teresa gritaba muy incomodada en el patio; los criados iban y venían azorados por todas partes.

—¡Me han robado a mi hijo! —aullaba la señora.

—¡El niño Agustín ha desaparecido! —gemían los criados.

La señora se acordó entonces de mí; me hizo llamar, y me dijo que fuese a buscar al niño y no volviese sin él a la casa.

Sabía yo por fortuna en qué dirección debía ir a buscarlo; pero no bien caminé unas cinco cuadras, los silbidos y espantosa gritería de una numerosa banda de muchachos me indicaron el punto preciso del campamento del flamante gobernador del Gran Paititi. Era una plazoleta que había, y tal vez exista hoy mismo, unos cien pasos antes de llegar a la quinta de Viedma. Desde que torcí la esquina de la calle por donde iba, para tomar la que a dicha plazoleta conducía, a espaldas del convento de Santa Clara, vi a lo lejos el ejército ya formado; y se desprendieron de él ocho soldados de caballería, a buen trote en sus magníficos caballos de cañas, los cuales soldados, al pasar junto a mí, dijeron a gritos que iban a prevenir al cabildo y al cura de la Matriz, para que saliese el vecindario y se echasen a vuelo las campanas.

Pasarían de cuatrocientos los muchachos reunidos en la plazoleta. La mayor parte eran poco más o menos de mi edad y de la de su jefe; muchos no llegaban ni a tener siete años; eran pocos los adultos o grandullones. Los más pequeños formaban la infantería, con fusiles de cañas, varas de sauce o cualquier palo o bastón, menos unos cuarenta, o poco más, que tenían formidables armas de fuego, pues habían cargado de pólvora el tubo superior de su caña, y habían abierto un oído cerca del nudo, para acomodar la mecha. Los medianos hacían de artilleros, teniendo en las manos cañoncitos de estaño, con ruedas y cureñas de lo mismo, que ellos habían fundido, fuera de que todas las pulperías estaban atestadas por entonces de esa especie de juguetes. Una pieza mayor, el lujo y orgullo del regimiento, estaba en el medio, enganchada a un hermoso perro, de los llamados *chocos*, que parecía ya muy diestro y fogueado. Los muchachos más grandes, formaban, en fin, la caballería, montados en palos, con largas lanzas de cañas provistas de sus verdes hojas o de pañuelos a guisa de banderola. Los trajes de aquel ejército eran más indescriptibles que los del grande y verdadero de la provincia. El mameluco, el simple calzón y tosca camisa, la ropa del hijo de un mayorazgo y los harapos del hijo del albañil, se confundían en los grupos abigarrados. Había muchachos muy pequeñitos simplemente encamisados, hasta con la camisa toda abierta por delante, como una bata puesta a la *négligé*.

No faltaba música o charanga para cada cuerpo, según el arma a que pertenecía. Los infantes tenían tres o cuatro tambores, un chinesco de cascabeles, platillos de hoja de lata, muchos *herques*, o sean pitos de cañas delgadas, que producían un ruido infernal, el más desapacible que ha herido jamás los tímpanos desde el patriarca Jabel. Los regimientos de caballería y artillería tenían un clarín verdadero pero rajado, zampoñas, yo no sé cuántos instrumentos de viento, que no iban en zaga a los famosos *herques* de que ya he hablado y que también se hacían oír en las charangas.

El tambor mayor de la banda de infantería merece una mención particular. Era un hombre maduro, de más de cuarenta años, un gigante en medio de todos aquellos niños. Gozaba, reía más que todos igualmente, según creo. Tenía la cabeza descubierta, con espesa cabellera hirsuta que la hacía enorme, descomunal; su rostro ya muy arrugado, de un color amarillento, mostraba apenas dos ojillos brillantes entre párpados carnosos y embotados, una nariz arremangada, una boca que se abría hasta sus grandes orejas caídas adelante como las de un perro. Vestía como los mestizos mejor acomodados. Llevaba en su mano, con más orgullo y satisfacción que un rey su cetro, un gran bastón, que tenía por puño una calabaza casi tan grande como su cabeza. Era, en fin, Paulito, el sordomudo Paulito, uno de los criados, el perro más fiel, más noble e inteligente del gobernador Antezana, de quien —como verán a su tiempo mis jóvenes lectores—, han hecho muy mal de olvidarse los que hasta aquí han escrito la historia de mi país.

Los oficiales formaban rueda a su jefe cuando yo llegué. Recuerdo haber visto entre ellos a muchos valientes que ilustraron después sus nombres en la guerra de los quince años, luchando como héroes o muriendo como mártires. No sé cuántos sobrevivirán aún como yo, para dar testimonio de estas cosas.[23]

---

23 Justo Guzmán se ha olvidado de escribirme hace algún tiempo; pero tengo aquí, a la vista, su última carta en que me decía: «recuerdo todavía, mi querido Juan, la famosa entrada del gobernador del Gran Paititi. Todo lo que pertenece a ese tiempo se me pega de un modo irreparable. ¿Creerás que después de cincuenta años tenía aún adentro la bala que me hirió en las lomas de Pirhuas? ¡La recibí en la in-

El Mariscal don Luis Cros, el dignísimo general de aquellas lucidísimas tropas, vestía gran uniforme militar de trapos de colores chillones y relumbrantes oropeles. Su sombrero era una obra maestra de cartón dorado, lentejuelas y plumas de gallina. Tenía botas de montar que le llegaban hasta las entrepiernas, y estaban diciendo a gritos que se las ponía el Gringo para hacer sus viajes a Santa Cruz. Cabalgaba real y verdaderamente un pollino blanco muy escuálido, en apero argentino, con freno y riendas enchapados de plata y mucho más todavía de oro peles. Un sable descomunal, enmohecido, a pesar del ímprobo trabajo con que él lo frotara, se le caía por momentos de la mano. Su aire imponente, sus menores gestos y palabras recordaban al vencedor de Huaqui y de Amiraya. No he vuelto a ver en mi vida un general más apuesto y gallardo, ¡y eso que he visto, lectores míos, a los matones vestidos de mariscales de Francia, que se han levantado con el santo y la limosna en la limosna en la República! Llevaba, en fin, a la grupa a su ayudante el capitán don Agustín, a quien yo buscaba y encontré de aquel modo trasportado de alegría.

—¡Ahí está, ahí viene el desertor! —gritó el ayudante apenas pudieron distinguirme sus ojos.

—¡Que lo prendan! —gritó el general—. Consejo de guerra aquí mismo, y cuatro tiros por las espaldas.

Toda la banda infantil se arrojó entonces sobre mí. No sé cómo no quedé más sordo que Paulito, con la espantosa gritería, los silbidos y el ruido de los *herques* y *zampoñas*; no comprendo cómo pudieron quedarme jirones de ropa sobre el cuerpo, con tantas manos que me llevaban de un lado a otro, de todo lo que podían asir de mis vestidos. De nada servía la humildad conque yo quería entregarme como un

gle, y acaban de sacármela de un tumor que me molestaba en el tobillo!» (N. del A.)

cordero; más funesta debía ser probablemente la resistencia que iba a hacer en mi cólera. Pero el magnánimo general se adelantó felizmente en su pollino, para extenderme su mano protectora.

—Está bien —dijo—; suéltenlo ¡cuerno del diablo! Yo lo tendré muy seguro a mi lado... necesito un ayudante más... no me bastan estos ocho para transmitir tantas órdenes. ¡Vamos! —añadió con voz de mando—, ¡en columna! ¡silencio! voy a ordenar que quinten una compañía para escarmiento!

—¡Bien! ¡viva el general! ¡viva el gobernador del Gran Paititi! —gritaron aquellos trasgos, y volvieron a sus filas.

Estaba libre; respiré; quise enojarme y huir; pero me reí, y ocupé al cabo mi puesto, al lado de nuestro general.

—No seas tonto... ¡esto es lindo! —me decía Agustín entusiasmado, gozosísimo en la grupa del pollino.

Restablecido el orden a duras penas, el general y su ayudante predilecto talonearon a cual más y mejor su corcel de batalla, para ponerse en lugar conveniente, sobre un montón de escombros de una tapia caída, desde donde el incomparable caudillo, tan bizarro soldado, como elocuente orador, proclamó a las tropas, en términos tales que nunca, jamás me atreveré a desvirtuar con mi humilde prosa; pero recuerdo palabra por palabra la conclusión, y aquí la pongo como un modelo, para instrucción provechosa de los presentes y futuros capitanes que quieran hacer sus entradas triunfales tan dignamente.

—¡Soldados! ¿veis mi casaca, mis botas, mi sombrero! ¡La Luna ha salido por solo admirarlos; pero temo que se oculte de vergüenza! ¡Detente, pobrecita! ¡Adelante, soldados! ¡viva el gobernador del Gran Paititi!

—¡Viva! ¡vivaaa! ¡vivaaaaa!...

Comenzó el desfile; pero la retaguardia se arremolinaba de un modo espantoso, al rededor de un punto sobre el que hacía llover puñados de tierra, en medio de silbidos.

—¿Qué es eso? —preguntó encolerizado el general, y dispuso que yo fuese a restablecer el orden, con omnímodas facultades.

Nadie quería responder a mis preguntas, ni menos permitirme que pasara el centro, para ver con mis propios ojos lo que era aquello. Repartí mandobles a diestro y siniestro con un bastón de chonta, la espada sin igual de uno de mis compañeros ayudantes, y conseguí al fin llegar al punto que deseaba. Un hombre, un gigante de barbas se revolcaba en el suelo y hacía esfuerzos desesperados para impedir que diez o doce muchachos le sacasen los calzones. Me enfurecí, grité, seguí repartiendo mandobles; pero una sola palabra desarmó toda mi cólera.

—¡Es el *Maleso*! ¡es el *pallaco*!

—¡Vaya! —contesté riendo—, está muy bueno.

Y el hombre fue despojado de sus calzones, y le amarraron éstos al cuello como una corbata, y lo llevaron así a la cabeza de la columna, y lo obligaron a caminar en ella, afrentado públicamente.

Pero, como mis lectores creerán ya que aquellos muchachos hacían una cosa indigna y que yo era el más perverso de todos para consentirla, voy a decirles quién era aquel hombre barbudo y por qué merecía tamaña afrenta.

El *Maleso* era el hombre más degradado por la embriaguez y el vicio de la coca, mendigo, ratero, tal vez mucho más criminal todavía, porque oí de él cuanto de bestial puede atribuirse a una criatura humana... Cuando el vencedor de Amiraya arrojaba dinero de sus balcones, con la magnanimidad que tanto hemos oído ensalzar al Padre Arredondo, aquel infeliz había ido el primero a recoger con gritos de júbilo las monedas que caían sobre el empedrado, siguiéndole otros de su laya, que desde entonces merecieron el nombre infamante de *pallacos*.

Los niños de Cochabamba —ya he dicho que en nuestra banda estaban sin distinción los hijos de familias las más acomodadas y los de las más pobres—, ejercían, pues, en aquel momento, una especie de justicia popular con aquel miserable que se había atrevido a acercarse a lugar de sus juegos. ¡Hacían bien! ¡hoy mismo, viejo, muy viejo como soy, los aplaudiría! ¡Lástima y muy grande es por el contrario, que mi pueblo valeroso no haya arrancado después los calzones a los viles logreros de la política, a los *capituleros* y otros bichos que deshonran la democracia![24]

El desfile continuó sin novedad. Iba primero el general con su ayudante a la grupa; seguíamos los otros nueve ayudantes; a nosotros, Paulito y el *Maleso*, la banda de infantería y el batallón de esta arma; luego la caballería, y por último los artilleros. Apenas entramos en la calle, los oficiales fueron arrojando en el aire los petardos de que tenían llenos los bolsillos; en la primera esquina, y después en todas las restantes, hicimos un descanso para dar salvas de artillería; ni un momento dejábamos de gritar y silbar de un modo que toda la ciudad debía alarmarse necesariamente. Los vecinos, asustados al principio, cerraban sus puertas con estrépito; pero sacaban enseguida la cabeza por una ventana o un postiguillo; veían lo que era, y salía en tropel a divertirse y aplaudirnos.

24 «CAPITULEROS. Llámanse así los que dirigen las intrigas en las elecciones, con más o menos maña. Hay hombres que no tienen más oficio que el de capituleros, y les sobra para vivir con desahogo»... «Cada capitulero vale en proporción del número de hombres que lo sigue a las mesas de elección.» -JUAN ESPINOSA, Diccionario Republicano. (N. del E.)

—Son los muchachos —decían—; ahí va el Luisito. ¡Que se entretengan! ¡que aprendan a ser soldados! ¡viva la patria!

Los aplausos subían de punto cuando veían al miserable *Maleso* al lado de nuestro tambor mayor.

—¡Hola! —decían—; ahí llevan al *Maleso*sin calzones... ¡qué bueno! ¡qué lindo! No hay como estos condenados para discurrir semejantes cosas. ¡Ja, ja, ja, ja!...

Nuestra banda se hacía más numerosa a cada paso. Ningún muchacho quería quedarse atrás de nosotros; ningún ocioso, hombre o mujer, de cualquiera condición, resistía al deseo de seguirnos para ver en qué pararía aquello. Jamás se oyó más bulla, ni se rió mejor que entonces en la ciudad de Oropesa.

Cuando el general llegó a la esquina del Barrio Fuerte, sus tropas y la multitud de curiosos le formaban cola de más de tres cuadras. Tomó él a la izquierda, y nos dio a los ayudantes la orden de que se formara el ejército en batalla, ocupando toda aquella acera de la plaza, con frente al cabildo; lo que se consiguió no sé cómo, en medio de la algazara más infernal.

—¡Fuego! —gritó entonces, con aquella su voz aguda y vibrante que le hubiera envidiado Neptuno para dominar los rugidos de la tempestad y los bramidos de las olas tumultuosas.

Y comenzó un fuego graneado interminable, de los fusiles de caña, de los cañones y petardos, que me pareció tanto como el de Amiraya.

—¡Viva la patria! —gritábamos los muchachos.

—¡Viva la patria! —contestaban los curiosos.

No sé cómo cuatro de los primeros comisionados que encontré al llegar a la plazoleta, habían logrado penetrar en la torre de la Matriz y subir hasta las campanas, que repicaban casi como cuando llegó la noticia de Aroma.

Entre tanto la junta provincial y el cabildo se habían reunido para deliberar sobre las medidas convenientes, y habían mandado a los cuarteles la orden de ponerse sobre las armas. Pero sucedió con ellos lo mismo que con todo el vecindario. Una vez informados de lo que realmente pasaba, festejaron la ocurrencia de los muchachos y rieron de buena gana de su pasada alarma.

Convinieron, por último, en que aquello era chistoso, pero muy pesado; y en tal virtud resolvieron que el mismo gobernador y los vocales Arriaga, Vidal y Cabrera, con más el padre de nuestro jefe, saliesen a caballo, para reducir al silencio a esa turba de trasgos, incontenible por otros medios.

No bien los vimos a la luz de la Luna, que felizmente no se había avergonzado del brillo del uniforme de Luis, gritamos con más ganas:

—¡Viva la patria! ¡viva don Mariano Antezana!

—Muy bien, hijos míos —respondió este venerable caballero, a quien considero ahora mismo el primer ciudadano de Cochabamba—; ¡que viva! ¡sí, que viva siempre nuestra patria! Pero estas cosas no deben hacerse de noche, quitando el sueño a los vecinos, matando tal vez de susto a los pobres enfermos.

—¡Sí, sí! ¡que viva el gobernador! —le contestamos a nuestra vez, y comenzamos a dispersarnos dócilmente.

—¡Ay, Juanito! —me dijo nuestro general con acento lacrimoso, porque vio que su padre se acercaba—; ¡ésta sí, que va a dejarme en cama por dos meses!

Pero al revés de lo que temía, o fingía temer por bellaco, se acercó el Gringo enajenado de placer; lo tomó en sus brazos para apearlo del pollino, y le dio un beso tan fuerte que me pareció un tiro descebado de alguno de nuestros cañoncitos.

—¡Bravo! ¡oh *mon Dieu*! ¡éste es mi hijo! —exclamó después con orgullo.

¡Cuán distinto fue el recibimiento que hizo doña Teresa al capitán don Agustín! Se exaltó a tal punto contra su hijo, que lo arañó y arrastró enseguida de los cabellos, e iba a hacer lo mismo conmigo, cuando el noble niño se abalanzó de ella, y Carmencita trémula y blanca como un papel se le colgó del cuello sollozando. Yo no sé, no quiero acordarme de lo que sentí en ese momento y de la resolución que habría tomado, si aquella furia hubiese desgarrado mi piel con sus uñas.

A las doce en punto del día siguiente, llamado el vecindario a son de campana, el escribano don Ángel Francisco Astete, seguido del mejor batallón de milicianos, publicó este bando de buen gobierno, que merece llegar a noticia de ésta y las generaciones venideras:

«La Junta Gubernativa de esta provincia, por la Excelentísima de la capital de Buenos Aires, a nombre del rey don Fernando Séptimo, que Dios guarde.

»Habiendo notado este gobierno que los muchachos del pueblo hacen grande bulla por las noches con tambores y traquidos de cañoncitos; de lo que resultan los inconvenientes de sorprender y molestar a los incautos y enfermos»... «ordena y manda a todos los jueces y ministros subalternos no permitan a los expresados muchachos los juegos de guerra, quedando advertidos sus padres para que también los sujeten, sin que por esto se entienda que se les priva de la diversión por parte de día y moderadamente...

»Cochabamba y marzo 24 de 1812.

»Doctor *Francisco Vidal* — *Manuel Vélez* — Doctor *José Manuel Salinas*.»

«Nota: Se publicó en los sitios acostumbrados y con la solemnidad debida. Fecha*ut supra*.

»*Astete*.»

Capítulo XVII. Comparezco ante el tremendo tribunal del padre Arredondo y soy declarado hereje filosofante

¡Benditos meses de marzo y abril! ¡de cuánta gala sabéis revestir vosotros la hermosa tierra en que he nacido! Si los demás meses del año se os pareciesen, si a lo menos los de setiembre y octubre no fueran tan mezquinos de lluvias y quisieran estimularse con el ejemplo del generoso febrero, para impedir que el Sol sediento se beba toda el agua del Rocha y de las lagunas, yo sostendría con muy buenas razones que Eva cogió el fruto prohibido en Calacala, aunque me trajesen juramentado al Inca Garcilaso de la Vega, para que declarase a mi presencia que los españoles hicieron venir de la Península el primer árbol de manzanas; porque el Génesis no dice que fue aquel fruto precisamente una manzana, y pudo ser una chirimoya, una vaina de pacay o cualquier otro de los deliciosos frutos de nuestros bellísimos árboles indígenas.

¡Cuán bellos fuisteis para mí, otra vez benditos meses, en el tremendo año de 1812, a pesar de Goyeneche y de doña Teresa!

Y es el caso, curiosos lectores, que nadie hacía ninguno en Cochabamba de las bravatas y espumarajos de rabia del pacificador del Alto Perú, que iba a volver como el jabalí herido; ni lo hacía, tampoco, del *botado* la noble señora, quien no preguntaba jamás si aquél salía o no a la calle, si comía o no en la casa, si seguía o no perdiendo su tiempo con los libros del cuarto del duende. Por lo cual comencé yo a olvidarme de mis mejores resoluciones y a darme al *rocheo*, una cosa así como «hacer novillos», o lo que se quiera llamar en otros términos más usuales en otras partes, con tal de que se entienda que me entregué a la vagancia, al robo de frutas maduras e incitantes en los huertos y jardines de las orillas del Rocha, de donde se deriva aquella palabra muy corriente en mi país, advirtiendo, además, que la vagancia y el robo de esta especie eran habituales de todos los muchachos de mi tiempo, a tal punto que era mirado como un animal muy raro, como un monstruo abominable el labrador o hacendado que trataba de impedirlos y azuzaba sus perros contra los pobres *carachupas*, pilluelos en castellano y *gamins* en buen gabacho.

Luis —¿qué necesidad tengo de decirlo?—, era mi inseparable compañero. Dionisio nos seguía con frecuencia; pero era más formal, le gustaba el trabajo y no quería desamparar los fuelles de la herrería. Cuando se trataba de escalar una tapia y no faltaban hendrijas donde asentar los pies, subía yo el primero al asalto; si la tapia era muy lisa y elevada Dionisio me ofrecía sus hombros, y si esto no bastaba, Luis subía enseguida sobre los míos; cuando ladraba adentro algún perro, Dionisio quería subir de cualquier modo antes que nosotros, para arrostrar el peligro de ser mordido por el perro, o de recibir el hondazo del dueño puesto en guarda por los ladridos.

—Esto es atroz, no puede ser de ningún modo —decía en este último caso «el gobernador del Gran Paititi»—; mira a éste que parece una mosca muerta, calladito como un santo de estuco, y que es más valiente que nosotros y ya se ha hecho traspasar el pecho por una peladilla. No, mil veces no, ¡cuerno del demonio!, yo no consentiré que en otra se vaya sin mí a verle la cara a mi amigo el gobernador del Cuzco, caballero del hábito de Santiago, *etc. y etc.*

Interpelaba enseguida directamente a Dionisio y lo ponía en bárbaros aprietos.

—Dime, tú te moriste ¿no es verdad? ¡Bueno!, yo quiero que me cuentes ahora lo que has visto en el otro mundo.

¿Qué dicen por allí de los chapetones? ¡Habla! ¡respóndeme, animal!

Y el pobre Dionisio, que lo quería más que a sí mismo, se reía silenciosamente como Alejo, y salía al fin del apuro, proponiendo con timidez alguna nueva travesura.

No vaya a creerse que nosotros no buscábamos en nuestros paseos más que la satisfacción del paladar y del estómago. Teníamos también gustos de sibaritas y de poetas. Los perfumes de que estaba impregnado el aire tibio y húmedo nos embriagaban; la contemplación de las flores y el trino de las aves nos embelesaban; nos gozábamos admirando las bellezas de esa madre tierra a la que tanto amábamos desde entonces.

Un día despojamos de sus frescas y fragantes flores un largo cerco de la hacienda del Rosal; hicimos con ellas un mullido lecho debajo de un grupo de hermosas jarcas; nos revolcamos en él, dando gritos de alegría; nos arrojamos los unos a los otros puñados de hojas; nos enterramos en ellas, y Luis nos dijo estas palabras que nunca he podido olvidar:

—¡Qué lindo sería dormirse así para siempre!

Otro día caminamos una legua para admirar el gran ceibo horadado del Linde. Medimos con un largo cordel el grueso de su tronco y vimos que era de cerca de nueve varas; entramos en el hueco, donde pueden caber más de doce personas; lo limpiamos y lo alfombramos de flores campestres; ensanchamos en óvalo perfecto una grieta elevada, por donde penetraba un rayo del Sol, e hice yo un descubrimiento que al punto disipó mi alegría.

—¿Qué tienes? —me preguntaron mis amigos.

—Nada —les contesté, pero mis ojos no pudieron apartarse de las dos letras misteriosas C. y A. que estaban allí grabadas hondamente en la madera, al lado de la misma ventanilla.

Recuerdo, en fin, que otro día trasportamos de la orilla del Rocha hasta el centro de la plaza de San Sebastián una hermosa jarca de tres varas de alto, y la plantamos allí, prometiéndonos regarla todos los días.

—Esto ha de ser muy lindo —decía Luis—; cuando este arbolito crezca y dé su sombra como los de Calacala, yo he de venir con mi uniforme... mi verdadero uniforme de brigadier, porque yo he de ser general sin remedio, y me he de sentar entre dos de sus ramas para ver los toros con que hemos de festejar a la patria.

Cansados, cubiertos de sudor, íbamos a bañarnos al calicanto de Carrillo. Nos desnudábamos desde lejos y llegábamos a caer de un salto al fondo de la profunda poza; subíamos como ligeros corchos a la superficie; nadábamos *avolapié*, engañando a más de un incauto, que sin saber nadar se arrojaba y hundía como un plomo, hasta que lo sacábamos medio ahogado; salíamos cien veces a tendernos sobre la fina arena; nos revolcábamos como caimanes; volvíamos a saltar cien veces en el agua... ¡Oh! ¡qué lindo! ¡Un baño así, un baño en mi río, con mis amigos de la infancia, y yo creo que la sangre volverá a arder en mis venas, como si me bebiera toda la fuente maravillosa de Juvencio! Pero... ¿volveré alguna vez a mi país? ¿a dónde están ¡Dios mío! mis amigos?...

Por las tardes —cuando no teníamos alguna parada, revista o academia militar en las Cuadras—, me iba a visitar a la abuela y a Clarita. Hablábamos de tantas y tan buenas cosas, que yo daría toda mi ciencia de hoy, por volver a oír una sola de ellas de los labios de la anciana ciega. Yo creo que ésta lo veía todo más claro con los ojos de la experiencia y la luz —permítaseme decirlo—, de su grande corazón. Quiero recordar aquí —aunque os parezca una simpleza, una majadería de mi chochez—, que ella me refirió varias veces los ejemplos de la beata Quintañona y de don Ego. Reprendiendo mis travesuras y mi anhelo de hacer a Dionisio tan holgazán como yo, acostumbraba desde entonces concluir sus pláticas con estas palabras:

—Bueno, esas cosas pasarán cuando tengas más edad y juicio, hijo mío. Lo que importa es que no seas hipócrita, egoísta o cobarde. Mira: la Quintañona que acostumbraba poner un grano de mostaza en su cofre después de cada uno de sus rezos, y que rezó tanto y tanto en más de cien años, se encontró a la hora de su muerte, cuando creía lleno todo el cofre, con que no había en él más que un granito muy arrugado, que ella había puesto después de dar un mendrugo a un pobre niño y que fue el único con que pudo salvarla el ángel de su guarda; y el pobre don Ego, que se amó tanto a sí mismo y no quiso ni auxiliar a nadie, ni pelear contra los moros, se vio convertido en tronco, en medio de un campo desierto; sintió que su corazón se le salía horadándole el pecho con uñas afiladas, y vio que solo había tenido un sapo negro y pustuloso en su seno.

Clara, la pobre Palomita, oía estas cosas en silencio; se ausentaba por un momento a la cocina, donde la sentía yo trajinar, canturriando sus *harahuis*, y volvía con algún plato sencillo y apetitoso preparado para mí: unas papas cocidas o asadas al rescoldo, con ají o *soltero*, una huminta en su chala, algo de eso tan humilde y tan bueno con que la gente de mi pueblo hospitalario agasajaba por costumbre a las visitas y hasta al desconocido pasajero que se acercaba a tomar sombra a la puerta de las cabañas.

¡Oh benditos meses de marzo y abril de 1812!

Pero ¡qué pronto pasaron! ¡con qué furor volvió sobre mi pueblo *el hombre de las tres caras*! ¡cómo tuve yo mismo que comparecer ante el tremendo tribunal del Reverendo Padre

Robustiano Arredondo, para ser declarado hereje filosofante y sufrir el castigo ejemplar de mi extravío!

La vanidad, el deseo de distinguirme sobre mi enemigo Clemente y arrebatarle sus lauros, me condujeron a ese último y doloroso extremo.

Una noche en que la noble señora doña Teresa se había sentido aliviada del flato y de la jaqueca y platicaba sabrosamente en quichua con doña Martina y su digna comadre doña Gregoria Cuzcurrita, la esposa del docto licenciado, a portón cerrado, en el oratorio, con sus respectivas jícaras de chocolate y mientras que Serafincito se atiborraba de dulces y bizcochos, los niños habían querido por su parte prolongar la sobremesa después de cenar, y oían un cuento de duendes y aparecidos, que refería el zambo Clemente, cuando yo llegué por mal de mis pecados al comedor.

—Ven aquí, vagabundo, callejero —me dijo Carmencita—; estoy enojada contigo... no me hables, no me mires.

—Siéntese el señor comandante —agregó el capitán don Agustín—; esto sí que es más lindo que la comedia de «*El valiente justiciero*».

—Vaya —contesté yo desdeñosamente—; ¿quién sabe nada de cuentos si no ha oído el de la Quintañona?

—¿La Quintañona? —preguntó Carmencita.

—Sí —repuse yo con aire de importancia—. Siento estar un poco constipado; pero lo contaré otra vez.

Pero una vez excitada la curiosidad de los niños era imposible reducirlos a esperar ni una hora, ni un minuto; lo que yo sabía muy bien; y aunque tenía más ganas de contar mi cuento que ellos mismos de escucharlo, me hice rogar y hasta exigí un beso de Carmencita para comenzarlo.

Mil veces me interrumpieron con gritos de admiración, y otras tantas me fingí, más ronco y fatigado, para que siguiesen rogándome, hasta que concluí el cuento en medio de una salva general de aplausos, tanto de los niños como de las criadas; pero concitándome más que nunca el odio del narrador destronado; y cuando me retiré a mi cuarto, creía yo mismo que pondría con el tiempo en gran peligro la fama del renombrado Padre Jaén, cuyo libro andaba por entonces de mano en mano.

Al día siguiente el zambo me llamó a la sala de recibo a nombre de la señora, y me estremecí como si me hubiera dicho que me esperaba el mariscal Goyeneche y fuera yo el Gringo sospechado de haber escrito el papel de los derechos del hombre.

La señora estaba sentada en una banca con su denario en las manos y mirando al cielo raso, como si la estrella roja y amarilla, pintada en el centro, atrayese completamente su atención. Me tranquilicé un poco; pero vi al momento en la puerta del oratorio; llenándola toda ella con su hábito blanco, al Padre Arredondo armado de una disciplina y levantando en alto un crucifijo, severo, imponente, irresistible, como debió aparecerse Torquemada ante los reyes católicos para exigirles la erección del Santo Oficio, y un sudor frío inundó todo mi cuerpo y sentí que me flaqueaban las piernas.

—¡Acércate, impío! —bufó el Padre—. ¡De rodillas! —continuó, cuando estuve a dos pasos de él—. Oye y responde como cristiano, si lo eres —añadió cuando me hube postrado a sus pies—. ¿Por qué has dicho que eran vanos los rezos de la Quintañona? ¿No sabes que «*oportet semper orare?* ¿que *Majestatem tuam laudant Angeli, adorant dominationes?* ¿que *prima via veritatis est humilitas; secunda, humilitas; tertia, humilitas?*»

A cada una de estas preguntas seguía un disciplinazo y el respectivo grito de dolor de mi pobre humanidad vapulada.

—Señor... Reverendo Padre... yo no... yo nada... —comencé a decir; pero como si hubiera salido de mis propios labios alguna atroz confesión de impiedad, cayó sobre mi pobre cuerpo un diluvio de disciplinazos, que tuve que sufrir retorciéndome y gritando, a pesar de que ya me consideraba más que niño; porque el respeto que entonces inspiraba el hábito religioso no me hizo concebir siquiera la idea de defenderme de la tremenda disciplina, ni correrme de los pies del enfurecido Comendador de la Merced.

—¡Ahí está, lo que yo decía, Reverendo Padre! —clamaba entre tanto doña Teresa—; ¡es el mismísimo Enemigo!

El Padre no dejaba de zurrarme y, enfureciéndose por grados, me pisoteó con sus patas de elefante, hasta que me vio extendido en el suelo sin conocimiento, y hasta que se sintió él mismo tan cansado que había sido preciso suministrarle un gran vaso del *Católico*.

Volví en mí en los brazos de la mulata, que se había sentado en el suelo para ponerme sobre sus rodillas y me rociaba la cara con agua, sin poder contener sus lágrimas. La señora seguía gritando que yo era el Enemigo. El Padre se enjugaba el sudor con un paño y tenía ahora bajo el brazo un infolio forrado en pergamino.

—Ha de estar encerrado en su cuarto hasta que aprenda de memoria, sin un punto, el *Flos Sanctorum* o hasta que se muera de viejo —decía—. Que saquen todos los libros con que se entretiene y alimenta su soberbia. No sería extraño que hubiera entre ellos alguno de los que trajeron los Quirogas no sé cómo de la ciudad de los Reyes... de eso que dicen Enciclopedia de Diderot o Astarot, que es lo mismo. Yo los veré cuando tenga tiempo; pero si no vuelvo pronto, mándelos quemar en montón vuestra merced, mi noble señora doña Teresa.

—Sobre todo —chilló ésta—; que no me contamine a mis hijos. Una sola naranja averiada basta para...

—¡Oh! ciertamente —repuso el Padre—; el escandaloso debería ponerse al cuello una piedra de molino para arrojarse a los abismos de la mar. ¿Ha hecho vuestra merced que avisen lo ocurrido a Fray Justo?

—Pensé en ello, Reverendo Padre; pero no es posible... está ausente... se fue a ver *al otro*, según dicen. ¡Ay, Dios mío! cuántas cruces pesadas debo cargar yo por mis pecados!

—¡Pobre señora!

—Creo además que Fray Justo se hubiese reído de ese cuento impío y nos hubiera asegurado que no tenía nada de malo, como todo lo que daña y ofende al rey nuestro señor y a la santa religión.

—Sí... ¡qué torpe soy!; se me olvidaba... Con perdón de vuestra merced, yo creo, mi noble señora, que es leña muy seca para la hoguera el desgraciado e indigno discípulo del gran doctor de la Iglesia.

—¡Hágase lo que Dios nuestro Señor se sirva disponer, Reverendo Padre!

—¡Ea! —dijo enseguida el Comendador, ayudándome a levantarme de una oreja—; toma entre tus manos impías este precioso tesoro y vete a tu cuarto, infeliz oveja descarriada. ¡Ojalá hubiera conseguido yo sacarte amorosamente de entre las zarzas!

Y yo tomé el infolio entre mis manos impías y me alejé llorando, sin saber qué horrible pecado había cometido, ni por qué era un hereje o el Enemigo. Ahora mismo, leyendo y releyendo el libro más ortodoxo que teníamos entonces, y que yo conservo como último vestigio de la biblioteca del cuarto del duende, cual es el de los «desengaños místicos», por el R. P. Fr. Antonio Arbiol, no creo que mi cuento de la

Quintañona tuviera nada de censurable. Por el contrario, veo que el buen Padre Arbiol dice terminantemente: «en orden del número de oraciones y devociones vocales es justo prevenir, que quien trata de su aprovechamiento espiritual, nunca rece muchas sucesivamente de una vez, porque regularmente seca el celebro, y fatiga el ánimo el mucho rezar. Y el mismo Cristo nos previno, que cuando oremos vocalmente, no hablemos mucho, y entonces nos enseñó la oración brevísima y celestial del *Padre nuestro.*»

Mi castigo se me hacía más insoportable con la idea de que no llegaría ni a saberlo siquiera mi querido maestro, que, según doña Teresa, estaba ausente de la ciudad. ¿Quién será ese *otro* por el que se aleja de mí? ¿volverá pronto? ¿lo habré perdido también, Dios mío? —me preguntaba, derramando abundantes lágrimas sobre el *Flos Sanctorum.* Abrí maquinalmente el libro y leí con indecible emoción estas palabras manuscritas en la primera página: «bienaventurados los que lloran, porque serán consolados.» ¡Era la más tierna promesa de Jesús! ¡estaba escrita de letra de mi madre! ¡no podía yo desconocer esos redondos y menudos caracteres con que ella corregía mis planas de escritura! Aquel libro había estado en sus manos... ¿en qué ocasión? ¿en medio de qué inmenso dolor que la hacía refugiarse en el recuerdo de aquella divina promesa, que solo debía cumplirse para ella en el cielo?...

No recuerdo cuántos días duró mi nuevo cautiverio. Me privaron de todos los libros que había ido yo salvando de las devastaciones de Paula y hasta de mi inocente Don Quijote, que debió arder junto con los otros en un auto de fe más desapiadado que el que hicieron el cura y el barbero, auxiliados por la sobrina y el ama del Ingenioso Hidalgo.

En concepto del Padre y de doña Teresa todo libro que no fuera de devociones o de vidas de santos debía ser necesariamente herético. Herrera, Garcilaso, Las Casas, Moreto, Calderón, Cervantes hablaban sin duda muy mal de la Quintañona, y ridiculizaban en la respetable persona de ésta a todas las almas piadosas, que no podían ser otras que las que rezaban día y noche el rosario, el trisagio y la corona. No era posible que el Comendador ni la señora se figurasen que la abuela era la única responsable de lo que llamaban mi lamentable extravío, ni sabía siquiera doña Teresa mis visitas a la anciana ciega, y creo que, si las supiera, se habría irritado mucho más todavía contra mí. No tuve más recurso que leer y releer el *Flos Sanctorum*; pero mi imaginación estaba fuertemente preocupada con cosas muy distintas. No sé por qué oía a todas horas los acordes del violín de la casa vieja; todas las letras se me figuraban volverse aquellas solas dos tan misteriosas del cuadro de la Virgen, del anillo y del tronco del gigantesco ceibo; soñaba con batallas; corría en mi jaco por la llanura pedregosa de Sipesipe; veía por todas partes cañones de estaño y granadas de bronce; iba dominándome por grados la idea de huir, de ser soldado.

Carmencita y Agustín venían a hurtadillas a mi puerta y me hablaban por las rendijas, consolándome cada cual a su manera.

—Te quiero mucho; aprende pronto el libro... no seas tan porro —me decía la primera.

—Te vamos a hacer coronel... dicen que Arze se lo ha comido a Goyeneche —agregaba el segundo.

Luis no tardó, por su parte, en colarse en mi cuarto por la ventana.

—¡Viva la patria! ¡mueran los *tablas*![25] —exclamó apenas tocaron sus pies en suelo—. ¿Qué ha sucedido? ¿por qué no

25 Así comenzaban a llamar entonces a los soldados de Goyeneche por las largas y tiesas casacas que vestían y que realmente parecían de tabla. En el Valle [es decir el de Cliza, que por ser el más grande y

sales? ¿te han encerrado? ¿quieres escaparte? —me dijo después, multiplicando sus preguntas, sin detenerse a oír ninguna contestación, según su costumbre.

Yo le referí al fin, tapándole la boca con una mano, todo lo que me había pasado.

—¡Cuerno del diablo! ¡eso no pasa! —gritó entonces de un modo que tuve que volver a taparle la boca para que no le oyesen los criados—. ¡No, señor! —continuó diciendo muy enojado, sin querer cambiar de tono—: está bien que mi padre me desuelle a mí a azotes, aunque en realidad no lo ha hecho y yo te he mentido como un bellaco, como un verdadero bellaco, tal como tú me llamas con muchísima razón. Pero ¿quién es para azotarte el Padre Arredondo... ese odre con patas, hijo mío? ¿Y por qué lo has sufrido, alma de lana? ¡No, señor, nones y nones! Ya somos grandes... el mundo es ancho... dicen que viene Goyeneche, y creo que don Estevan no hará nada de provecho sin nosotros.

—Sea como quieras —le contesté—; seremos soldados... iremos a darle nuestros consejos a don Estevan; pero cállate y esperemos el momento oportuno para escaparnos.

Siguió viniendo por las noches. Me refería a su manera todo lo que había visto y oído, huroneando sin descanso por toda la ciudad, en el cabildo, en la junta, en la prefectura; porque él se deslizaba a todas partes como una anguila.

—Don Estevan —me decía—, tiene un ejército tan grande, que cuando se forma en batalla ocupa desde Tarata hasta la Angostura, cuatro leguas ni más ni menos. Don Mateo Zenteno ha extendido su gente sobre toda la cordillera desde Tapacarí hasta Quirquiave. Un general Pueyrredon viene de

---

ancho de todos, se denomina hasta hoy sencillamente el Valle por antonomasia] los designaban, también, con el nombre de sarracenos a causa de que Arze dijo en una de sus proclamas «que los americanos debíamos luchar sin término con los españoles, así como éstos habían luchado contra sus conquistadores sarracenos.» (N. del A.)

Abajo con cien mil hombres de caballería... los caballos son como una iglesia y los jinetes como una torre... las lanzas deben pasar no sé con cuántas varas la cruz de la Matriz!

Una noche llegó más contento que nunca.

—Hay seiscientos cañones y dos mil granadas —me dijo—. Pero eso es nada... ¡mira!

Y puso ante mis ojos una bola de vidrio más grande que una naranja, y añadió, animándose por grados:

—¡Esto, sí... ¡oh! esto es lo bueno! «Mis granadas» pueden apenas matar cincuenta chapetones.

—¿Y esto?...

—¡Vaya! ¡qué tonto eres! Esto es vidrio... se hace en el Paredón... creo que yo mismo me lo imaginé y me han robado mi idea. Esto revienta en mil pedazos... cada astillita, así, como esta puntita de mi uña, penetra hasta los huesos de un chapetón, y... *brum*! ¡ya no hay ejército de Goyeneche!

¡Oh! ¡no puedo, no debo olvidar nunca estas niñerías! Soy ya muy viejo, tengo que referiros mil cosas más graves, los grandes sacrificios, las eternas glorias de nuestra América; pero me he detenido a recordar con emoción estas pequeñas, insignificantes cosas de mi oscura vida en los meses de marzo y abril del memorabilísimo año de 1812.

Capítulo XVIII. Tirón de atrás. Quirquiave y el Quehuiñal

Goyeneche volvía entre tanto ciego de furor y sediento de venganza contra la indomable Oropesa.

Cuando después de Amiraya siguió su marcha triunfal *a Buenos Aires*, creía que las hordas de Pamacagua y Choquehuanca, y las fuerzas regulares destacadas de su ejército al mando de Lombera, extinguirían fácilmente el incendio que volvía a alumbrarse a sus espaldas en la provincia de La Paz; y no se figuraba que Cochabamba se arrojase de nuevo a la lucha, completamente inerme como la dejaba.

Seguro de su retaguardia, iba recibiendo en su camino a la antigua Charcas y a la Villa Imperial de Potosí, la sumisión de los pueblos indefensos, las aclamaciones de los pocos partidarios del régimen colonial y el incienso quemado para él en los altares del miedo, por las almas débiles que, después de haber saludado con alborozo a la naciente patria, creían ahogada a ésta en la sangre de los mártires del 16 de julio y en la muy copiosa de Huaqui y de Amiraya.

Los patriotas que aún tenían aliento y esperanza, huían delante de él, para rehacerse más allá de las fronteras argentinas. De todo el ejército auxiliar, cuyos jefes Castelli y Balcarce habían caído en desgracia y eran llamados por la Junta de Buenos Aires a dar cuenta de su conducta, solo quedaban dos puñados de valientes, de los que el primero conducía con Pueyrredon por caminos extraviados los caudales de la casa de Moneda de Potosí, con los que debía formarse el glorioso ejército de Belgrano, y el segundo, salvado aún de la derrota de Amiraya, seguía al emprendedor y animoso Díaz Vélez, para ser muy luego el núcleo de la vanguardia de aquel ejército.

El mal americano, el indigno compatriota de Melgar, podía considerarse dueño de los destinos del Alto Perú en aquel momento y prometerse la muy próxima realización de los sueños en que se mecía su alma pérfida y vulgar. ¡Sería el Gran Pacificador del Virreinato de Buenos Aires! ¡llegaría en triunfo desde las montañas del Cuzco hasta la desembocadura del Plata! ¡la victoria arrastraría su carro por más de seiscientas leguas al través de las cordilleras, los páramos, los valles y las pampas de la América del sud! Árbitro entonces de tantas provincias, elegiría entre Fernando VII, José Bonaparte y Carlota, el amo que mejor le conviniese, para verse colmado de honores, dobladas sus cuantiosas riquezas, Grande de España o de Portugal, con derecho de presentarse ensombrerado ante la augusta persona del monarca. Nada le importaba el clamor de sus hermanos, de esos inquietos criollos, de esos despreciables mestizos, de esos embrutecidos indios entre los que había nacido. No pensaba que iba tras él, contando sus víctimas, revolviendo los escombros y las cenizas que dejaba, la severa e indignada Historia, la única que distribuye eterna recompensa o eterno castigo a los hombres, y que le llamaría a él en todos los siglos venideros, por mil lenguas, inclusa la del pobre niño encerrado entonces, a pan y agua, por el obeso Padre Arredondo, ruin y miserable serpiente alimentada en el seno de la gran patria americana.

Pero el grito de mi noble y valerosa Oropesa no tardó en disipar todos sus sueños y mostrarle la tremenda realidad. ¡El fuego de Murillo era inextinguible! ¡las frías cenizas arderían siempre como un reguero de pólvora, tan luego que dejase de pisarlas por un solo instante la planta del vencedor! ¡Goyeneche no llegaría siquiera a las pampas argentinas, donde gracias al sacrificio de Cochabamba se formarían los irresistibles centauros de la Independencia!

Dícese que al recibir la noticia del nuevo alzamiento le acometieron por primera vez las convulsiones violentas y dolorosas que después le sirvieron de pretexto para abandonar la imposible empresa en que estaba empeñado y retirarse a vegetar en la Península, muy envanecido de su título de Conde de Huaqui, que yo, lectores míos, no cambiaría con el mío, de comandante y edecán del Gran Mariscal de Ayacucho, con el que me honro en este hondo y escondido valle de Caracato, en mi pobre viñedo, al lado de mi dulce y tierna compañera Mercedas.

Su furor rayó en el delirio cuando compareció a su presencia el infeliz Santiestevan, que capituló el 29 de octubre de 1811 según ya he referido en otra parte. Lo hartó de improperios y de groseras injurias; se arrojó sobre él con los puños cerrados; lo contuvieron a duras penas sus secuaces; quiso mandarlo fusilar inmediatamente; no consintió en someterlo a un consejo de guerra más que cuando le dijeron que convenía hacer más solemne y ejemplar aquel suplicio; se enajenó, en fin, cuando el consejo absolvió al reo, y por sí y ante sí resolvió matarlo en su honra ya que no en su cuerpo, declarando en una orden general «que se le tuviese por inepto en el servicio, no empleándosele en cargo alguno de responsabilidad directa».

En realidad el pobre don Miguel Santiestevan era un buen soldado y estuvo bien absuelto por sus jueces militares; pero el futuro héroe de San Sebastián quería que él con sus solos cien soldados resistiese a un pueblo entero, para subyugar al que el mismo Goyeneche creyó necesario recurrir a todas sus fuerzas; y si Santiestevan hubiera resistido el 29 de octubre, habría sido más temerario que el mismo Cardogue que murió con todos los suyos despedazado por la multitud que capitaneaba el año de 1730 mi progenitor el platero Alejo Calatayud.

No era posible que Goyeneche, ni nadie en su lugar se resolviese a dejar a sus espaldas un adversario como el pueblo cochabambino que, si desarmado como estaba era muy débil ante un ejército bien organizado y aguerrido, tenía en cambio una actividad incansable y hasta febril para revolver todo el Alto Perú en un momento, difundiendo su odio tradicional a la dominación española, el aliento de que ya había dado pruebas y sus elementos de resistencia, como por ejemplo sus famosos arcabuces de estaño y sus no menos célebres granadas de bronce y de vidrio. Sentíalo ya el vencedor de Amiraya agitarse y rodearlo por todas pares. Sin cuidarse de organizar un gobierno poderoso, ni ejércitos regulares, los impacientes patriotas que ejercían alguna influencia en cualquier partido o circunscripción de la provincia se contentaban con reunir bandas más o menos numerosas de guerrilleros armados de lanza, honda y macana; pedían del nuevo prefecto y la junta los recursos que fuese posible enviarles, o se pasaban sin ellos, y se arrojaban cada uno por su lado para propagar el alzamiento, cortar las líneas de comunicación de Goyeneche con el virreinato del Perú y hostilizar de todos modos al enemigo de la patria. Ya hemos visto que Arze no esperó un momento para estrellarse en Oruro y arrojarse enseguida sobre Chayanta, donde fue más feliz y obtuvo el triunfo de Caripuyo. A su ejemplo revolvía don Mateo Zenteno el partido de Ayopaya y llegaba hasta las cercanías de La Paz, o retrocedía para hostilizar por los altos de Tapacarí a las tropas de Lombera que recorrían la altiplanicie; y don Carlos Taboada, con sus infatigables *mizqueños*, amagaba tan pronto a Chuquisaca como retrocedía al Valle-Grande. Otros guerrilleros que se hicieron menos célebres, pero que no eran menos activos y emprendedores fueron en sus excursiones hasta las proximidades de Potosí por un lado, y hasta las de Santa Cruz de la Sierra por el otro, consiguiendo ventajas sobre pequeñas partidas de tropas enemigas. El triunfo más notable obtenido por uno de éstos, segundo de José Félix Borda, a quien ni siquiera nombró su jefe en el parte pasado a la junta provincial, fue el de Samaipata, el 26 de marzo, sobre los refuerzos que pedía Goyeneche. El combate duró 16 horas, fue muy sangriento y quedó muerto en el campo el jefe enemigo de Joaquín Ignacio Alburquerque, portugués brasilero.

Goyeneche quería, pues, volver inmediatamente sobre sus pasos. No creo yo que vacilara entre seguir su marcha a las provincias del Plata o tomar este partido, como se figuran sin razón alguna varios componedores de historia. Si él se detuvo por cinco meses en Charcas y Potosí, fue solamente porque la estación de lluvias no le permitía volver por el camino de los valles que corta el invadeable Río Grande, ni por el camino de la altiplanicie en que el frío se hace más riguroso que en el invierno y que además duelo cortado, como el otro, por los torrentosos aluviones de las quebradas de Arque y Tapacarí.

Su forzosa permanencia en el sud del Alto Perú, le dio tiempo de ejercer a su sabor indignas venganzas. Aquel hipócrita que mandaba purificar con solemnes ritos religiosos la casa de la Presidencia que había ocupado «el impío Castelli», antes de alojarse él en dicha casa; que se confesaba contritamente y comulgaba besando las baldosas del templo cada ocho días, y que decantaba generosidad y clemencia, hacía enmordazar y exponer públicamente respetables señoras acusadas de haberle llamado zambo o cholo; desterraba a otras a pie con sus tiernos hijos; confiscaba bienes; ordenaba diariamente sangrientas ejecuciones; veía ahorcar al frente de sus balcones media docena de hombres por una simple sospecha de conspiración.

No desaprovechó, tampoco, el tiempo para hacerse dueño de cuantos caudales pudieron encontrarse en la antes opulenta provincia, no solo para el servicio del rey, sino también para el propio bodoque, como es bien sabido y puesto ya en evidencia por otros historiadores.

Auxiliábale en esto su cómplice de intrigas carlotistas el arzobispo don Benito María Moxó y Francoli. Este prelado fanático por la causa que él abrazaba, sea en favor del rey legítimo o de la infanta, fulminaba excomuniones contra los patriotas tan buenos católicos como él mismo; decía que la guerra de los pueblos contra los reyes era atrozmente impía; enseñaba la doctrina de la abyección ante los Calígulas y los Nerones; entregaba a merced de su cómplice los tesoros de la rica iglesia catedral que estaban a su cargo.

El despojo se verificaba ante los dignatarios del cabildo,

Les chanoines vermeils, et brillants de santé.

Solo uno de ellos,

D'abord pille et muet, de colère immobile, se atrevió por fin a protestar. Hablo del canónigo vizcaíno Areta, un héroe que eclipsa a todos los cantados por Boileau en su poema heroico-cómico del *Lutrin,* quien —es decir el preclaro y animoso Areta—, se abrazó de uno de los gigantescos blandones que aún quedaban, y dijo estas memorables palabras, que solo podía haber proferido entonces un español peninsular y que revelan el desprecio que todos tenían en el fondo por el general criollo.

—¡El zambillo de Goyeneche se burla de nosotros!

A cuyo ejemplo se levantaron los otros canónigos; se sintieron poseídos de santa indignación, y juraron morir mártires de su deber a los pies de sus queridos blandones.

Llegó la estación deseada. Concluía el mes de abril, que según dicen los labradores de mi tierra, «tiene aguas mil, pero que no alcanzan a llenar un barril», y los ríos y torrentes desbordados no podían proteger ya a la heroica Oropesa.

Goyeneche arrojó entonces una última mirada al camino de Buenos Aires y lanzó un hondísimo suspiro. Su vanguardia, al mando del valiente Picoaga, le había despejado la frontera argentina; Díaz Vélez corría a refugiarse al lado de Belgrano; este eminentísimo americano hacía inauditos, pero muy estériles esfuerzos por reorganizar el ejército auxiliar, y apenas contaba con dos o trescientos hombres. Sin la maldita Oropesa el Gran Pacificador habría podido llegar al Plata sin disparar un tiro, mientras las fuerzas brasileras llamaban la atención de la Junta de Buenos Aires por otro lado.

Se revolvió entonces lleno de furor. Dispuso encerrar a la rebeldísima provincia en un círculo de fuego y de hierro, que iría estrechándose hasta anonadar a la ciudad reina de los fértiles y amenos valles. Ordenó a Huisi, que entonces devastaba la Laguna, tomar el camino de Valle-Grande; Lombera recibió el encargo de bajar de la altiplanicie por la ruta de Tapacarí o de Chayanta, como mejor conviniese; pidió refuerzos hasta de la lejana Santa Cruz de la Sierra; y él mismo tomó el camino de los valles de Mizque, con el grueso de sus mejores tropas, a cuya vanguardia colocó al atroz Imas de imperecedera memoria.

—¡Soldados! —decía aquel malvado, quitándose la careta de magnanimidad, que nunca pudo tapar el estigma de sus horrendos crímenes de 1809—; sois dueños de las vidas y haciendas de los insurgentes. Os prohíbo solamente —agregaba el hipócrita que debía profanar los templos—, os prohíbo solamente, bajo pena de la vida, invadir las santas casas del Señor!

¿Era realmente cristiano Goyeneche? ¿pensaba lo que es Dios aquel miserable? Yo creo que no; le concedo apenas la religión supersticiosa de los bandidos de la Calabria, que encienden cirios delante de la imagen de algún santo antes o después de un robo o un asesinato. Él se confesaba a menudo, como he dicho, pero no es posible que descubriera entonces toda la lepra de su alma al sacerdote, a quien se proponía engañar más bien astutamente, para contar con el apoyo poderoso de la iglesia. Mucho más creyente era el gran caudillo de la patria Belgrano, que procuraba disipar las prevenciones nacidas en una parte del vulgo y fomentadas por Moxó, a consecuencia de las ligerezas e imprudencias de Castelli.

Los patriotas de Cochabamba sintieron la necesidad de reconcentrar sus fuerzas y prepararse a una defensa vigorosa; pero, hasta en esos momentos de inminente peligro, las pretensiones de los caudillos, acostumbrados a mandar cada uno por su lado a sus *republiquetas* o partidas de *montoneros*, arrojaron entre ellos un semillero fecundo de disputas y rencillas personales. No quiero más que recordar de paso estas miserias, en un libro como este que obedece a un plan especial, muy distinto de las áridas y ciertamente más útiles investigaciones de la severa historia.

Las fuerzas mejor organizadas eran las que obedecían al indomable Arze, que aspiraba a disciplinarlas y castigaba de un modo inflexible a los que se servían del nombre de la patria para entregarse a criminales excesos. Tengo aquí a mi vista algunas de sus proclamas y órdenes generales, que aún no se han publicado en los libros que andan impresos. Muchos miserables pagaron con la última pena, que él les impuso, el poco respeto que creyeron les merecían las personas o los bienes de los que llamaban *tablas* y *sarracenos*.

Tenía Arze cuatro mil hombres poco más o menos en el partido de Cliza, siendo Tarata su cuartel general. La infantería era ya entonces mucho más numerosa que la caballería. Fuera de los millares de caballos que había exterminado la guerra, Goyeneche se había empeñado en no dejar pelo de ellos después de Amiraya, y apenas se salvaron los que fueron conducidos a las crestas más inaccesibles de la cordillera por sus dueños. Las armas y parque de estas tropas darán siempre a la posteridad la mejor idea del entusiasmo y decisión con que aquellos hombres lidiaban por el sublime ideal que llenaba sus almas, sin considerar los inmensos obstáculos, ni la debilidad de sus recursos materiales. No llegaban a 500 los fusiles reunidos a costa de increíbles fatigas, y no todos estaban corrientes. Yo he visto muchos que solo tenían el cañón utilizable, ajustado a una groserísima culata, sin más que una mecha acomodada en el oído, a la que era preciso que prendiese fuego otro hombre que el que apuntaba el arma. Los arcabuces de estaño, de que he hablado largamente en otra parte, serían por todo unos 600, pero don Estevan solo recibió la mitad de ese número y la otra se distribuyó a las tropas de Zenteno. Llegarían a más de 100 los cañones —de estaño también por supuesto—, montados sobre cureñas tan toscas y primitivas, que ya he dicho se asemejaban a las carretillas en que se trasportan piedras. Las famosas granadas de bronce y de vidrio no alcanzaban a llegar a dos millares. De este modo la mayor parte de los defensores de la patria, solo tenían la honda, la macana y la lanza que, si pudieron darles la victoria en Aroma, no debían permitirles ninguna esperanza contra fuerzas como las de Goyeneche; pero aquellos hombres se mecían más bien en las más halagüeñas ilusiones y habrían ido a buscar a los *tablas* con los pechos desnudos y sin más armas que las piedras que pudieran recoger sobre el terreno. Poco les importaban igualmente las privaciones personales que sufrían. La ropa con que habían salido de sus cabañas se les caía a pedazos del cuerpo; se les daba un puñado de maíz tostado y un retazo de charqui, y ellos gritaban: ¡viva la patria!, e iban por ásperos cerros y fríos páramos, donde quería llevarlos su denodado caudillo. Tengo, también, aquí, sobre la mesa en que escribo, una orden de puño y letra de don Estevan a su mayordomo de Caine, para entregar cierta porción de maíz a cada uno de los soldados que debían expedicionar con él a Chayanta.

Las tropas con que Zenteno debía guardar el camino que eligiese Lombera, no llegaban ni a tres mil hombres; su disciplina y armamento eran con mucho inferiores a los de las que acabo de describir ligeramente. ¡Figúrense mis lectores lo que serían! ¿Díganme, sobre todo, si los hombres de hoy pueden compararse con los de aquel tiempo! ¡Díganme... pero, no! ¡por Dios, no me digan nada!; porque se me sube la sangre a la cabeza y la pluma se me cae de la mano!

....

Los dos caudillos patriotas de que estoy hablando tuvieron que hacer frente al mismo tiempo a sus respectivos adversarios. Zenteno detuvo valientemente por algunas horas a Lombera en las alturas de Quirquiave; pero fue vencido, porque debía ser necesariamente vencido, y corrió a refugiarse en las montañas de Hayopaya, en aquella porción del territorio alto-peruano donde los Andes en persona forman hondísimas quebradas, muy distintas de otras que apenas se abren entre los pobres estribos de las gigantescas cordilleras; en *Hayopaya*, en fin, que tiene su nombre muy glorioso y que no necesita el de Asturias del Perú, que le dan a porfía los historiadores americanos.

Arze salió al encuentro de Goyeneche... Pero, como este caudillo merece por mil razones nuestra atención más que otro cualquiera de aquel tiempo, seguiremos con más espacio sus huellas.

El extenso valle de Cliza termina al este en un ancho y elevado contrafuerte de la cordillera de Yurackasa, que lo separa de los valles de Mizque y de Pocona, formando una meseta menos fría y por consiguiente más fértil y cultivada

242

que la gran *Puna*, a la que los geógrafos llaman hoy el Llano Boliviano. Goyeneche debía subir precisamente a ella por alguno de los dos caminos del Curi o de Pocona, igualmente fragosos y escarpados, y cruzarla después en toda su extensión, pudiendo ser hostilizado con ventaja en primer lugar por la infantería en las cuestas, y acometido de igual modo enseguida por la caballería en la altiplanicie. Arze lo comprendió así perfectamente, y resolvió ocupar con sus tropas el pueblo de Vacas, situado en el centro de la meseta, a la orilla de las grandes lagunas a que ha dado su nombre, y desde donde podía guardar los dos caminos de que he hablado.

Pero el tiempo, que en la guerra es más precioso que en todas las demás cosas humanas, faltó desgraciadamente para que el caudillo de la patria desarrollase su plan estratégico bien concebido.

El 23 de mayo por la mañana supo en Sacabamba —alturas de Tarata que primeramente había ocupado—, la entrada de Goyeneche a la antigua ciudad de Mizque, el 21 por la noche, y la hábil retirada del caudillo Taboada, quien deslizándose por la izquierda del enemigo, trataba de cortar su retaguardia al otro lado del Río Grande. Seguro entonces de que Goyeneche vendría por la meseta de Vacas, se encaminó a ocupar ésta, como he dicho, forzando la marcha y sin permitir un momento de descanso a su gente, hasta que ya muy cerrada la noche, consintió en que acampara ésta en los Paredones, cerca del pueblo de Vacas.

Uno de los suyos me ha referido que aquella noche no quiso que se desensillaran los caballos; que dio orden de ponerse en marcha al primer toque de los clarines, y que él veló personalmente a caballo, adelantándose muchas veces por el camino. Me ha asegurado igualmente que serían las cuatro de la mañana, cuando supo por un indio del lugar, que había ido el día antes a Pocona y volvía por sendas extraviadas, la noticia de que el enemigo debía levantar probablemente su campo de la villa del Chapín de la Reina[26] antes de amanecer, y que, profiriendo un gran grito de cólera, dispuso dar al momento la señal de marcha convenida.

Quería él posesionarse de la cima de la cuesta antes de que el enemigo llegara a ella. Desde tan ventajosas posiciones hubiera entonces causádole inmenso daño, obligádole a retroceder harto escarmentado, o vencídole tal vez definitivamente. La desventaja de las armas podía compensarse desde allí con las que ofrecía a mano la naturaleza. Los robustos *vallunos* habrían sepultado bajo las hiedras de la cuesta a sus dominadores, como los montañeses de la Suiza, que combatieron asimismo, sin armas, por su libertad. Pero faltó el tiempo, como ya he dicho, y el caudillo de la patria se vio en la necesidad de dar la batalla en las peores condiciones. La vanguardia enemiga, a órdenes de Imas, coronaba las alturas, cuando los patriotas pudieron distinguirlas a los primeros rayos del Sol de aquel nefasto día 24 de mayo.

Burlado cruelmente por la ciega fortuna, resolvió entonces el animoso Arze esperar al enemigo en el punto donde solo había conseguido llegar por más prisa que se diera, y que tiene el nombre de Quehuiñal. Colocó sus grandes cañones de estaño en una pequeña altura, a su izquierda; formó en primera fila a sus escasos fusileros y arcabuceros, y ordenó convenientemente a la retaguardia su caballería, poniéndose él mismo a la cabeza de ésta; porque comprendía que no le era ya posible confiar más que en sus lanzas sobre aquel terreno. Imas desplegaba entre tanto sus guerrillas, y el grueso

26 Llamábase así porque los tributos que pagaban con amargas lágrimas los indios de la comarca, solían enviarse en oro a España, «para el calzado de los augustos pies de su Magestad la Reina nuestra señora.» (N. del A.)

de las tropas de Goyeneche ganaba apresuradamente el último peldaño de la cuesta de Pocona.

Desde los primeros tiros que cambiaron los combatientes, comprendieron los patriotas la inmensa desventaja de sus armas. Los proyectiles arrojados por los cañones y arcabuces de estaño no alcanzaban a ofender al enemigo, cuando las balas de éste sembraban ya la muerte en sus filas, y sucedía lo mismo, y con mucha más razón, con las granadas. Muy pronto se hizo oír también por ellos el estampido de los verdaderos cañones de bronce de la artillería enemiga y se vieron expuestos sin defensa posible a la metralla. ¿Qué más puedo deciros? Lo único serio de parte de los patriotas debía ser y fue la carga de sus escuadrones valientemente conducida por su caudillo. Pero los soldados de Goyeneche habían sido enseñados, sobre todo, a resistir en cuadros a las caballerías, con que principalmente contaban sus enemigos, y los formaban agrupándose en el momento oportuno, hasta sin esperar la orden de sus jefes, de modo que los ya diminutos escuadrones de Arze se estrellaron inútilmente en esos muros de hombres erizados de bayonetas, que pocas veces consiguen romper las caballerías mejor organizadas.

Una hora después de haberse disparado los primeros tiros de las guerrillas de Imas, el feliz Goyeneche se veía vencedor por tercera vez de «los incorregibles insurgentes de Cochabamba.» El campo estaba sembrado de no pocos cadáveres. Dicen que fueron treinta los del ejército victorioso. No lo creo, y no haré pleito por ello. Lo que aseguro es que fueron muchos los de los patriotas; pero nadie se tomó el trabajo ni de contarlos.

—¿Para qué los íbamos a contar? —decía uno de los jefes españoles—. ¿Qué significa esa canalla de mestizos, que nos ha obligado a volver a exterminarla, cuando podíamos estar camino de Buenos Aires?

Don Estevan Arze huyó con pocos soldados de caballería, tomando a su derecha el camino del Curi, no para poner en salvo su persona, como decía el vencedor que se atrevía a llamarle «inquieto y cobarde insurgente», sino para buscar inmediatamente a Taboada, con quien debía arrojarse pocos días después a la temeraria empresa de querer apoderarse de Chuquisaca, para volver a retar a su enemigo del punto más inesperado. Pero perseguido por la suerte adversa que cupo a todos los grandes caudillos de la independencia en los primeros años de la guerra y que solo debía ser vencida por la más admirable constancia del heroísmo, fue derrotado nuevamente por la tropa de guarnición de aquella plaza, en el punto de los Molles, a una legua escasa de la antigua Charcas, cuyas blancas torres y elegantes edificios contemplaba desde el campo de batalla, anhelando llevar hasta ellos su bandera; y se retiró entonces al partido del Valle-Grande, para seguir luchando siempre por la patria y sufrir más amargos desengaños. Dieciocho patriotas, que cayeron vivos en manos de sus vencedores en los Molles, fueron fusilados la tarde del mismo día. Taboada siguió al sud con algunos de sus parciales y fue cogido en Tinguipaya y ahorcado en Potosí con tres de ellos. Su cabeza desecada en sal y remitida a Chuquisaca, quedó expuesta por mucho tiempo en los Molles. Los últimos patriotas de aquella animosa e infatigable tropa, que intentaron pasar a todo riesgo la frontera para incorporarse al ejército auxiliar, fueron cogidos, en fin, en Suipacha, y los que no murieron en la horca afrentosa, se vieron condenados a agonizar lentamente en el espantoso presidio de Casas Matas, del que tengo que referiros muchas cosas en su tiempo y lugar.

Capítulo XIX. ¡Ay, de los alzados! ¡Ay, de los chapetones!

Luis se había colado en mi cuarto por la ventana con la tenue claridad del alba del 25 de mayo, y aunque me llevaba la tremenda nueva de la derrota del Quehuiñal, no pudo contenerse de hacer una de las suyas, y me despertó introduciéndome a las narices las barbas de una pluma empolvadas de sutilísimo rapé.

—Oye, chico —me dijo con mucha gravedad, sin hacer caso de mis invectivas y estornudos—; has de saber que no estoy para gracias. Nos han dado a los patriotas una zurribanda peor que la que te sacudió el Padre Arredondo. Me hallo perfectamente informado de todo. Figúrate que la cosa ha sucedido no sé cuándo, ni dónde, ni cómo... ¿Qué podía hacer el pobre don Estevan sin nosotros? Anoche vi entrar muchos caballeros y señoras en casa del prefecto; ellos cuchicheando y ellas gimiendo. «¡Ajá! —me dije—, ¿por qué no me dan parte a mí de estas andanzas?» Y me encajé tras ellos hasta el portón de la antesala. Un señorón del cabildo decía muy enojado, que era preciso salvar a Cochabamba de los furores de Goyeneche; los otros le aplaudían; las señoras rogaban al prefecto a nombre de todos los santos que se ablandase. «Déjenme en paz; hagan lo que quieran vuestras mercedes, si ya no hay remedio» —les contestó el prefecto—. «Lo que es yo» —añadió más enojado que todos—, «no voy por nada a ver al arequipeño, como hizo por mal de sus pecados don Francisco, ni le escribo una sola letra, ni consiento que vaya nadie a mi nombre, aunque vuestras mercedes revienten y me digan que soy un monstruo sin entrañas, y aunque venga él mismo y me ahorque y me descuartice.» «¡Bien! ¡viva don Mariano Antezana!» —grité yo metiendo la cabeza, y me corrí enseguida hasta la calle. A poco salieron todos furiosos y todas hechas un mar de lágrimas. «Este hombre no tiene corazón» —decían ellos del pobre don Mariano que es bendito—; «ha de salir con su gusto de ver degollar a sus paisanos y que no quede piedra sobre piedra en la ciudad.» «Parece que no tuviera mujer, ni hijos, ni perro quien le ladre ese rabioso» —agregaban ellas de aquel excelente caballero que tiene tanto cariño hasta por su mudo Paulito. Se fueron luego al cabildo. ¡Qué afanes! ¡qué correteos! Han resuelto mandar comisionados... Hicieron llamar al sabio don Sulpicio del campo donde estaba. Él les ha dicho las cosas más admirables en latín, que nadie ha entendido por supuesto. Me parece que no quiere ir de ningún modo con los comisionados. Pero, en fin, ¡déjalos, hijo mío! Nosotros... ¡vaya, nosotros sabremos hacer, también, lo que convenga!

Cada una de sus palabras me traspasaba el corazón como una espina, no porque yo comprendiese toda la magnitud de aquella desgracia, ni porque hubiera aprendido ya a amar hasta ese punto a la patria, sino porque yo mismo me consideraba perdido sin remedio. ¿Qué va a ser de mí? ¿a dónde voy? ¿para qué sirvo en este mundo? ¡no puedo ya ser soldado! —me decía tristemente en mis adentros, con un egoísmo disculpable en mis cortos años y mi situación excepcional.

—¡Calla, por Dios! —exclamé por último—. Te conozco demasiado; eres un mentiroso; pero no sé por qué me figuro que ésta es la primera vez que hablas la verdad en toda tu vida.

—¡Yo mentir! —repuso él con indignación—. ¿No sabes que soy un costal de verdades? ¿Quieres convencerte por tus propios ojos, alma de cántaro? ¡Bueno!... ven aquí, asómate conmigo a la calle y... ¡ya verás! ¡Ay, qué caras, hijo, las de algunos caballeros tan guapotes, que se comían crudos a los chapetones, cuando nos enseñaban a gritar: ¡viva la patria! ¡Qué fachas las de las señoras encopetadas, huyendo a burro a las haciendas, antes de que amanezca el día, como si fueran calacaleñas de viaje a Quillacollo con legumbres! ¡Tú no has visto lo lindo, pobrecito! ¿Quieres, o no quieres? ¿sí, o no? ¡Vamos! quédate con tu libro de santos... ¡ahí viene el Padre Arredondo con sus disciplinas a tomarte la lección! Yo me voy... me largo a ver al Mellizo y al Jorro. ¡Qué buena gente! ¡ya no hay más hombres, como dice la abuela!

—¿Dónde la has visto tú?

—En todas partes. ¿Dónde no está la abuela doña Chepa? Desde que se supo que venía el hombre de las tres caras se le ve a ella en la plaza y en las calles, haciéndose llevar de aquí para allá con la Palomita. No quiso que se quedase un solo hombre en la ciudad. Un día encontró al sacristán de las monjas Teresas en la plazuela y le dijo: «doña Marica, te has puesto por equívoco mis calzones y me dejaste tu pollera. Dámelos para irme ahora mismo a presentarme a don Estevan.» Y el pobre chupacirios se avergonzó y se fue al momento camino de Tarata.

Recordé mi promesa de acompañar a la abuela y salté de la cama, para seguir al momento a mi amigo.

—¡Vamos!... yo quiero ir ahora en lugar de la Palomita —le dije, vistiéndome apresuradamente.

En ese momento oímos pasos precipitados de una persona que se acercaba a mi cuarto; la llave dio vuelta en la cerradura; Luis huyó como un gato; y la negra Feliciana no pudo ya verlo al meter la cabeza por la puerta y decirme estas breves palabras.

—Puedes salir... ¡ya no hay encierro!

Me senté sobre mi cama. La noticia de mi libertad me hizo revolver mil ideas en mi mente. No debo, no puedo huir ahora —me dije—. Es preciso que salga de otro modo que por la ventana de esta casa. Iré a ver a mi maestro, si ya ha vuelto... le diré que me voy... que no quiero tener más familia que la de la abuela. Quiero darle un último beso a Carmencita... ¿Y por qué no le he de decir también a doña Teresa mi resolución de ser soldado? ¡Que se enoje! ¡que me llame «el mismísimo Enemigo»! Peor sería que dijese después que me fui como un ladrón...

Un hermoso rayo de Sol penetraba ya por la puerta medio abierta; sentía yo trajinar más que de ordinario por la casa; la voz chillona de doña Teresa llegó varias veces distintamente a mis oídos, a pesar de que la señora no acostumbraba ser muy madrugadora y se levantaba siembre a las ocho para irse en derechura al oratorio, donde tomaba el chocolate, sin dejar de quejarse del flato y la jaqueca.

—Todo ha de estar limpio como un relicario, hija, Feliciana —decía a gritos en el patio—. Hace tanto tiempo que no se abren esos cuartos, que ya deben estar llenos de telarañas.

—¡Ay, qué gusto! —vino a gritar Clemente cerca de mi puerta para que yo le oyese—. ¡Su mercé del señor Cañete en persona ha de vivir en nuestra casa, en los *mesmenísimos* cuartos de mi amo el señor *marqués* don Fernando!

—¿Cañete? ¿será el doctor Pedro Vicente Cañete, el hombre medio zorra y medio culebra, el secretario de Goyeneche, de quien he oído hablar alguna vez a mi maestro? —me pregunté a mí mismo—. ¡No, señor! ¡me voy de esta casa sin remedio! —añadí con resolución; pero en vano me dirigí cien veces a la puerta, porque otras cien veces retrocedí acobardado de la cara que pondría doña Teresa, y en vano miré otras cien veces la ventana, porque otras tantas sentí repugnancia a salir de aquel modo de la casa.

Eran ya las diez poco más o menos; el ruido, el trajín, los gritos fueron cesando poco a poco; creía yo haber tomado definitivamente mi partido; iba ya a abrir la puerta; pero volví a oír pasos de varias personas que se acercaban, y la puerta fue abierta, cuan ancha era, y ofreció a mi admiración el grupo más imponente, que yo no podía prometerme contemplar en aquel sitio.

Doña Teresa lujosamente vestida de guardapiés encarrujado de finísimo terciopelo verde, jubón de raso blanco bordado de oro y mantilla de felpudo azul de seda, llamado vellutina de Nápoles; adornada de sus grandes zarcillos, collar de enormes perlas y un sinnúmero de sortijas en los dedos de ambas manos; peinada de rodete, con el cabello enroscado en trenzas al rededor de un peine de carey, que alzaba sobre la cabeza de su portadora una coronación incrustada de oro y menudas perlas, casi tan grande como el espaldar de una silla moderna de junco; se apoyaba en un brazo del docto licenciado don Sulpicio, quien tenía en alto con la otra mano su bastón con borlas más grandes que nunca y flamantitas; y todo lo cubría a sus espaldas el hábito blanco del Comendador de la Merced, por sobre cuyo hombro aparecía a momentos la cara de Feliciana, que se ponía de puntillas para arrojarme una mirada de odio con sus ojos torcidos.

Retrocedí de espaldas hasta la pared del frente en que se abría la ventana, y saludé inclinándome hasta el suelo. Ninguno de ellos pareció apercibirse de mi presencia; entraron solemnemente en mi cuarto, mirando las vigas del techo; Feliciana arrimó sillas a la mesa, en que se sentaron, poniendo en medio a la señora; buscó luego en el cajón la llave del arca, abrió ésta y se puso a sacar del fondo mi pobre herencia.

—¡Acabemos, por la Virgen Santísima! ¡que se vaya mañana mismo, en el momento en que nos libre de los alzados su señoría! —chilló doña Teresa.

El padre sacó de la manga del hábito un papel amarillento, lo desplegó lentamente e hizo una señal con la mano a la criada.

—Ropa de él... muy vieja, inservible —dijo Feliciana.

—¿Y cómo ha de estar de otro modo? ¿qué le dura en el cuerpo al perverso y vagabundo muchacho? —preguntó doña Teresa incomodada por la observación de la negra—. Está bien —continuó con impaciencia—; lo que sirva se pondrá en la petaca que ha de recoger el arriero. ¡Adelante! No quiero que me vuelva hoy la jaqueca.

—Zapatos nuevos de mujer. Deban ser de «la niña»...

—¡Imposible! Son muy chicos. La infeliz pecadora tenía los pies mucho más grandes que los míos... ¡Déjalos en el arca! Adelante, porque ya siento que me acomete el flato!

—Un atado negro, con una cuerda...

—Sí, ya sé. El Reverendo Padre Fray Justo me dijo que era un recuerdo de familia —intervino el Comendador.

—Alguna brujería... ¡pobre gente! —volvió a decir la señora.

—Un baulito de madera...

—Exacto. Vamos a ver lo que contiene —dijo el Padre, y prosiguió leyendo en el papel—. «Un paño a medio hacer con calados y encajes y»...

—Aquí está Reverendísimo Padre.

—«Una cajita de cartón»...

—Con dos aretes, un alfiler y una sortija...

—Corriente. «Una alcancía»...

—Rota. Le han sacado un pedazo de la tapa.

—Estaba recompuesta. Debe tener...

—Cuatro escuditos de oro.

—¡Eran cinco! yo los conté, los puse por mis manos y mandé encolar a mi vista la tapa.

Al decir esto, el Comendador me miró con ojos de basilisco.

—¿Qué hay que extrañar? ¿no es un perdido? ¿no me creerán nunca que es el Enemigo? —gritó la señora.

—*Ingeneratur hominibus mores a stirpe generis* —dijo aquí solemnemente el docto licenciado, que hasta entonces parecía absorto en la contemplación de una telaraña del tirante, con el bastón en las rodillas.

—¡Eso es! lo ha dicho muy bien el señor licenciado —repuso gritando más fuerte doña Teresa, que no entendía una palabra del latinajo; pero que tenía la mayor admiración por todos y cada uno de los que ensartaba don Sulpicio, desde que con uno solo convirtió a la razón a su inflexible padre don Pedro de Alcántara, como ya queda dicho en otra parte.

Aquella escena me mortificaba cruelmente. Cada una de las palabras de doña Teresa revelaba el odio que me tenía; la alusión a mi pobre madre me hirió en el corazón como una mordedura de serpiente; el desprecio que le merecía la cuerda de Calatayud hizo afluir mi sangre a la cabeza... Comprendí que la señora trataba de librarse cuanto antes de mi presencia en su casa. Su primer cuidado, después de preparar el alojamiento del «ilustre y sapientísimo Cañete», era disponer el viaje del «botado» a Chuquisaca. Me prometí no deberle ya nada en mi vida, huir de cualquier modo, a cualquiera parte, hasta Buenos Aires, donde podría hacerme todavía soldado de la patria.

Mientras que yo pensaba de este modo, Feliciana cerraba el arca y salía llevándose mis harapos para acomodar «mi equipaje». Los otros tres respetabilísimos personajes se habían olvidado ya de mí, y hablaban de cosas más interesantes, reanudando la conversación que habían interrumpido para honrar mi humilde morada.

—*Excelsior*, como dice vuestra merced, mi docto amigo. ¡Oh! no hay quien sepa manejarse mejor en este mundo! —decía el Padre Arredondo, admirando realmente al que él suponía más sabio que los siete juntos de la Grecia.

—*Odi profanum vulgus, et arceo* —contestó el licenciado—. Cuando estas gentes volvieron a gritar: ¡viva la patria!, al campo, Sulpicio, me dije yo; *nullam, Vare, sacra vite...*

—¡No lo he dicho! ¡vuestra merced es un pozo de ciencia, señor licenciado! Ha huido de la tormenta y...

—He vuelto cuando debía volver. Me llamaron... ¡querían que yo fuese a implorar compasión para ellos!

—¡No faltaba más! ¡que paguen lo que han hecho! —exclamó encolerizada doña Teresa.

—¿Y qué respondió vuestra merced? —preguntó el Padre, disponiéndose a oír una contestación digna de aquel oráculo.

—*Justum, et tenacem prositi virum...*

—¡Oh! ¡admirable! —exclamaron a un tiempo el Padre y la señora.

—*Haud flectes illum, ne si sanguine quidem fleveris!*

—¡Oh!!!

—¡Toma patria!

—¡Ay de los alzados! No seremos nosotros los que lloremos sangre al recibir la visita con que vuelve a honrarnos don José Manuel Goyeneche y Barreda.

—*Nunc est bibendum, nunc pede libero!*

—¡Misericordia! —clamaron en este punto las criadas en el patio, y un instante después se precipitaron trémulas en mi cuarto, trayendo en sus brazos a los niños lívidos y desencajados.

Oíase ronca vocería; resonaban tremendos golpes en la puerta de la calle.

—¡Los alzados!... ¡quieren entrar!... dicen que van a degollar a todos los amigos de los chapetones —balbuceó la negra despavorida.

—¡Ay, mi ama, señora marquesa! ¡huyan, por Dios, vuestras mercedes! —llegó a decir Clemente más muerto que

vivo de miedo—. Están furiosos... parecen unos condenados... apenas he podido cerrar la puerta con los aldabones.

Renuncio a describir el terror que se apoderó de los tres
personajes que hacía un momento hablaban tan caritativamente de los alzados. Doña Teresa se levantó temblando
como si tuviera tercianas, y arrebató a Carmen de los brazos
de la mulata, para estrecharla en los suyos; el licenciado se
desvaneció no sé cómo, sin que nadie pudiera decir tampoco a dónde se había metido; el Padre quedó clavado en su
asiento; pero no tardó en serenarse, recordando, sin duda y
con muchísima razón, que el hábito hacía inviolable su casi
esférica persona.

—Ahí están el Mellizo, el Jorro, el herrero... quiero decir
don Alejo —prosiguió Clemente.

—¡El herrero! ¡Dios mío, esos furiosos van a degollarme
con mis hijos! —exclamó doña Teresa con angustia, como si
esa palabra «el herrero», le ofreciese a sus ojos la inevitable
guadaña de la muerte—. ¡Ah! —gritó enseguida con alegría, como si renaciera en su alma la esperanza—. Acércate,
Juanito, mira que pálida está mi pobre Carmen! Corre, hijo
mío, a la puerta... dile a Alejo que se los lleve... ruégale en
nombre de tu madre... de Rosita!

—¡Excelsior! *feminæ intelectus acutus* —respondió a estas palabras la voz de falsete del licenciado Burgulla debajo
de mi cama.

Aquel docto señor se había metido allí dejando caer su
sombrero, pero sin abandonar su bastón, ni curarse con el
susto de su manía de ensartar sus latinajos.

Miré a mi noble y cariñosa amiguita; estaba realmente
pálida como un muerto y se abrazaba fuertemente del cuello
de su madre; y yo salí resuelto entonces a todo, a rogar como
un niño o a hacerme matar como un hombre por defenderla.
Pero no había llegado aún a medio patio, cuando noté que

habían cesado completamente los tremendos golpes que antes resonaban en la puerta de la casa, y que los gritos de la multitud iban apagándose por grados, a medida que ésta se alejaba.

En el zaguán encontré al infeliz pongo sentado sobre su poyo, en la actitud de una de esas momias exhumadas de las *huaras* de sus antepasados y dándose diente con diente de susto; pero sin haberse resuelto a abandonar su puesto, porque sin duda era mayor su miedo de incurrir en la cólera de la «gran patrona», a quien estaba acostumbrado a reverenciar como a una temible e iracunda deidad.

Abrí con mucha precaución el postigo y saqué la cabeza. La calle estaba desierta, cerradas todas las puertas y ventanas de las demás casas que la formaban. La multitud seguía vociferando a lo lejos, en otra calle transversal. Habían arrancado piedras del pavimento para arrojarlas contra la puerta, que tenía muy lastimados sus gruesos tablones de cedro. Uno de éstos estaba traspasado de parte a parte y casi desprendido de los barrotes, a pesar de los enormes clavos que lo aseguraban, y creí descubrir en él la huella de un tremendo golpe de la barreta de Alejo.

Quise llevar todavía más adelante mis investigaciones, con ánimo de volver a tranquilizar a la familia de doña Teresa. Corrí a la esquina y vi a una cuadra de distancia, en la calle trasversal, una turba confusa de hombres, mujeres y niños del pueblo, que se arremolinaba gritando al rededor de un hombre montado a caballo, que gritaba también y accionaba con los brazos, agitándolos en el aire y levantándolos al cielo alternativamente. Fuime acercando a pasos precipitados. El caballero, a quien reconocí muy pronto, era el prefecto don Mariano Antezana. Rogaba y amenazaba a un tiempo a la turba para que desistiese de su empeño de invadir las casas de los vecinos considerados adictos al gobierno de los chapetones. Tenía a su lado seis o siete religiosos franciscanos que auxiliaban sus esfuerzos y predicaban generosidad y clemencia, paz y concordia, cumpliendo del modo más loable su misión sacerdotal.

Vi luego al sordomudo Paulito armado de un mosquete naranjero, asido con una mano de la cola del caballo, para no separarse un momento de su amo y profiriendo gritos guturales, inarticulados. Reconocí, por último, a Alejo, el Mellizo, el Jorro y otros cuyos nombres no recuerdo, que capitaneaban a la turba, la excitaban y le comunicaban el furor salvaje de que estaban poseídos. El primero blandía en el aire su barreta. El Mellizo tenía un arcabuz de estaño en una mano y una lanza en la otra; arrastraba enorme sable; ostentaba dos puñales en el cinto; no podía sostenerse sobre sus pies de borracho. El Jorro, a quien presento por primera vez a mis lectores, era, como lo indica su apodo, un mulato libre, de aquellos que siempre tuvieron la peor fama en el país. Estaba armado hasta los dientes y ebrio como el Mellizo.

Sin sorpresa, pero con pena —me duele ahora mismo el decirlo—, encontré allí a mi atolondrado amigo Luis, armado de su sable de gobernador del Gran Paititi y capitaneando la hez de su ejército de las Cuadras. Su voz aflautada dominaba los aullidos de las mujeres y los gritos de los enronquecidos borrachos, como la de soprano de aquel coro infernal. Pero debo decir, también, que él no comprendía en su atolondramiento que aquello podía convertirse en pillaje y carnicería, y os ruego que esperéis un instante para pronunciar vuestro último fallo sobre su conducta de aquel día.

—Hijos míos, queridos paisanos ¡maldita canalla! les ruego... ¡esto no se puede aguantar! ¡por Dios y la Virgen Santísima!... ¡voy a mandar que ahorquen a esta gavilla de pícaros! —clamaba el buen don Mariano sofocado.

—¿No somos acaso cristianos? ¡Salvajes! ¡excomulgados!... queridos hermanos —gritaban los religiosos, levantando sobre sus cabezas las cruces de que se habían armado.

—No queremos rendirnos... ¡que mueran los chapetones! —respondía Alejo, blandiendo su barreta.

—¡Ajá! ¿conque van a entregarnos? ¿no somos más hombres que todos? —vociferaba el Mellizo, sin poder entenderse con el arsenal que llevaba en el cuerpo, ni mantener a éste en equilibrio, cuando le faltaba el arrimo de la pared.

—¡A degüello! ¡adelante, muchachos! —aullaba el maldito Jorro como un chacal.

—¡Mueran los chapetones! ¡mueran los tablas! —chillaba el Overo, que estoy seguro, hubiera llorado a mares si viera derramar una sola gota de sangre de aquel modo.

—¡Viva don Mariano Antezana! ¡déjenos, señor! ¡mueran, mueran los chapetones! —gritaba la multitud.

El prefecto y los religiosos habían conseguido ya alejar a ésta de las puertas de doña Teresa, explicándole que allí no encontraría más que una viuda y tiernos niños inofensivos, por grande que fuese el *chapetonismo* de aquélla; pero ahora la empresa era más difícil, porque en la casa que la multitud trataba de invadir vivían un oficial del ejército de Goyeneche, andaluz, herido en Amiraya, a quien conoceremos íntimamente más tarde, y un fiscal de la Real Audiencia de Charcas, don Miguel López Andreu, desterrado por Nieto, a consecuencia de su dictamen desfavorable a las intrigas carlotistas de Goyeneche y su participación en los sucesos del 25 de mayo de 1809; pero mal visto por los patriotas, por ser español y no haber querido abrazar definitivamente la causa de la independencia, separándose así del partido que abrazó Arenales, tanto por convicción cuanto por las persecuciones que sufrió del mismo Nieto.

No creo que mis lectores esperen que yo les refiera con todos sus detalles esa curiosa escena característica de aquel tiempo. ¿Quién puede explicar de qué modo se mueve y agita, o se aquieta y recoge; de qué modo aúlla y ruge, o enmudece; de qué modo se enfurece hasta el delirio, o se aplaca hasta la humillación ese monstruo de tantos cuerpos llamado la multitud? A veces un signo, una palabra bastan para lanzarlo a los más criminales excesos, otras veces una sonrisa, una burla, un sarcasmo lo detienen, desarman y desvanecen... Y esto fue lo que sucedió entonces del modo más impensado.

El caserón que la turba trataba de invadir tenía, a ambos lados de su gran portal de piedra, unas tiendas herméticamente cerradas en aquel momento. Cuando la turba estaba más frenética y el prefecto y los religiosos perdían ya la esperanza de contenerla, se abrió de golpe el postiguillo que en su parte superior tenía la puerta de una de dichas tiendas y salió a mostrarse por allí la hermosa cabecita de una niña de ocho a nueve años, de rostro blanco y sonrosado, grandes ojos vivarachos y ensortijada cabellera, como las de los ángeles de los cuadros de Murillo que aparecen entre nubes con alas color de aurora.

—¡Ay, Jesú! ¡que feyos! ¡y parece que han bebío! —exclamó con marcado acento entre andaluz y limeño.

—¡Ahí están los chapetones! ¡una niña! ¡un angelito! —gritó el prefecto a la turba que inmediatamente cesó de aullar.

—¡Déjelos, señó! —contestó la niña—, no se amoleste vusarcé... ¡que entren! Aquí no hay naides más que yo. El casero don Ramón se fue a burro a su chacariya... Papá Alegría se ha largao de mardugaa... A don Migué Andreu se lo yevaron temblando de *chuccho* en su cama.

Y dichas estas palabras hizo un gesto de burla al Mellizo que porfiaba por ofenderla con su lanza; le sacó la lengüita, le guiñó un ojo, y desapareció riendo, y cerró al momento el postiguillo.

Una estrepitosa carcajada de todos aquellos que antes proferían gritos de muerte, contestó a la burla de la graciosa niña. El Mellizo perdió, por otra parte, el equilibrio y se desplomó en el suelo, aumentando la hilaridad en que se desvanecían los furores de la turba. Las mujeres decían que el señor prefecto tenía razón; que no era una niña, sino un angelito lo que habían visto; y los religiosos agregaban que Dios acababa de mandarlo para que no se cometiese un crimen. Alejo se había quedado con la boca abierta y se rascaba la nuca, como en sus momentos de más apuro, y le oí, por último, decir las palabras con que siempre se declaraba vencido:

—Bueno... ¡ahí está!

El Jorro aullaba todavía, pretendiendo forzar la puerta de la tienda, y el Mellizo volvía tambaleando a auxiliarle. Pero el herrador tomó entonces resueltamente la defensa de la casa; sujetó de las solapas con una mano a sus dos compañeros; enarboló con la otra su barreta, y los anonadó con una mirada.

Aquellos dos miserables —no puedo darles otro nombre—, eran también tipos proféticos, de otra especie dañina para la democracia. Si el docto licenciado, a quien dejé metido debajo de mi cama, anunciaba la comparsa cortesana de los adoradores del Sol naciente, éstos precedían a la bulliciosa e inquieta falange de los populacheros, que promueve los motines, empuja a la muerte y al crimen a sus hermanos, y tiembla y enmudece, huye y se disipa ante el peligro.

Mientras que Alejo arrastraba donde él quería a sus humillados compañeros, sujetaba yo de una oreja a mi amigo «el gobernador del Gran Paititi».

—Eres el duende más perverso —le dije.

Enseguida le expliqué la fealdad de su conducta. Él me miró con sorpresa; se ruborizó; se dio una fuerte palmada en la mejilla, castigándose a sí mismo, y se me escapó sin querer decirme a dónde iba.

Volví a la casa de doña Teresa, muy contento de llevarle noticias tranquilizadoras; pero me encontré con la puerta cerrada a piedra y lodo. En vano llamé con el aldabón y grité con todas las fuerzas de mis pulmones. Nadie contestó. La casa parecía completamente abandonada. Supe después que, tan luego salí yo, la señora se había refugiado con sus hijos y sus criadas en una de las casas vecinas.

Me encaminé a la casita de la abuela. Desde media cuadra antes de llegar a ella oí la voz de la anciana que reprendía a alguna persona con cólera, y vi desde la puerta una escena curiosísima que no he podido olvidar en toda mi vida. La abuela estaba de pie en medio cuarto, apoyada con la mano izquierda en su báculo y agitaba con la derecha un grueso rebenque de correas trenzadas, teniendo arrodillado a sus pies al pobre Dionisio. Tras de ella, arrimado a la pared, dando vueltas a su sombrero en la mano, con su barreta entre sus piernas cruzadas, se veía a Alejo confuso, avergonzado. Clara lloraba silenciosamente sentada en la tarima. Luis se acurrucaba a espaldas de ésta, atisbando a momentos por sobre sus hombros y volviendo a esconderse, como si el sentimiento de su culpabilidad le hiciese temer que lo viesen los ojos ciegos de la anciana. No os he dicho aún que él se había hecho visitante diario de la familia durante mi encierro y era ya grande amigo de Clarita y apasionado admirador de las ideas y sentimientos de la abuela, quien le trataba a su vez con cariño y procuraba corregirle, como a mí, de sus travesuras.

—¡Miren que gracia! —gritaba con indignación la anciana ciega—; ¡ir a apedrear puertas, asustando a las señoras y a los pobrecitos niños! ¡querer robar! Los chapetones no están en la ciudad... ¡están viniendo por el Valle! Como ya no hay hombres en este tiempo, se han corrido los que decían que iban a comérselos vivos. ¡Toma chapetones, pillo! ¡Que no me venga Alejo... ese borracho, ese animal!

Al decir esto descargaba tremendos latigazos sobre la cabeza y las espaldas del muchacho, o sobre los ladrillos del pavimento, cuando el infeliz Dionisio, sin atreverse a huir, procuraba evitar los azotes, retorciéndose como una culebra.

—Basta, abuelita —exclamé, entrando al cuarto—; Dionisio no tiene la culpa... hay otro, que es un duende muy malo y que lo habrá llevado a gritar: ¡mueran los chapetones!

—Sí, señora doña Chepa —añadió Luis, saltando de la tarima y poniéndose de rodillas al lado de su amigo—; yo soy ese duende... ese pillo; yo quiero que me azoten.

La anciana se detuvo con el látigo levantado; se sonrió, y buscó con su mano temblorosa al pillete que acababa de hablar.

—Está bien —dijo con dulzura—; lo han hecho sin pensar... no lo volverán a hacer ¿no es verdad, hijos míos? Alejo, ese bruto —añadió volviendo a exaltarse—, es el que me ha de pagar esta incomodidad y las lágrimas de mi Clara!

El herrador, estimulado por el ejemplo de Luis, creyó que le tocaba implorar a su vez el perdón de la abuela, y se acercó a ella murmurando algunas palabras ininteligibles; pero la anciana lo rechazó con rudeza, y le dijo que no volviese sino después de haberse presentado al prefecto, para ser miliciano y verdadero patriota.

—Yo he de ir, también —añadió—; he dicho que he de ir, y veremos entonces si me siguen esos cobardes. ¡Oh!, ya no hay hombres, ya no hay hombres!

Y fue inflexible, y Alejo salió desesperado en dirección al cabildo.

La abuela, conducida por mí, ocupó su asiento en la tarima al lado de Clarita; me hizo sentar al otro lado; llamó a mis dos amigos; les mandó ponerse de pie a su frente, y habló de esta manera:

—Cuando yo era pequeñita... así, como la mitad de mi palo, ahorcaron a un hombre en la plaza, y todos dijeron: «está bien hecho; era un ladrón». Algunos años después, hicieron morir a mi padre en la horca y descuartizaron su cadáver, pero todos lloraban. Un hombre vestido de negro vino a nuestra casa, con unos papeles sucios en la mano, seguido de diez milicianos, y le ordenó a mi madre que se fuera conmigo, porque nuestra casa era del rey. Íbamos por el campo... no teníamos ya más refugio que el de la familia de mi madre. «¿Era ladrón?», —le pregunté. Ella se puso encendida de cólera y de vergüenza y me dio una bofetada. Después se sentó en el suelo, me tomó en sus brazos, lloró mucho y me dijo: «Si hubiera robado, yo misma me hubiera alegrado de su muerte. Los *guampos* lo han ahorcado porque él quería que no fuesen nuestros amos. Decía que solamente los que nacen en esta tierra y saben amar a sus hermanos debían ser corregidores, justicias y alcaldes.» Los patriotas no pueden ser ladrones, hijos míos. Si los *guampos* de ahora ahorcan a esos que van a romper las puertas de las casas de los criollos, yo seré la primera en alegrarme. Los patriotas deben ir a pelear con los soldados... ¡yo les mostraré el camino! ¡Ya no hay hombres!

Aquel día la excitación popular no pasó del apedreamiento de algunas casas habitadas por chapetones o por familias sospechosas de chapetonismo. Contenidos los furiosos por el prefecto y por los buenos frailes de San Francisco, la ciudad quedó tranquila. Veíanse huir a pie o a lomo de borrico familias de patriotas criollos a sus haciendas, especialmente por la parte del valle de Sacaba. Reinó en el cabildo una completa anarquía. Muchos vecinos notables hablaban únicamente de aplacar la ira del vencedor, y mandaron con este objeto dos comisiones. Algunos patriotas exaltados decían que era preciso resistir hasta el último a Goyeneche, se imaginaban poder contar todavía con tropas formadas de los dispersos de Quirquiave y el Quehuiñal y ponían su última esperanza en los arcabuces y cañones de estaño, las granadas y lanzas que aún habían quedado en los almacenes del gobierno provincial. Eran de este partido Lozano, Ferrufino, Ascui, Zapata, Padilla, Luján, Gandarillas y otros. El prefecto Antezana declaró que, en su concepto, la situación era desesperada; que resignaría su autoridad en el cabildo, pero que él nunca imploraría la piedad del vencedor para sí. Este primer ciudadano de Cochabamba, como otra vez lo he llamado, no era ciertamente de armas tomar, ni podía dirigir en la guerra a las multitudes, como el activo y audaz don Estevan Arze; pero tenía la conciencia de su deber y un valor civil capaz de hacerle ver tranquilamente la más afrentosa muerte, sin inclinar la cabeza más que ante Dios para recibirla.

Luis y yo permanecimos todo el día 25 y el siguiente al lado de la abuela. El padre de aquél estaba harto ocupado con sus granadas y cañones para poder pensar en su hijo, y yo no podía, ni tenía muchas ganas de volver a casa de doña Teresa. La anciana nos mandó varias veces a averiguar lo que ocurría en el cabildo y las noticias que iban trayendo los muy pocos dispersos que llegaban a presentarse a las autoridades. Oía con el mayor desprecio las razones de los que pensaban someterse; aplaudía la opinión de los exaltados se enojaba contra el prefecto.

—Es un caballero muy bueno, muy respetable —decía—; ¡pero no es un hombre! ¡ya no hay hombres, hijos míos!

El 26 por la mañana se supo que Goyeneche había entrado en la villa de Orihuela, donde inmediatamente hizo fusilar al «cabecilla de alzados Teodoro Corrales». Decíase que no perdonaba a ningún patriota de los que tenían la mala suerte de caer en manos de sus «tablas». Estas noticias aumentaron el pavor de unos y la furia de otros. Se formó una gran pueblada que, como el día anterior, capitaneaban el Mellizo y el Jorro. Alejo estaba ya honrosamente ocupado de los preparativos de la resistencia con el Gringo. Los amotinados trataron de invadir el convento de San Francisco, en el que decían se habían refugiado los chapetones. Apedreaban las puertas, iban ya a derribar la que se abre al trío del templo, cuando la comunidad apareció en las ventanas de la torre, y puesto el guardián en una de ellas levantó en sus manos la sagrada custodia. Al mismo tiempo la gran campana rajada por los repiques de la victoria de Aroma hizo oír tres veces su bronco tañido, como en la hora de la misa en que se alza el santísimo, y toda aquella turba delirante, ebria de licor y de venganza, se prosternó de rodillas y se dispersó enseguida.

Capítulo XX. El alzamiento de las mujeres

El 27 de mayo, a la hora en que rodeados de la mesa —la abuela sentada en la única silla y todos los demás de pie—, acabábamos de tomar alegremente el frugal almuerzo preparado por Clarita, llegaron acezando a la puerta diez o doce mujeres del mercado, entre las que reconocí a mi pobre María Francisca más haraposa que nunca.

—Ya vienen... están en la Angostura. Dicen que matan a todos los que encuentran... que han quemado las casas... ¿qué va a ser de nosotras, Virgen Santísima de las Mercedes? —dijeron todas juntas en quichua, pronunciando a un tiempo cada una alguna de las frases anteriores u otras parecidas.

La abuela se levantó golpeando fuertemente la mesa con su báculo.

—¡Ya no hay hombres! —gritó—. Se corren delante de los *guampos* condenados! Ven aquí... ¡vamos, hija! —continuó buscando con la mano a Clara, quien se acercó pálida y temblorosa a ofrecerle el hombro—. ¡Adelante, todos! —concluyó señalando con su palo la calle.

Salimos todos. María Francisca recibió el encargo de cerrar la puerta y de seguirnos. Nuestra intrépida generala no consentía que nadie, ni la infeliz mujer medio idiotizada se quedase sin participar de la gloria que se prometía hacer conquistar a los patriotas.

—¡Viva la patria! —gritamos al poner los pies en la calle.

—¡Mueran los chapetones! Ahora sí, ahora debemos gritar: ¡mueran los chapetones!, hijos míos —exclamó la anciana con voz vibrante que dominaba las de los demás.

Tomamos, gritando siempre de aquel modo, la calle de los Ricos, que conducía directamente a la plaza. Las puertas de las casas se cerraban con estrépito y oíamos asegurarlas por adentro. Había a trechos, y principalmente en las esquinas, corrillos compuestos en su mayor parte de mujeres y muchachos, que se incorporaban a nuestra banda o los arrastraba ésta irresistiblemente consigo. Cuando llegábamos a la esquina de la Matriz, la abuela preguntó:

—¿Por qué no tocan las campanas?

Y un instante después, como si su deseo se realizara por encanto, comenzó a oírse el toque de rebato en la alta torre.

Grupos como el nuestro afluían por las otras esquinas. Por la calle del barrio popular de San Juan de Dios desembocaba el más numeroso de todos, conducido por el Mellizo y el Jorro, armados ambos hasta los dientes y dando muestras de haber continuado la mona sin descanso, desde la mañana del 25.

—Ahora veremos a eses guapos —dijo la abuela con disgusto, cuando las dos bandas se confundieron fatalmente en la esquina que forman las dos calles.

Había un centenar de personas reunidas ya al frente del cabildo, y allí se agolpó la multitud, llenando poco después casi toda la plaza.

Llegaban de los alrededores de la ciudad campesinos armados de hondas y garrotes. Los carniceros, llamados mañazos, venían con largos cuchillos afianzados en sus palos, y sus mujeres les seguían provistas de las mismas armas.

La entrada del cabildo estaba guardada por dos centinelas; el resto de la guardia formaba en el zaguán; veíanse en el patio algunos hermosos caballos con lujosas monturas de terciopelo bordado de oro y plata y correajes enchapados. Los gritos no cesaban un instante; las campanas exhalaban esa especie de lamento fúnebre, aterrador con que anuncian el peligro y demandan socorro.

Los matones que hacía tres días capitaneaban a la chusma bullanguera, quisieron forzar la guardia del cabildo; pero retrocedieron a guarecerse asustados entre las mujeres, tan luego que vieron el primer fusil apuntado contra ellos.

—¡Que salga el gobernador! —dijo una voz de entre la multitud, y toda ella repitió en el acto: ¡que salga el gobernador! ¡que salga el prefecto! ¡queremos que salga don Mariano Antezana!

Un instante después apareció éste en la galería superior, seguido de algunos caballeros criollos del partido de la resistencia. Estaba sin sombrero y tenía un papel en la mano. Era de mediana estatura, un poco grueso; su rostro sin barba, completamente rasurado, con ojos claros de mirada apacible, calva y espaciosa frente, rodeada de cabellos castaños, con muchas canas venerables, inspiraba respeto, pero nunca podía infundir temor a la multitud que lo había llamado y que lo saludó con una aclamación general.

—¿Qué hay, hijos míos? ¿volvemos a las andadas, incorregibles gritones? —preguntó tranquilamente.

—No queremos rendirnos... que no nos vendan... ¡que nos entreguen las armas! ¡mueran los *tablas*! —respondieron a un tiempo muchas voces.

—Es una locura, hijos míos —repuso el prefecto—. Dicen que don José Manuel Goyeneche viene de paz. Yo voy a entregar el gobierno al cabildo; pero declaro que soy patriota y que no pido compasión. Sí, paisanos, yo diré hasta lo último: ¡viva la patria!

La multitud contestó entusiasmada a este grito.

—Bueno —prosiguió el prefecto—; esto es lo que hemos querido todos... mucha sangre ha corrido ya por la patria; pero Dios lo ha dispuesto de otro modo.

—¡No, no! ¡eso dicen los cobardes! ¡nosotros no queremos rendirnos! ¡las armas! ¡ya veremos en qué paran los chapetones! —respondieron los de la banda del Mellizo.

—¡Que no vengan los chapetones! ¡No faltaba más! ¡que se vayan! ¿qué quieren en nuestra tierra? ¿por qué han de venir si no queremos nosotras? —gritaron las mujeres.

—¡Ya no hay hombres! ¡venga vuestra merced, señor gobernador! ¡aquí estoy yo que lo llevaré a verles la cara a esos pícaros *guampos*! —gritaba la abuela, teniendo por delante a Clara más muerta que viva de terror, y a nosotros más entusiasmados que nunca a sus espaldas.

—Pero ¿qué voy a hacer, hijas mías? ¿Se ha visto una ocurrencia más loca que la de estas pícaras, endemoniadas mujeres? ¡Que se vayan! que no vengan, ¿eh? ¡Bueno! ¡ya se han de ir de susto, al oír los chillidos de estas furiosas y de los muchachos!

—¡No, señor! —exclamó aquí alguno de los caballeros que estaban con el prefecto—; el pueblo tiene razón... ¡a las armas! ¡viva la patria!

El clamoreo de la delirante multitud fue entonces tal, que nada podía oírse ya distintamente.

El prefecto —lo vi yo muy bien y no he podido nunca olvidarlo—, se volvió tranquilamente al que había hablado de aquella manera, y le dijo algunas palabras, retirándose todos de la galería. Un momento después se presentaron en la plaza a caballo. Uno de ellos corrió al antiguo convento de los jesuitas, en que estaban acuartelados los dispersos de las tropas de Arze y Zenteno que habían ido llegando a la ciudad, y se vio poco después salir a formarse en la calle un escaso batallón muy mal armado y peor vestido. La multitud, gritando siempre, invadió el cabildo y se apoderó de diez o doce cañones y más de cincuenta arcabuces que allí había. Todos se disputaban la dicha de poseer alguna arma. Las mujeres no querían ceder a los hombres las que habían caído en sus manos y defendían furiosamente la posesión de ellas. He visto ancianos que apenas podían arrastrarse y niños de ambos sexos que ostentaban triunfalmente en el aire las granadas de que cada uno se había apoderado.

En aquellos momentos llegaban a la plaza cuatro caballeros criollos, montados en caballos cubiertos de sudor y espuma. El primero de ellos mostraba un pliego cerrado en la mano. Debieron ser la última comisión despachada por los prudentes, que volvía con alguna de esas respuestas amenazadores o evasivas de Goyeneche, que revelan la perversidad y la doblez de su alma: «La desleal provincia de Cochabamba ha colmado la medida de la clemencia», o «los buenos vasallos de su Magestad serán amparados por las armas del rey.»

Verlos la multitud y correr sobre ellos; rodearlos con gritos de burla y silbidos; arrojarles puñados de tierra, de tal suerte que quedaron envueltos en una nube de polvo, fue cosa de un instante, que más se tarda en decir. Confusos, aterrados no esperaron ellos, tampoco, ni hacerse oír ni menos aquietar los ánimos irritados, y cada uno zafó como y por donde pudo, desgarrando con las espuelas el flanco de su fatigada cabalgadura.

Era imposible ordenar de algún modo esa confusa y bullente masa popular, que solo ansiaba salir al encuentro del ejército de Goyeneche. El buen prefecto tomó sencillamente la delantera; siguiéronle algunos caballeros; iban después los milicianos y escasos soldados; luego el Gringo y Alejo, las mujeres y los de la banda del Mellizo, arrastrando los cañones. Al pasar por la puerta de la Matriz, las mujeres pidieron a gritos la imagen de la Virgen de las Mercedes, la Patriota, herida ya en Amiraya. Pero el cura de la parroquia, don Salvador Jordán se presentó sobre el umbral, vestido de sobrepelliz con el hisopo en la mano y seguido de sacristán que le llevaba el acetre, y dijo:

—Nadie entra de este modo a la casa del Señor... ¡atrás!

—¿Por qué, señor cura? —preguntó la abuela—. Venimos por nuestra madre... no puede abandonarnos —gritó enseguida, y mil voces repitieron sus palabras.

El cura, sofocado de furor, roció con el hisopo a las mujeres, repitiendo:

—¡Atrás! ¡impiedad! ¡excomunión mayor! —y otras palabras que no parecían muy eficaces; pues iba ahogándolas el clamor de la multitud a medida que salían de sus labios, y las primeras oleadas avanzaban hasta él y retrocedían cada vez menos ante el hisopo.

—¡Sí, señor cura! —gritó a su lado una voz que me hizo estremecer de alegría—; ¡tienen razón! ¡que se lleven a la Virgen cuanto antes!

—¡Viva Fray Justo! —exclamaron las mujeres.

El cura miró con asombro a mi querido maestro.

—No hay remedio —continuó éste—; ¡que se lleven a Nuestra Señora de las Mercedes! ¡que la hagan ver sangre humana! ¡que la madre del Redentor, la reina de los ángeles vaya a oír blasfemias y aullidos de rabia y desesperación! ¡Como ella es igual a estas perdidas, nada importa que las balas la despedacen y le quiten la cabeza! ¡Ya se llevaron dos dedos de su mano en Amiraya!

A estas palabras inesperadas las mujeres bajaron humildemente la cabeza. Mi maestro conocía el secreto de reducir a la razón a las turbas populares. Había fingido ponerse de su lado para llamar su atención, y usaba ahora del lenguaje irónico que más le convenía.

—¡Ea! —prosiguió—; ¿por qué no se la llevan? Las balas le gustan mucho a Nuestra Señora... ¿Quién no sabe que ha sido imposible ponerle los dos dedos que le faltan en la mano? El Cuzqueño... cabalmente creo que está allí con el Mellizo, puede contar lo que ha visto con sus propios ojos. ¡Tres veces quiso ponerle los dedos que él había hecho, y otras tres veces se cayeron sin poder pegarse de ningún modo! ¡Que venga el Cuzqueño! ¡que venga ese badulaque y diga si esto no es verdad!

Las mujeres temblaban.

—¡Vamos! ¿quién quiere entrar a llevarse a la Virgen?

Sollozos y gemidos respondieron a esta pregunta.

—Bien, hijas mías —dijo entonces el Padre, cambiando su tono irónico en profundamente tierno y melancólico—. La Virgen saldrá aquí, a la puerta, para dar su bendición a los que van a morir por la patria.

Y vi, lectores míos, yo vi enseguida la escena más conmovedora que recuerdo haber presenciado en mi larga vida de soldado de la independencia. La imagen fue expuesta en la puerta del templo sobre sus andas, sostenidas por cuatro de aquellas mujeres; el cura y el Padre agustino se arrodillaron a uno y otro lado de ella; la multitud se postró en tierra, y el canto dulce y tiernísimo de «la salve» resonó en medio del silencio que había sucedido a todos los gritos de furor, de muerte y venganza.

—¡Idos! —exclamó levantándose mi maestro—. Es una locura... ¡Dios os bendiga, hijas mías!

Y se cubrió el rostro con las manos, y su seno se agitó convulsivamente.

—¡Adelante! —gritó la abuela, y empujó a Clara, a la pobre Palomita, que apenas podía sostenerse sobre sus piernas.

Pasaba yo tras ellas, con mis amigos, por la puerta de la torre que se abre sobre la plaza; gritaba ya otra vez como todos y me entusiasmaba la idea de asistir al combate y arrojar yo mismo una granada, cuando me sentí cogido de una oreja por unos dedos que parecían de hueso, y fui arrastrado al interior de la torre por una fuerza irresistible, cerrándose inmediatamente la puerta y dejándome en tinieblas.

Lancé un grito de rabia; me volví furioso, con los puños cerrados, contra el que así se atrevía a privar a la patria de uno de sus defensores, y... me encontré frío, mudo ante los chispeantes ojos de mi maestro, que brillaban inquietos en sus órbitas.

—Es una locura... ¡oh! yo la comprendo; yo iría a hacerme matar con ellos, hijo mío, si un deber muy grande no me ordenase ahora vivir aún para *otro* más desgraciado que yo —me dijo—. Pero tú, pobre niño —continuó con acento de paternal persuasión—, ¿para qué vas a presentarte débil, indefenso, desarmado, a los que más tarde puedes combatir mejor en defensa de la patria? ¡No!, yo no lo quiero... te mando no separarte de mí... ¡en nombre de tu madre!

Yo estreché fuertemente su mano descarnada entre las mías, e iba a rogarle que me permitiese volver al lado de la abuela; pero él se inclinó y murmuró a mi oído estas palabras, que bastaban para que le siguiese dócilmente hasta el fin del mundo:

—¡Por tu padre! Tú lo verás para cerrarle piadosamente los ojos en la hora de su muerte!

Enseguida subió la escalera de la torre, y yo subí tras él hasta el primer cuerpo en que se abren las ventanas del campanario, donde me detuve para tomar aliento. El Padre hablaba consigo mismo, paseándose agitado en el campanario desierto ya y silencioso.

—Es una locura... ¡Oh! ¡si nosotros tuviésemos las armas perdidas en Huaqui! ¡si pudiéramos ponernos de algún modo en comunicación con el resto de la tierra!... Pero, encerrados así en el fondo de nuestros valles, con la honda, y el palo, y el cañón de estaño, y la granada de vidrio por armas, ¿qué nos resta? ¡Morir!

—Ven —me dijo, deteniéndose súbitamente, y saltó a la bóveda del templo, por una de las ventanas que daban a ella, siguiéndole yo con menos agilidad a pesar de mis pocos años y largos ejercicios gimnásticos.

En aquel sitio dominante, desde el que se descubre toda la campiña, por sobre los rojos tejados de las casas de la ciudad, había ya algunas personas, entre las que vi al cura vestido de su sobrepelliz y al sacristán que, en su atolondramiento, lo había seguido con el acetre en la mano. Un caballero envuelto en su larga capa española, con el sombrero calado hasta las cejas, llamó la atención del Padre, y no tardó en reconocerle y entablar con él la siguiente conversación.

—¡Cómo! ¿vuestra merced por aquí, señor Andreu?

—Yo mismo en persona, Reverendo Padre. Antes de ayer me trajeron en mi cama a asilarme en una de las casas de este barrio. Hoy que la terciana me permite caminar y el peligro arreciaba para mí, vine a asilarme en el templo y he subido con el señor cura por curiosidad.

—En fin, ya se acerca don José Manuel de Goyeneche... ahora seremos nosotros los que busquemos un asilo y quién sabe no lo encontraremos ni en las entrañas de la tierra.

—¿No he dicho ya que el peligro arreciaba para mí?

—No lo entiendo. Vuestra merced se burla de mí, don Miguel.

—De ningún modo, Reverendo Padre. Un español peninsular, fidelísimo vasallo de su Magestad el rey don Fernando VII, que Dios guarde, puede correr hoy más peligro que el insurgente don Mariano Antezana. El hombre de las tres caras... ¿no es así como le llaman los patriotas?

—Sí, señor Andreu, así le llamamos por la triple misión que recibió de la Junta de Sevilla, de *Pepe Botellas* y de la infanta doña Carlota.

—Ese hombre no me perdonará jamás, por haber sido uno de los que le arrancaron la máscara, para que se viesen esas tres caras, que hacen la de un solo y verdadero intrigante.

—Y execrable americano.

Una ráfaga del viento del sud trajo hasta nosotros un confuso clamor, mezcla de todos los sonidos que puede producir la voz humana, que me recordó la comparación que hacía Alejo de los gritos y silbidos de los patriotas en Aroma con los de la multitud en la fiesta de toros de San Sebastián. Los dos interlocutores guardaron silencio, para ver entonces, desde allí, el increíble combate que iba a tener lugar entre un pueblo inerme y uno de los ejércitos mejor organizados, con todos los elementos de que podía disponer la secular dominación española.

Ligeras nubes blancas como gasas flotantes, simétricamente plegadas a trechos, hacían menos deslumbradora la luz del Sol, que aparecía como un punto blanco en medio de un circulo irisado, fenómeno frecuente en aquel cielo y aquella estación. Si yo creyera que la naturaleza toma parte en las sangrientas luchas de los hombres, diría que ella anunciaba así la bandera de la república, que al fin debía llamear después de muchos años, gracias a ese y mil otros sacrificios que parecían insensatos...

Al pie del Ticti, pico saliente de las colinas de Alalai, una gran nube de polvo, en cuyo seno se distinguían fugaces resplandores, anunciaba la aproximación del ejército de Goyeneche. La multitud que iba saliendo de la ciudad inundaba la colina de San Sebastián. La ciudad parecía completamente abandonada.

Reuniendo a mis propios recuerdos los minuciosos informes que recogí después, de muchas personas que presenciaron de más cerca los sucesos y tuvieron parte en ellos, voy a deciros ahora todo lo que pasó entonces y que no han dicho hasta aquí nuestros escritores nacionales, empeñados solamente en acriminar a Goyeneche.

El Gran Pacificador del Alto Perú Conde de Huaqui, a quien la conciencia de españoles y americanos daba en aquel momento sus verdaderos nombres históricos, por boca del fiscal Andreu y mi maestro, venía muy satisfecho a la cabeza de sus tropas, con su Pedro Vicente Cañete y numeroso estado mayor, creyendo que de un momento a otro vería salir a su encuentro al arrepentido pueblo de la ya sumisa Oropesa. Figurábase que vendría el clero por delante, con el palio que debía dar sombra a su laureada cabeza; que le seguirían el cabildo, justicias y demás corporaciones; que luego se presentaría una diputación de señoras con palmas en la mano y lágrimas en los ojos; que la multitud se agolparía por detrás, clamando: ¡piedad! ¡misericordia! Se prometía él mostrarse sordo a la clemencia, severo, inexorable. ¡Era preciso que la rebelde ciudad expiase sus repetidas traiciones al amantísimo monarca! ¡Qué dirían sus valientes soldados a quienes había prometido hacer dueños de las vidas y haciendas de los insurgentes! Pero repentinamente oyó un clamor extraño, especie de carcajada y rechifla, que a un tiempo le arrojaba al rostro aquel pueblo siempre rebelde e indomable, y miró por el camino y no vio a nadie, y levantó la cabeza y a la izquierda, sobre la colina de San Sebastián, vio la realidad y despertó, para exclamar con rabia y desesperación:

—¡No hay más remedio que exterminar a esa incorregible canalla cochabambina!

Dispuso entonces que sus tropas —más de cinco mil hombres de las tres armas—, formasen en batalla, apoyando su derecha en el Ticti y su izquierda en las barrancas del Rocha, para adelantarse a paso de carga, de modo que las alas fuesen describiendo un semicírculo y se uniesen al fin al otro extremo de la colina de San Sebastián, encerrándola en un círculo de fuego y de acero, que se estrecharía destruyendo sin piedad a los patriotas. El terreno se presentaba enteramente despejado para esta maniobra. Era un llano arcilloso, horizontal, nivelado por la naturaleza, en el que apenas se veían a trechos raquíticos algarrobos. El cementerio público, que ahora existe al pie mismo de la colina, fue construido muchos años después, durante el gobierno del Gran Mariscal de Ayacucho. La pequeña aldea de Jaihuaico era una sola casa de hacienda con una pequeñísima capilla.

Los patriotas habían colocado, entre tanto, sus cañones de estaño en la Coronilla, apréstándose a servirlos hombres, mujeres y niños indistintamente, bajo la dirección del Gringo y de Alejo, animados por la voz incesante de la abuela. Los que tenían fusil, arcabuz, honda o granadas se formaron confusamente para defender los costados. Una multitud completamente inerme de mujeres y niños se agitaba por detrás, rodeando a Antezana y los caballeros que le acompañaban. Ni un instante se interrumpían los gritos de insensato desafío, los silbidos de burla, las inmensas carcajadas que llegaban hasta mí, agitándome con estremecimientos nerviosos y arrancándome lágrimas de furor y de vergüenza. Más de una vez estuve a punto de correrme y bajar a brincos la escalera, para volar a donde creía estaba mi puesto; pero una mirada del Padre me contenía, y volvía yo a mirar al través de mis lágrimas la colina lejana en donde iba a morir un pueblo desesperado. De allí partieron los primeros disparos de cañón y de arcabuz. Las tropas enemigas seguían avanzando a paso de carga, y solo rompieron el fuego general cuando se vieron a distancia de ofender. El clamoreo de la multitud creció entonces, como un inmenso alarido de rabia y de dolor, que debieron arrojar todas aquellas bocas al ver derramamiento de la primera sangre. Vi, también, desde aquel momento, correr por el lado en que la colina desciende suavemente a la plaza de su nombre, muchas personas intimidadas, notando que eran más los hombres que las mujeres; y he sabido posteriormente que aquel ejemplo de cobardía lo dieron el Mellizo, el Jorro y los más bulliciosos de su banda.

Menos de una hora tardaron las tropas de Goyeneche en rodear completamente la colina. Quedaban sobre ella como doscientos patriotas de ambos sexos y de todas las edades, niños que sus madres abrazaban con desesperación contra su seno, jóvenes que iban a vender caras sus vidas, ancianos que no tenían fuerzas para arrojar una piedra certera a sus enemigos. El prefecto Antezana y los caballeros de su comitiva, consiguieron salvarse merced a la ligereza de sus caballos, no sin recibir la mayor parte de ellos alguna herida y sin dejar a dos muertos en el campo.

Más tiempo que el combate —le llamo así porque no quiero contrariar el parte de Sr. Conde de Huaqui—, duró el exterminio, la matanza sin piedad de los que se encontraron sin salida en aquel círculo de muerte, que se hacía más insuperable cuanto más se estrechaba. Los soldados de Goyeneche no dieron cuartel a nadie, ni a las mujeres que se arrastraban a sus pies... Era la hora de matar; había tiempo de satisfacer otras brutales pasiones en la ciudad, cuya suerte les había entregado su general...

Voy a deciros lo que fue de algunas personas humildes, cuyos nombres no figuran en la historia, pero que tantas veces han aparecido en esta de mi oscura vida.

Clara, la pobre Palomita, se había desplomado desmayada delante de la abuela a los primeros disparos, y fue salvada sin conocimiento por las mujeres que comenzaron a huir con el Mellizo y su digno compañero. Dionisio ocupó su lugar y cayó con el cráneo destrozado. Mi amigo Luis le sucedió resueltamente, y su voz resonó con la de la anciana hasta que una bala le atravesó los pulmones. Su padre, el Gringo, hizo prodigios de valor, sirviendo con Alejo los cañones de estaño. Cuando vio perdida toda esperanza de salvarse, cuando advirtió, sobre todo, que los implacables soldados de Goyeneche mandaban arrodillarse a los patriotas, exclamó en francés:

—*Non, sacré Dieu! non, par la culotte de mon père!*

Y revolviendo contra su pecho la boca del cañón que había cargado de metralla, encendió la ceba, y cayó lejos despedazado.[27]

Alejo, más feliz que él, sintió subírsele la sangre a la cabeza, se acordó de Aroma, embistió al primer granadero que se le puso por delante, le arrebató su fusil y escapó de la muerte, herido de todos modos, sin saber él mismo cómo, merced a sus hercúleas fuerzas y a la ligereza de sus piernas.

Los vencedores encontraron en la Coronilla un montón de muertos, cañones de estaño desmontados, medio fundidos, y, sentada en las groseras cureñas de uno de ellos, teniendo a dos niños exánimes a sus pies, una anciana ciega, de cabellos blancos como la nieve.

—¡De rodillas! Vamos a ver cómo rezan las brujas —dijo uno de ellos apuntando el fusil.

La anciana dirigió de aquel lado sus ojos sin luz, recogió en el hueco de su mano la sangre que brotaba de su pecho, y la arrojó a la cara del soldado antes de recibir el golpe de gracia que la amenazaba!

¡Sin embargo de todo esto, los historiadores de mi país apenas hablan de paso del «combate de los cañones de estaño»! ¡No han visto lo que dijo de él la prensa de Buenos Aires y repitió la de toda América y tuvo más de un eco más allá del Atlántico!

·······································

27 Este hecho lo veo hoy confusamente recordado por mi amigo don José Ventura Claros y Cabrera, en los apuntes para la historia del joven Viscarra. (N. del A.)

Creí haber puesto punto final a este capítulo; pero Merceditas que no me deja en paz ni un momento, y quiere tener parte hasta en la redacción de mis memorias, y viene a leer por sobre mi hombro lo que escribo,[28] me dijo repentinamente:

—Yo pondría aquí cuatro renglones de un libro que conozco y tuvo gran nombre en tiempos gloriosos para tu patria.

—¿Y cuál es? —le pregunté sonriéndome con suficiencia, porque tengo la debilidad de creer que sé más que ella, por más que muchas veces me haya convencido de lo contrario.

Ella tomó de mi estante el pequeño volumen de *La educación de las madres*, por AIMÉ MARTIN; lo abrió en la página que tenía señalada con una cinta de los tres colores nacionales, y lo presentó a mis ojos.

—¡Tienes razón, y la tienes siempre en todo, mujer de mis pecados! —exclamé al punto, y copié del libro lo siguiente:

«La América de los Estados Unidos es un mundo nuevo que nace para las nuevas ideas... Tal será la América del Sud después de su triunfo; porque no puede dejar de triunfar la nación en que las mujeres combaten por la causa de la independencia y mueren al lado de sus hermanos y de su marido. Ha de triunfar la nación en que un oficial pregunta cada noche en presencia del ejército: *"Están las mujeres de Co-*

---

28 Al pie de la página en que esto dice el benemérito coronel La Rosa hay pegado con una oblea un sobre de carta, en el que la respetable esposa de nuestro veterano ha escrito estas palabras: «No le crean al viejo chocho. Él es más bien mi sombra, mi moscón... ¡no me deja en paz! ¡quiere que me esté a su lado mientras escribe sus chocheces! Pero es muy cierto lo que refiere enseguida. -M. A. de La R.» No sabemos si el autor lo habrá notado al tiempo de remitirnos sus manuscritos, y le pedimos mil perdones, si cometemos una indiscreción. (N. del E.)

chabamba?", y en que otro oficial responde:*"Gloria a Dios, han muerto todas por la patria en el campo de honor".*»

—¡Tienes razón! —volví a decir enseguida—. Yo me acuerdo que la primera noche en que pasé lista como tambor de órdenes en el ejército*porteño* de Belgrano, oí esas mismísimas palabras con una emoción que no te puedo explicar, ni se explica de otro modo que con lágrimas. Aquel gran hijo de América, de quien tengo yo que hablar mucho y a mi modo, pidiendo para él la eterna gratitud de mi país, había querido estimular el valor de sus soldados honrando a las mujeres de Cochabamba de la manera que el ejército francés honraba la memoria de su primer granadero La Tour d'Auvergne.

....

Después de muchos años, veo con orgullo muy bien tratado este punto por el ilustre historiador argentino Mitre. Dice así:

«Cediendo a la influencia de las autoridades, los cochabambinos enviaron una nueva diputación a Goyeneche... Pero no era esta la resolución del pueblo: resuelto a perecer antes que rendirse se reunió en la plaza pública en número como de mil hombres, y allí interrogado por las autoridades si estaba dispuesto a defenderse hasta el último trance, contestaron algunas voces que sí. Entonces las mujeres de la plebe que se hallaban presentes, dijeron a grandes gritos, que si no había en Cochabamba hombres para morir por la patria y defender la Junta de Buenos Aires, ellas solas saldrían a recibir al enemigo. Estimulado el coraje de los hombres con esta heroica resolución, juraron morir todos antes que rendirse, y hombres y mujeres acudieron a las armas, se prepararon a la resistencia, tomando posesión del cerro de San Sebastián, inmediato a la ciudad, donde aglomeraron todas sus fuerzas y el último resto de sus cañones de estaño. Las mujeres cochabambinas inflamadas de un espíritu varonil ocupaban los puestos de combate al lado de sus maridos, de sus hijos y sus hermanos, alentándolos con la palabra y con el ejemplo, y cuando llegó el momento, pelearon también y supieron morir por su creencia.

»A pesar de tan heroica perseverancia, a pesar de tanto sacrificio sublime, Cochabamba sucumbió»...

Estas cosas deben ser recordadas de todos modos: en los libros, en el bronce, en el mármol y el granito. ¿Por qué no erigirían mis paisanos un sencillo monumento en lo alto de su graciosa e histórica colina? Una columna de piedra, truncada en signo de duelo, con un arcabuz y un cañón de estaño —precisamente de estaño y tales como fueron—, y con esta inscripción en el basamento: «27 de mayo de 1812», serviría mucho para enseñar a las nuevas generaciones el santo amor de la patria, que ¡vive Dios! parece ya muy amortiguado.

Capítulo XXI. La gran fazaña del Conde de Huaqui

No había concluido aún la matanza de los patriotas en el cerro de San Sebastián, cuando la ciudad comenzó a sufrir todos los horrores que concebirse pueden de la guerra más salvaje y desapiadada. Los vencedores «eran dueños de las personas y de los bienes de los insurgentes», según les había dicho más de una vez el Gran Pacificador Conde de Huaqui. Desbandados, sin jefes ni oficiales que los contuviesen, o viendo a estos mismos darles el ejemplo de la licencia y el crimen, mataban sin distinción a hombres, mujeres y niños en las calles; perseguían a los fugitivos, al toque de degüello, excitándose los unos a los otros con gritos de algazara, como en una cacería de lobos; derribaban las puertas de las tiendas y las casas; hacían su botín; se enardecían todavía con el licor; se entregaban a su antojo a los excesos más brutales de que es capaz el hombre, convertido en tales casos en un monstruo más detestable que las fieras...

Millares de infelices condenados a la muerte y a la deshonra buscaron entonces instintivamente un refugio en los templos y los conventos. Pero, desgraciadamente, la mayor parte de estos asilos sagrados tenían las puertas cerradas, y solo tres o cuatro, situados en el centro de la ciudad, las abrieron por último a los clamores del pueblo desesperado que ya creía verse abandonado hasta por Dios.

Mi maestro fue el primero en recordar al cura de la Matriz el deber que les imponían la humanidad y su sagrado ministerio.

—Nuestro puesto está en el umbral del templo, señor cura —le dijo—; de allí extenderemos una mano protectora a nuestros hermanos, o allí nos matarán los desapiadados vencedores. Sígame vuestra merced... esto vale más que impedir que las pobres mujeres se lleven la imagen de Nuestra Señora para implorar su protección en el campo de batalla.

Y bajó a saltos la escalera, siguiéndole el cura no de muy buena gana y todos los demás en profundo silencio.

Al salir por la puerta de la torre a la plaza, para tomar enseguida la del templo que se abre a ese lado, vimos detenerse junto al cabildo tres caballeros. Uno de ellos, que estaba sin sombrero y porfiaba por entrar en la casa, era Antezana; los otros dos trataban de impedirlo. Recuerdo muy bien que uno de éstos agitaba en lo alto su mano ensangrentada, hablando con calor al prefecto, y creo que debía ser el patriota Córdova; quien consiguió al cabo reducirlo a buscar un refugio fuera de la ciudad, en lugar de entregarse a una muerte segura desde entonces, en el puesto que él había declarado no poder abandonar.

Goyeneche se adelantaba entre tanto a sus tropas, seguido de Cañete, su estado mayor y una pequeña escolta de dragones, para no estorbar ni indirectamente siquiera con su presencia el pillaje a que se entregaban sus soldados, y para posesionarse tranquilamente del alojamiento que le correspondía en la casa de gobernación, situada a una cuadra de la plaza, en la misma calle de San Juan de Dios, a donde da una de las puertas de la Matriz. Tenía esta casa para más señas, los balcones de madera mejor tallados de aquel tiempo, y un gran portal de piedra, en cuyos anchos pilares se veían, en alto relieve, dos mosqueteros, con el arma al brazo, a guisa de centinelas; lo que creo necesario recordar aquí de paso, porque me dicen que el nuevo propietario de ella ha destruido esos monumentos dignos de conservarse, para sustituirlos con modernas construcciones de estuco, más elegantes a gusto del día, que no es el mío.

Dos cuadras antes de llegar a su dicho alojamiento, oyó el señor Conde de Huaqui gran tropel de gente en una calle

286

trasversal, a su izquierda, y detuvo el fogoso caballo que montaba, para requerir la espada. Vio enseguida llegar corriendo y arremolinarse en la esquina un grupo numeroso de fugitivos del cerro, hombres y mujeres, que probablemente querían ganar asilo en el templo del hospital de San Salvador y que se encontraron a riesgo de caer bajo los sables de la inesperada cabalgata.

El Conde sintió subírsele la sangre a la cabeza.

—¡A ellos! ¡que no quede uno de esa canalla! —exclamó como un Cid en vista de la morisma.

Y espoleando a su caballo se arrojó sobre los fugitivos siguiéndole los suyos con los sables levantados.

Los pobres fugitivos no podían volver sobre sus pasos, porque tras ellos venían ya numerosos soldados, cazándolos a balazos. Algunos siguieron adelante, en dirección a las Cuadras y no debieron parar hasta las breñas del San Pedro; el mayor número tomó a la izquierda la misma dirección que traía la cabalgata, con la esperanza de ganar el asilo sagrado que buscaban en la Matriz.

Pero era preciso tener la ligereza del gamo para huir de aquel modo delante del temible Conde y los suyos. El vencedor de Huaqui, de Amiraya y San Sebastián tuvo la satisfacción de acuchillar por su propia mano a casi todos aquellos infelices. Heríalos de filo y de punta, al correr ellos despavoridos, o arrastrándose de rodillas a los pies de su caballo; cortaba a tajos y hacía volar por los aires las manos que indistintamente se levantaban para parar los golpes de su tizona; su corcel destrozaba con sus herrados cascos los cuerpos palpitantes; su escolta concluía enseguida fácilmente aquella obra de exterminio. Los gritos de estas víctimas eran tales, que sobrepasaron a todos los clamores que resonaban en otras partes de la ciudad invadidas ya por los vencedores.

Solo una pobre mujer, a la que el miedo había puesto alas en los pies, y tres o cuatro hombres de los más ágiles y robustos lograron llegar a las puertas del atrio de la Matriz y precipitarse en el templo, para caer sin aliento en el suelo, perseguidos siempre por el Conde enloquecido de furor. Era aquella una joven blanca y rubia; tenía un tremendo sablazo en la cabeza; había perdido la mantilla y uno de sus zapatos en la fuga; sus alaridos, su rostro desencajado, sus ojos que parecían saltársele de las órbitas, el temblor que agitaba todos sus miembros habrían inspirado compasión a una pantera. Solo podréis formaros una idea de ellos cuando os diga que la desgraciada había visto morir a su padre y su novio en el cerro y que, perseguida de ese modo por el Conde de Huaqui, acababa ahora de perder la razón. Muchos años después, en el de 1825, al volver a mi país, en el séquito del Gran Mariscal de Ayacucho, la vi huyendo siempre, ocultándose tras de las puertas de las casas. Decía que iba persiguiéndola sin descanso una furia infernal, en un caballo de fuego que le quemaba las espaldas con su aliento. Uno de los hombres que logró salvarse entonces con ella estaba negro de pólvora, cubierto enteramente de sangre. Reconocí en él, con mucha dificultad, a Alejo. Tenía muchas heridas y contusiones en todo el cuerpo, aunque ninguna mortal por fortuna.

Goyeneche había conseguido herir a la mujer cuando ésta se le escapaba ya metiéndose en el atrio, pero perdió un momento enseguida, al torcer de ese lado a su caballo, y para recobrarlo, hundió con más rabia las espuelas en el vientre del noble animal, que lo puso de un salto en la puerta del templo. Creyendo volver a alcanzar allí con la espada a su víctima, descargó un tremendo golpe en la parte superior del postigo que se hallaba abierto y donde creo que puede distinguirse todavía la huella, que no han conseguido borrar las sucesivas capas de pintura en más de medio siglo. ¡Cómo quisiera yo que se grabase allí su nombre para perpetuo recuerdo de su infamia!

Los alaridos de la pobre loca, el tropel, ese golpe en la madera de la puerta, el ruido que los ferrados cascos del caballo produjeron en el pavimento del templo y que repercutieron las sagradas bóvedas llamaron a aquella parte la atención de todas las personas que estaban reunidas en la Matriz. Los sacerdotes —eran ya cinco o seis con el cura y mi maestro y se habían colocado en la puerta principal que da a la plaza—, se adelantaron llenos de indignación al encuentro del profanador, a quien no podían reconocer en tal momento.

—¡Sacrílego! ¡impío! —exclamaron mientras que un grito de consternación y espanto salía de todas las bocas de la multitud.

Goyeneche detuvo a su caballo tembloroso, cubierto de sudor y de espuma; se llevó maquinalmente la mano al sombrero, sin sacárselo de la cabeza; miró atontado, como si saliese de un sueño, a los sacerdotes que venían a su encuentro, a la multitud que se apiñaba al otro lado, cerca del altar, y al sagrario en que aparecía descubierto el santísimo con muchos cirios alumbrados.

Su vista me impresionó de tal modo, que me parece tenerlo ahora mismo ante mis ojos. Era un hombre de más que mediana estatura, con escasos y lacios cabellos castaños, espaciosa y abultada frente, que permitía ver el sombrero echado para atrás; grandes ojos de un gris claro y verdoso, nariz recta carnosa, labios delgados, barba cuadrada y saliente. Vestía uniforme militar, muy empolvado, con grandes botas de montar, cubiertas de sangre y lodo. Sentábase muy mal en lujosa silla de cajón, a usanza limeña. El caballo que montaba era uno de los más hermosos que he visto de la raza andaluza aclimatada en el valle del Rímac, bayo rojizo, brillante como el cobre bruñido, con largas crines y bien poblada cola de un negro de azabache.

El cura que iba por delante, fue el primero en reconocerlo, y retrocedió dos pasos de espaldas, mirándolo atontado a su vez, como si se negase a dar crédito a sus ojos. Para él, que tenía sus ribetes de realista, era imposible que ese hombre a caballo en el templo fuese don José Manuel Goyeneche, el gran cristiano, defensor de la iglesia, que se confesaba y comulgaba cada semana! Igual cosa pasó, también, a los demás sacerdotes, menos a Fray Justo, quien se abrió paso entonces y tomó la delantera. Estaba más pálido que nunca, trémulo de indignación, sus labios se agitaban convulsivamente, sus ojos despedían llamas, moviéndose más inquietos en sus órbitas. Un silencio sepulcral reinaba ahora en el templo. Solo se oía a momentos el ruido que hacían las patas delanteras del brioso caballo, al piafar éste mascando el freno, con el cuello doblado en arco y respirando fuertemente por las humeantes fosas nasales.

—¡Pícaros! ¡miserable canalla! —murmuró el héroe de San Sebastián, y se dispuso a envainar la espada, para alejarse de aquel sitio y unirse a su escolta, que no había osado pasar como él ni la puerta del atrio del templo.

Pero desgraciadamente sus ojos descubrieron en aquel momento a López Andreu, que se había adelantado en medio de los sacerdotes, y se puso cárdeno de furor, y brillaron sus ojos como los de un tigre hambriento al encontrar una presa antes perdida, y salió de sus labios una horrible imprecación, que heló la sangre en las venas de cuantos la oyeron y que jamás podían imaginarse que resonaría en aquel lugar sagrado, ni yo me atrevo a poner aquí en la cándida página donde voy consignando fielmente mis recuerdos.

—¡Al fin! —gritó después, levantando la espada y hostigando al caballo con la espuela.

—¡Miserable! ¡indigno, desnaturalizado americano! —le contestó mi maestro con voz vibrante, y se interpuso resueltamente, sujetando con mano vigorosa las riendas del caballo.

Éste retrocedió algunos pasos, aunque el jinete desgarraba su vientre con la espuela.

Goyeneche procuró entonces descargar un golpe sobre la cabeza del sacerdote; pero el caballo se levantó sobre sus pies traseros, le hizo perder el equilibrio, soltar la espada, que quedó colgando de la dragona, y asirse con ambas manos de las crines.

El Padre no soltaba entre tanto las riendas de que se había apoderado. Le vimos colgado de ellas; presenciamos atónitos aquella lucha, que terminó al cabo de un modo desastroso para él; porque el caballo concluyó por derribarlo y pisarlo en el suelo, revolviéndose después enloquecido, para arrebatar de allí a su jinete abrazado de su cuello, impotente ya para darle ninguna dirección.

Un grito de horror y de consternación general resonó en el templo. Yo corrí atropellando cuanto se encontraba al paso para auxiliar a mi maestro; me senté en el suelo; levanté sobre mis rodillas su venerable cabeza. Alejo rugía a mi lado como una fiera. Los sacerdotes hicieron círculo y se inclinaban con ansiedad. La multitud se agolpó de todas partes, dando gritos de dolor.

Fray Justo parecía tranquilamente dormido. Una mujer trajo como por encanto un jarro de agua, con que le roció dos o tres veces la cara, teniendo ella inundada de lágrimas la suya. El Padre abrió entonces los ojos; nos miró; una sonrisa plácida se dibujó en sus labios, y dijo:

—No es nada, hijos míos.

Su rostro se contrajo enseguida con el dolor que sentía al pronunciar estas palabras.

—El infame... ¡oh! ¡Dios mío! —murmuró volviendo a desmayarse, y brotó de su boca sanguinolenta espuma.

El cura se arrodilló a mi lado; le volvió a rociar el rostro con el agua del jarro que arrebató de las manos de la mujer; le tomó el pulso; enjugó su boca con un pañuelo, y exclamó muy conmovido.

—¡Se está muriendo! Era realmente el justo, el hombre del Señor... Es preciso salvarle. Llevémosle a otro sitio, donde será posible prodigarle los auxilios que reclama su estado.

—Yo lo llevaré en mis brazos, señor cura —sollozó el pobre Alejo.

Lo levantó enseguida fácilmente del suelo, con la delicadeza y cuidado que pondría una madre para acostar a su niño dormido en su cuna. Incapaz de separarme yo de su lado ni un solo instante, sostuve por mi parte su cabeza con mis manos.

—¡Adelante! ¡a un lado todos! —continuó el cerrajero, encaminándose a la puerta que daba a la plaza.

—¿A dónde vas desventurado? —le preguntó el cura.

—Al convento, *tata* —repuso Alejo tranquilamente.

Era lo mejor sin duda; pero no podía hacerse sin peligro de morir tal vez en el camino. En aquellos momentos los soldados de Goyeneche estaban ya desbandados por toda la ciudad. Oíanse gritos, tiros de fusil en la misma plaza que debíamos cruzar en toda su extensión.

—Nada importa —contestó Alejo a estas observaciones que le hacían diferentes personas—; no hay chapetón, ni indio cuzqueño tan endemoniado como Goyeneche. Todos respetarán al Padre y a mí porque le llevo en mis brazos. ¡Adelante, muchacho! —continuó—; si nos matan, habremos muerto *todos juntos* este día.

Nadie osó acompañarnos. Al salir del templo, vi a un lado de la puerta, sobre un escaño, al pobre don Miguel López

Andreu acometido de un acceso de sus tercianas. Muchas personas compasivas lo rodeaban, prestándole los auxilios que podían encontrarse en aquel lugar.

—¿No hay ya rayos en el cielo para el impío que profanó tu templo, Dios eterno? —exclamaba el fiscal de la audiencia de Charcas, mientras castañeteaban sus dientes con las convulsiones de la fiebre.

Partidas de soldados, guiadas algunas por indignos oficiales españoles, corrían en todas direcciones, para saquear las casas de los criollos más acomodados. Vi en la calle de Santo Domingo a un ayudante de Goyeneche, al feroz Zubiaga, defendiendo para sí solo la casa de uno de los miembros de la junta provincial, el patriota Arriaga. Esto mismo hacían con el mayor descaro otros jefes prestigiosos, que lograban imponer respeto a la soldadesca desbordada. A ninguno se le ocurrió proteger desinteresadamente la vida a la propiedad de ningún insurgente o habitante pacífico de la rebelde Oropesa.

Alejo apretaba el paso y yo le seguía con dificultad sosteniendo la cabeza de mi maestro, cuando al llegar a media plaza, cerca de la fuente pública de Carlos III, oí desgarradores gritos de mujer en la esquina del Barrio Fuerte. Una joven, que apenas conservaba una parte de su basquiña negra, sin mantilla, desgarrados el jubón y la camisa, desnudos los hombros, sueltos los cabellos, luchaba allí con dos soldados desarmados, que debieron haber abandonado sus fusiles para entregarse más desembarazadamente al pillaje. La desesperación daba a la cuitada fuerzas increíbles contra sus adversarios. Sus desnudos brazos conseguían apartarlos a uno y otro lado; sus uñas desgarraban aquellas caras feroces, repugnantes y bestiales; los miserables se las tapaban entonces con las manos, temiendo que les arrancara los ojos.

¡Aquella leona era Clara, la pobre Palomita! Figuraos mi asombro y mi dolor al reconocerla. ¡Qué hermosa estaba así, Dios mío!

—¡Adelante! ya llegamos —decía Alejo, sin dejar de apretar el paso en dirección a la puerta del convento, que estaba entreabierta y en cuyo umbral se veía de pie al Padre patriota, con un Santo Cristo en la mano.

Yo dejé ir adelante a mi compañero con su preciosa carga y corrí como un loco a defender a la joven.

Ésta había conseguido escaparse de los dos miserables; pero era indudable que ellos volverían a alcanzarla.

Vi entonces uno de esos rasgos sublimes de heroísmo de que es capaz la mujer en esos instantes supremos, para defender su pureza. La joven recogió del suelo el taco de un fusil que allí ardía, sacó de su seno una granada, encendió la mecha, volvió la cara a sus perseguidores, y cuando éstos iban a cogerla entre sus brazos, una espantosa detonación separó los tres cuerpos, que cayeron lejos uno de otro, de espaldas, dejando una nube de humo blanquecino en el lugar en que se habían unido.

Al precipitarme sobre el cuerpo despedazado de Clara, encontré ya a su lado al padre patriota, que había llegado antes que yo.

—¡Que Dios la reciba en su seno! ¡qué horror! —exclamó el buen religioso.

Yo caí desvanecido. El Padre, según supe después, me condujo en sus brazos hasta la celda de mi maestro; volvió con otros dos religiosos a buscar el cadáver de Clara, que fue depositado en un féretro en la iglesia, para recibir allí mismo sepultura sagrada.

Cuando recobré el conocimiento, me encontré extendido en el escaño. Alejo, arrodillado en el suelo, me hacía aspirar vinagre de una botella. Me incorporé y vi al Guardián

Fray Eustaquio Escalera —venerable anciano octogenario, que había reconstruido el templo y procurado restablecer en vano la disciplina del convento—, sentado a la cabecera del lecho de mi maestro, con la cabeza inclinada, para oír no sé si la confesión o algún encargo del enfermo.

—Está bien —le dijo en voz alta—; puedes descansar tranquilo, hijo mío.

Aquel día Alejo y yo permanecimos en el convento, auxiliando con los religiosos a mi maestro. El cerrajero quiso cavar, también, con sus propias manos el sepulcro de la pobre Clara. No permitía que nadie le hablase de la necesidad de curar sus heridas.

—Esto es muy poco —decía—; yo estoy acostumbrado a morir a bala desde Aroma —expresión que ha quedado proverbial entre la gente del pueblo de mi país, aunque nadie sabe quién la usó primero y en qué circunstancias, por lo cual me apresuro a decírselo a todos al presente.

La ciudad seguía entre tanto sufriendo todos los horrores imaginables de la guerra, como he dicho y lo repito otra vez, porque no encuentro más palabras con qué describirlos...

¡Pero, no! ¡aquí está don Mariano Torrente, que hablará por mí en esta ocasión, con más probabilidad de ser creído! Este historiador español tan imperturbable ante los grandes crímenes de monstruos como Calleja, Bobes, Morales y otros, cuyo recuerdo hace hoy mismo erizarse los cabellos, no puede dejar de condolerse de la conducta de Goyeneche, después de su victoria de «la elevada montaña de San Sebastián», y eso a pesar de que el Conde de Huaqui es uno de sus héroes más mimados. Arrastrado enseguida por su ciego fanatismo peninsular, trata de disculparlo de este modo:

«Dolorosa es por cierto la posición de un jefe virtuoso, que se ve precisado a autorizar o a disimular este acto violento sobre su propio suelo (pues Goyeneche era americano);

y es todavía más el verlo ejecutado por gentes de la misma familia (indios del Cuzco comandados por oficiales españoles); ¿pero qué puede hacer un padre afectuoso cuando las amonestaciones, los consejos, la bondad, la tolerancia y el perdón aplicado repetidas veces a los criminales extravíos no producen más efecto que el de animar a los mismos reos a cometer otros mayores? ¿Qué había de hacer el jefe más circunspecto con una población, que tantas veces se había burlado de la humanidad del vencedor?»...

No quiere recordar don Mariano que ya Goyeneche se mostró cual era en 1809; que ofreció el saco de Cochabamba desde Potosí; que nunca los insurgentes de mi país abusaron por su parte de la victoria; que luchando por su libertad hacían bien de rebelarse mil veces, sin ceder a los halagos, ni a las amenazas de aquel traidor americano; que... ¡Bah! ¡parece que me hago muy viejo cuando voy vaciando así el tintero sobre cosas que todo el mundo ya ha juzgado!

Al cerrar la noche los barrios céntricos de la ciudad quedaron un tanto tranquilos. El mismo Goyeneche se había visto obligado a contener a sus soldados; porque comenzaron a incendiar la ciudad, por el barrio en que él tenía su alojamiento. La matanza, el saco, todos los crímenes que no se pueden ni nombrar continuaban todavía y continuaron por tres días en los suburbios.

El Padre Escalera había escrito un papel por encargo de mi maestro. Me lo entregó cuidadosamente sellado, y me dijo:

—Es preciso que vayas a dárselo ahora mismo a doña Teresa. Uno de los hermanos te acompañará hasta su casa.

Yo quise despedirme de mi maestro, pero el Guardián no me lo consintió:

—Dejémosle en completa quietud; no debe hablar ni moverse... vete, hijo mío; volverás otro día —me dijo, acompañándome él mismo hasta la puerta, donde me esperaba el Padre patriota.

Capítulo XXII. El lobo, la zorra y el papagayo

A pesar de que don Pedro Vicente Cañete prevenido de antemano por una carta del docto licenciado don Sulpicio, grande amigo y admirador suyo, se fue en derechura a honrar con su persona la casa de doña Teresa, no se había librado ésta de correr en parte la suerte que cupo indistintamente a todas las de los criollos ricos de la ciudad. Invadida por un grupo numeroso de soldados ebrios, que habían dado muerte al infeliz pongo, comenzó el saco de ella por el oratorio y la sala de recibimiento. Nada conseguía Cañete con sus meliflúas amonestaciones, ni iracundas amenazas. Por fortuna, llegó a la sazón el feroz Imas, con el objeto de ponerse de acuerdo con el digno asesor de Goyeneche, para cumplir órdenes de éste, «en servicio urgentísimo del rey», que ya veremos enseguida, y un solo grito suyo bastó para ahuyentar a la soldadesca despavorida, que no pensó ya más que en cargar con lo que pudo en las mochilas y los bolsillos.

Encontré yo las puertas desquiciadas. El pongo yacía bañado en sangre, desnudo, sobre su estrado, a los pies del cuadro del arcángel San Miguel; todo el patio estaba sembrado de muebles rotos, urnas destronadas y santos de estuco cruelmente mutilados y despojados de sus lujosas ropas de lama y resplandores de oro y plata. La señora que había vuelto muy confiada aquella mañana con sus hijos y sus criadas, y que recibía alegremente al ilustre doctor en su morada, había tenido que refugiarse en las habitaciones interiores, donde sufrió las más mortales angustias, hasta la llegada salvadora de Imas.

Cuando me presenté en su dormitorio, cuya atmósfera apestaba con el olor a tabaco y anís —indicio seguro de su tremenda cólera, según saben mis curiosos lectores—; se arrojó hecha una furia sobre mí, como si yo tuviese la culpa de lo que había ocurrido.

—¿Qué quieres todavía aquí, insoportable vagabundo? —me preguntó, disponiéndose a sacarme los ojos con las uñas.

Yo le entregué silenciosamente la carta del Guardián, que ella abrió con impaciencia y leyó a la luz de un cirio encendido a los pies de un San Antonio, que se había salvado intacto, pero no menos desnudo que los otros.

No sé si realmente se conmovió por un instante, pues creí que iba a correr una lágrima de sus ojos; pero su feroz egoísmo se sobrepuso inmediatamente a todo otro sentimiento.

—¡Oh, mis cruces! —exclamó—. Está bien... ahora es imposible... mañana... los veremos —continuó señalándome la puerta.

No puedo deciros exactamente lo que aquella carta contenía. Solo creo que ella debió ser el último adiós de un hermano moribundo, implorando la protección de la señora para aquel «otro más desgraciado que él».

Me encaminé maquinalmente a mi cuarto. Quería encerrarme a solas y llorar... No tengo necesidad de deciros cuál era el estado de mi ánimo, después de las impresiones que había sufrido aquel nefasto día 27 de mayo de 1812!

Al salir al patio, vi profusamente alumbrados los cuartos destinados para alojamiento del doctor Cañete.

—Hágase de cualquier modo. ¡Cogerlos y a la horca o al banquillo! ¿Qué más quiere vuestra merced? —decía o más bien aullaba adentro un hombre, o un lobo en figura humana.

—Se hará. Todo se consigue con maña, señor brigadier. Los militares solo quieren irse a la bayoneta... Calma, querido amigo. «Despacio que estoy deprisa», diré yo, como su Majestad el rey don Carlos III, que Dios tenga en su gloria

—contestaba otra persona con acento melifluo y zalamero, que parecía de una beata.

—No quede ni semilla de insurgentes. *Delicta majorum immeritus lues, Romane!* —gritaba la voz de falsete de nuestro antiguo conocido el licenciado.

Me acerqué a una de las ventanas, y al través de la rejilla de alambre y de los vidrios, pude ver a los personajes que hablaban de aquel modo y seguí escuchando su conciliábulo.

Los dos personajes que yo veía entonces por primera vez estaban sentados uno en frente de otro en cómodos sitiales, teniendo entre ellos una gran mesa redonda, sobre la que brillaban un candelabro de cinco luces y una escribanía de plata sobredorada. El licenciado de pie, con el sombrero bajo el brazo, cogido siempre de media caña su querido bastón con borlas, se mantenía a respetuosa distancia.

El que hablaba aullando era de más de cuarenta años, de mediana estatura, seco, acartonado. Tenía escasos cabellos grises, frente deprimida, ojos saltones, que parecían nadar en sangre, nariz de dogo, boca grande, barba saliente, con pequeñas cerdas que la navaja no había podido limpiar en muchos días de viaje y campaña. Vestía uniforme militar usado y raído. Conservaba puesto y echado para atrás su sombrero grasiento y abollado. Fumaba cigarrillos de papel, encendiendo uno tan pronto que había arrojado la cola de otro sobre la mesa o la alfombra. De cuando en cuando sacudía el polvo de sus botas destaponadas, con un látigo de mango de plata.

El de la voz meliflua de beata era de menos edad, más alto, delgado, ágil y listo. Parecía organizado expresamente para hacer las más graciosas contorsiones del cortesano, o arrastrarse por el suelo como una culebra. Su cabellera negra, larga, rizada, su color pálido, sus ojos pequeños, vivos, penetrantes, la nariz chata, los labios gruesos, denotaban un mestizo tal vez de las tres sangres española, cobriza y africana. Su traje semejante al del licenciado, era más rico, más cuidado, como el de un pisaverde de aquel tiempo. En aquel momento escribía apresuradamente en grandes pliegos amarillentos de papel de oficios.

Supe después que el hombre que aullaba era el célebre coronel don Juan Imas, el chapetón más fanático por su causa, el más inexorable que todos, insaciable de sangre y de oro, muy digno de acabar como uno de los famosos conquistadores del siglo XVI, a quien los indígenas dieron a beber derretido el metal que tanto ansiaba. En cuanto al otro hombre de la voz de beata, supuse desde un principio que sería, y era en efecto, el paraguayo don Pedro Vicente Cañete, asesor de Goyeneche. Gozaba ya gran fama de sapientísimo magistrado y admirable político entre los españoles y sus parciales, por su «dictamen sobre la situación de las colonias españolas», dirigido al virrey en 1810 y publicado por los patriotas en la *Gaceta de Buenos Aires*, documento notabilísimo, en el que exponía con clara penetración los peligros que amenazaban al régimen colonial, y aconsejaba con cinismo corromper cuanto antes con dádivas, honores y distinciones a los americanos influyentes mientras volviese a cimentarse el poderío español y fuese posible castigar severamente lo que por el momento se debía disimular. Nadie sabía como él cautivar los corazones por medio de la lisonja; cada una de sus palabras era un halago; perpetua sonrisa animaba su pálido semblante; tenía maneras encantadoras; «era una dama», según decían sus admiradores ensalzando su amabilidad. Sabía, también, deslumbrar como nadie a los incultos y groseros hombres de su época, dejando caer alguna profunda máxima de sus labios, o trayendo a pelo o contra el pelo alguna cita histórica, lo que le daba opinión de erudito. Ya le hemos oído desde sus primeras palabras llamar «mi querido brigadier» a su compinche militar, que no era más que coronel, y apoyarse en un dicho de Carlos III cuando le apremiaban los negocios. Tengo para mí que se inspiraba constantemente en el Príncipe y los Comentarios a Tito Livio del secretario florentino. Este Maquiavelo del Paraguay debía dejar, en fin, larga y fecunda prole para desgracia de la república, como otros tipos de que he ido hablando en mis memorias. No hay tiranuelo de mi país que no haya tenido a su servicio a algún Cañete. ¡Cuántas veces he oído decir como en aquel tiempo: «es una dama y un pozo de ciencia», refiriéndose a alguno de estos zalameros y embaucadores «hombres de Estado»!

—He aquí por donde hay que comenzar, mi querido y fogoso don Juan —dijo Cañete, colocando su pluma en el lugar correspondiente de la escribanía.

—¡Adelante! —contestó Imas con impaciencia.

—Su señoría dirigirá la siguiente nota circular a los alcaldes y regidores del cabildo, a los curas y a los guardianes de los conventos: «Restablecida la tranquilidad en esta leal y valerosa ciudad de Oropesa del valle de Cochabamba, por las armas del rey nuestro señor, que Dios guarde, es de todo punto indispensable que el culto divino se celebre con el brillo y la pompa dignos de un pueblo eminentemente católico, apostólico y romano; y como el día de mañana es el destinado a la solemne fiesta del *Corpus Christi*»...

—¡Demonio! yo no entiendo una palabra de lo que vuestra merced está leyendo ahí, señor doctor —le interrumpió el coronel, dando un golpe con su látigo sobre la mesa—. Su señoría me ha dicho que hemos de constituirnos en junta de purificación de esta rebelde ciudad, para juzgar y ahorcar sumariamente a todo pícaro insurgente, y vuestra merced me sale ahí con su fiesta y procesión de *Corpus*!

—Calma, mi querido brigadier —repuso Cañete con su más plácida sonrisa—. Los militares son una pólvora... los rayos de la guerra, como dice...

—Nada importa quien lo dijo; lo que importa es...

—Sí, mi valiente amigo; lo que importa es castigar ejemplarmente a los ingratos y rebeldes vasallos del rey nuestro señor, que Dios guarde. ¡Allá vamos, mi don Juan!

—¡Hum!... no lo entiendo.

—Ahora lo entenderá vuestra merced.

Diciendo esto Cañete tomó otro pliego, volvió a sonreírse, y leyó:

—«Indulto general en nombre del rey»...

Imas se puso en pie y aulló una enérgica interjección española que no se encuentra en el diccionario, ni es posible trasladar al papel.

—No aguanto más, señor doctor —dijo ahogándose de cólera—. Yo... yo... ¡vamos! ¡no soy un muñeco!

Cañete parecía más complacido.

—*Divis orte bonis, optime Romulæ* —comenzó a decir el licenciado don Sulpicio, y hubiera repetido la oda entera de Horacio, si una mirada de Imas no le hiciera enmudecer y quedarse clavado en su sitio como una estatua.

—Entre paréntesis ¿qué quiere este original? —preguntó el coronel a Cañete.

—¡Ah!, se me olvidaba... es mi docto amigo, el señor licenciado... no, el señor doctor de quien he hablado tantas veces con su señoría —respondió Cañete con su sonrisa más encantadora—. Perdone vuestra merced, mi don Sulpicio —continuó dirigiéndose a éste, para conducirle hasta la puerta—; perdone vuestra merced, si le he detenido tanto tiempo. El placer de verle, de estrecharle entre mis brazos... ¡Ya se ve! vuestra merced no es *lingua amicus, verbo tenus*! Mañana... a cada instante nos veremos.

El licenciado se deshacía en reverencias y contorsiones, pero no osó resollar, mirando de soslayo, con temor al furibundo coronel, y salió andando de espaldas hasta el patio. Una vez en éste, respiró; se puso apresuradamente el sombrero, y echó a correr hasta su casa. Cañete cerró tras él la puerta y volvió riendo a ocupar su sitial.

—El muñeco irá ahora a repetir por todas partes lo que ha oído —dijo—. Vea vuestra merced la conclusión de nuestro indulto, mi exaltado y carísimo brigadier.

Imas hizo un movimiento de cólera.

—¡«Pega, pero escucha», diré como Temístocles, mi fogoso don Juan! —exclamó el paraguayo—. Oiga vuestra merced.

Y siguió leyendo:

«Indulto a nombre del rey, etc., a condición de prender o denunciar a los cabecillas e instigadores de la insurrección; y advirtiendo que si los culpables no se presentan en el acto, o cuando más en el término de tres días, a las justicias establecidas y a sus respectivos párrocos, serán juzgados militarmente como contumaces y»...

—¡Por Santiago! vuestra merced sabe más que las arañas. ¡Vamos! ¡vengan esos cinco... apriete, señor doctor! —exclamó Imas transportado de alegría.

Desgraciadamente en ese momento oí ruido de pasos en el zaguán, y vi aparecer un grupo de oficiales, que venían sin duda a pedir órdenes de aquellos personajes; por lo cual me fue preciso abandonar mi puesto de observación y dirigirme definitivamente a mi cuarto.

—¡Dios mío! ¡en qué garras ha caído mi pobre país! —pensaba yo a pesar de mis pocos años.

Me arrojé vestido sobre mi cama; quise llorar y no pude. No os diré el dolor, las mortales angustias que sufrí durante toda aquella noche. Pensaba en mis amigos, en los que habían muerto... en los peligros que amenazaban a los que aún vivían... Para mayor tormento comencé a oír tristes plañidos cerca de mi cuarto, por la parte del jardín. Habían depositado en el corredor el cadáver del pongo, y su pobre mujer, llegada no sé cómo aquella noche del campo, le velaba en compañía de Paula. Una y otra dirigían alternativamente sus quejas al muerto, en esa especie de canto monótono que usan las mujeres indias en tales casos.

—Eras mi padre y mi madre —plañía la esposa en quichua—; eras mi único arrimo y consuelo... ¿con qué valor me has dejado? ¿no oyes, acaso, mis lamentos?...

—¿Cómo has tenido corazón para abandonar a tu pobre compañera? —decía a su vez la caritativa Paula—. ¿Es posible que no respondas cuando te llama? ¿vas a dormirte así en el seno de la temible *Pacha mama*?...

La naturaleza pudo más al fin sobre mí que todos los dolores del alma. Cerca ya del amanecer me quedé dormido pesadamente... Debéis pensar, mis caros lectores, que entonces era apenas un niño de doce años el que hoy anciano os cuenta, con sencillez y verdad, los tremendos sucesos de 1812!

Capítulo XXIII. De la edificante piedad con que el Conde de Huaqui celebró la fiesta del Corpus, después de su victoria de «la elevada montaña de San Sebastián»

Serían las ocho de la mañana cuando me desperté al día siguiente, vestido en mi cama, con mi almohada mojada por las lágrimas que había derramado en mi sueño. El claro Sol de aquella estación seca del año a la que llamamos invierno en mi país de eterna primavera, brillaba en mi cuartito, penetrando por la puerta que yo no me había acordado de cerrar aquella noche. Oí trajinar como de costumbre a los criados en el patio; me pareció que hablaban alegremente, que reían, que se preparaban con afán a concurrir a una gran fiesta. Las campanas de la Matriz llamaban con bulliciosos repiques a misa solemne; tronaban camaretas y petardos; no sé qué cuadrilla de danzantes pasaba por la calle, tocando cajas y zampoñas... ¿He padecido, acaso, una espantosa pesadilla en esta noche que me parecía eterna? —me pregunté—. ¡No es posible que Goyeneche haya venido a mi país! Mi afán de ser soldado me ha hecho soñar un combate inverosímil entre las mujeres y los niños de Cochabamba con un ejército poderoso... Voy a ver a Luis... iremos juntos a casa de la abuela. ¡Cómo se han de reír de mí cuando les cuente lo que me ha pasado!

—¡Clemente! el doctor... su merced el señor Cañete pide agua tibia para afeitarse —chilló Feliciana en el pasadizo.

—¡Allá voy! ¡qué gusto da servir al ilustrísimo doctor Cañete! —respondió el zambo desde la cocina.

Estas palabras me volvieron a la conciencia de la tremenda realidad.

—¡Ay, Dios mío! ¡ésta es la celebración del Corpus Christi, que manda hacer don José Manuel de Goyeneche, a quien vi ayer a caballo en la Matriz, empeñado en matar mujeres y ancianos! —exclamé, corriendo al convento donde agonizaba mi maestro.

—¡Eh! ¡niño don Juan, buenos días! —me gritó Clemente, saliendo al patio con la caldera en la mano—. Hoy es día de estreno... ¿por qué no se pone vuestra merced el terno nuevo que le mandó hacer la señora Marquesa?

Yo lo miré con asco y seguí mi camino. En el patio principal había algunos indios con largos ponchos negros de lana, quienes después de haber concurrido al entierro de su compañero, limpiaban la casa, a órdenes de un mayordomo viejo, que los había traído de una de las haciendas más inmediatas de doña Teresa. La señora estaba recogida aún en su dormitorio con sus hijos. Feliciana me detuvo en la puerta de calle y me condujo a su presencia.

La encontré vestida y sentada en su ancho catre de madera embarnizada, con cortinajes de rojo damasco. Tenía la cabeza amarrada con un pañuelo de seda amarillo y fumaba su indispensable cigarro de papel, en que ponía dos terceras partes de tabaco, una de anís y un granito de almizcle. Me miró fijamente y me dijo:

—Si vas al convento, dile a Fray Justo que estoy enferma muy sufrida... ¡oh, la jaqueca! ¡sea todo por mis culpas, bendito Jesús mío! Dile, también, que mañana enviaré al campo al mismo Padre Aragonés, y quizás al *físico* que me ha ofrecido el señor Cañete... ¡Ay! ¡no puedo... no puedo ni hablar, Juanito! En fin, yo mandaré después a mi confesor el Reverendo Padre Comendador de la Merced. Vete, hijo mío... ¡ah! que te den de almorzar en la cocina; porque el comedor está dispuesto para don Pedro Vicente y sus amigos.

—Se hará como manda vuestra merced, señora, mi ama —dijo enseguida la negra y me llevó a la cocina.

Yo comí con avidez lo que me dieron. Hacía más de veinticuatro horas que no había tomado ni un bocado.

Las calles estaban desiertas y silenciosas. Por todas partes descubría las huellas del pillaje y la matanza del día anterior. Entre tanto no cesaba ni un momento el alegre repique de las campanas. En las esquinas de la plaza clavaban apresuradamente postes de madera, para levantar altares. Vi en la puerta de la Matriz dos o tres comparsas de danzantes, a quienes daban de beber sus respectivos *mayores*, o sea los devotos que las habían formado, para solemnizar la procesión.

Debo deciros aquí, muy de paso, porque el momento no es oportuno, que aquella fiesta era el acontecimiento más notable de cada año, en el marasmo de la vida colonial. Ya no es posible que os forméis idea del entusiasmo general que despertaba; de los sacrificios que hacían las clases más pobres y humildes para los estrenos; de los grandes altares cubiertos de telas preciosas, espejos, vajilla de plata, urnas, santos y candelabros, que se elevaban más alto que los techos de las casas de dos pisos; de la infinita variedad de danzantes que a ella concurrían; de la inmensa cantidad de cántaros de chicha y botellas de mistela que se consumían durante una semana hasta el octavario. Lo que ahora veis es nada. Los concejos municipales por un lado y la difusión de las escuelas por otro, han extinguido casi por completo esas costumbres de «los buenos tiempos del rey nuestro señor». Algunos viejos, como yo, dicen que la piedad se muere; pero yo pienso que son el fanatismo y la ignorancia los que ya no pueden vivir a los rayos del Sol de 1810. Si el sabio barón de Humboldt, a quien espantaron aquellas cosas, hasta el punto de hacerle creer que los indios estaban más sumidos en la idolatría que antes de la conquista, pudiera hoy levantarse del sepulcro para recorrer nuevamente «los sitios de las cordilleras», diría con asombro: «ésta es la misma espléndida naturaleza que yo he descrito, pero no veo ya aquí los salvajes que encontré, sino hombres que parecen muy civilizados.» Y si preguntase: «¿quién ha podido hacer este milagro?», contestaría yo: «¡las espadas de Arze, Belgrano, San Martín y Bolívar; la sangre de Murillo y de millares de mártires, entre los que se cuentan las pobres mujeres, los bulliciosos niños de mi querida Oropesa!»

A pesar del imperio de las costumbres seculares, no era posible que el Conde de Huaqui consiguiese celebrar la fiesta con la pompa y regocijo de que he hablado. Mis lectores se sorprenderán, más bien, de que lo intentase, después de los horrores de que había sido víctima la ciudad el día anterior y cuando una parte de la soldadesca desbordada seguía cometiéndolos aún en los alrededores. Pero el Conde contaba además con un sentimiento que conduce a la flaca humanidad a hacer las cosas más admirables: el terror, mis jóvenes amigos; el terror que deificaba a los Calígulas y los Nerones; el terror que seca las lágrimas de los dolientes para hacerles sonreír amablemente a los verdugos; el terror que arrastra a los pies de los tiranos a las multitudes; el terror que hasta hace valientes a los hombres para luchar en defensa de los que les inspiran más miedo que la misma muerte; el terror, en fin, que convierte en implacables perseguidores de sus hermanos a los que nunca creyeron hacerles ningún daño y que sin él seguirían amándolos y consolando sus dolores. Y si no hubo entonces los grandes altares, las infinitas comparsas de danzantes, la innumerable multitud devota de otros años, no faltó quienes erigiesen aquéllos apresuradamente a menos altura de la acostumbrada, quienes exhibiesen tres o cuatro comparsas, quienes concurriesen a la procesión, para merecer una mirada del héroe de San Sebastián, y quienes tratasen de asegurar su cabeza sobre los hombros entregando las de sus amigos, o aplaudiendo las sangrientas ejecuciones que el mismo día tuvieron lugar en medio de los repiques de las campanas, de los cantos religiosos, de las músicas, y danzas, y embriaguez del pueblo esencialmente católico a la manera que lo habían hecho el fanatismo y la codicia de sus conquistadores!

Aquella mañana se había publicado el famoso indulto en nombre del rey. Veíalo yo fijado en todas las esquinas, en grandes pliegos —manuscritos por supuesto, porque la imprenta no existía en ninguna parte del Alto Perú. Los primeros vecinos que tuvieron conocimiento de él se apresuraron a salir de los templos o conventos en que se habían asilado, para ir a ver sus casas saqueadas, consolándose con la idea de salvar a lo menos intacto el pellejo. Pero se les decía inmediatamente que les era preciso presentarse ante su señoría, e iban entonces a ofrecerle sus homenajes:

—Está bien —contestaba el invicto general—; yo he venido a enjugar las lágrimas de los fieles vasallos del rey nuestro señor, a quienes los insurgentes, los ingratos y perversos enemigos del altar y del trono, atormentaban bárbaramente, olvidando que debían su odiosa vida a mi clemencia. Hoy están todos los buenos al amparo de las armas de su majestad; pero es preciso castigar a los malos... La comisión, que actualmente se ocupa de juzgarlos, necesita saber sus nombres, apoderarse de los que intentan evadirse. ¡Ay del que los auxilie en su fuga! El que no denuncia al criminal se hace su cómplice y será igualmente castigado.

Veía estremecerse a estas palabras a los que menos tímidos parecían; muchos perdían el uso de la palabra y se desplomaban descoyuntados. Sonreíase entonces, les daba una palmadita familiar en el hombro, y agregaba:

—Pero vuestra merced nada tiene que temer, mi querido amigo. Yo sé que nunca se ha contaminado... ¡Vamos! es indispensable que auxilien mis esfuerzos todos los buenos vasallos del rey don Fernando VII, que Dios guarde. ¿Sabe ya la comisión lo que vuestra merced ha debido decirle por su parte? ¿qué dicen Imas, Berriozábal y Cañete? ¡Oh! ¡qué penoso es el deber de castigar!

¡Figuraos las infamias que de este modo hacía cometer aquel miserable!

Algunos patriotas notables habían caído ya en manos de los vencedores el día anterior, y muchos fueron presos en éste del *Corpus Triste*, como después le llamaron. Estaban en capilla, esperando la muerte en horca o garrote, para el momento en que terminase la procesión. Eran treinta poco más o menos, pero nuestros historiadores solo recuerdan a los muy principales: Gandarillas, Ferrufino, Zapata, Azcui y Padilla.

En la portería del convento encontré al venerable Guardián hablando con un militar vestido de uniforme de gran parada, que era nada menos que Zubiaga, el mismo que se había apoderado de la casa y todos los bienes susceptibles de inmediata apropiación del miembro de la junta provincial don Juan Antonio Arriaga.

—Perdone vuestra merced, señor comandante... se lo ruego por Dios y todos los santos de la corte celestial —decía el buen Padre Escalera, estrechando entre sus manos temblorosas la de aquel miserable—. La comunidad tiene que auxiliar en este momento al moribundo... Oiga, vuestra merced: ya principia el canto solemne del *miserere* en su celda... Tan luego que concluyamos, entrará vuestra merced en ella.

—Bueno... ¡qué lo he de hacer! ¡acaben con mil de a caballo! —respondió el dignísimo ayudante e intendente de ejército del cristianísimo Conde de Huaqui.

El Guardián iba a volver apresuradamente al lado de mi maestro; pero me vio y se detuvo un instante para darme a besar su mano.

—Sígueme, hijo mío —dijo después bondadosamente.

El comandante se sentó de mal humor en una banca de madera que allí había, y se dispuso a encender un cigarro con el mechero. La comisión que motivaba su presencia en aquel sitio, era apoderarse de los libros y papeles que pudieran encontrarse en la celda de Fray Justo, «un hereje e insurgente fraile, indigno discípulo del gran doctor de la iglesia, a quien sería preciso enviar ante la Inquisición de Lima, si por desgracia no se moría.» Esto lo supe algunos años después, de los labios del capitán Alegría, quien oyó palabra por palabra la orden verbal de Goyeneche. Probablemente alguno de «los buenos vasallos del rey», cuyo celo en servicio del monarca sabía despertar tan eficazmente el señor Conde, le daría a éste los informes más fidedignos sobre «el fraile atrevido» que se colgó de las riendas de su caballo, para impedirle castigar con su propia mano, en el templo, al «mal español don Miguel López Andreu».

El canto del *miserere* resonaba en el claustro silencioso y desierto, cuando el Padre Escalera y yo nos dirigíamos a pasos apresurados a la celda de mi maestro. *«Ecce enim in iniquitatibus conceptus sum»*—cantaba la comunidad compuesta de cinco o seis religiosos a lo más, quienes se habían colocado en fila a cuatro pasos del lecho del moribundo. El Guardián tomó su puesto, para seguir inmediatamente el canto en el punto en que estaba, con voz menos cascada de lo que debía en su avanzada edad: *«ecce enim veritatem dilexisti»*... Yo me arrodillé en un rincón de la celda, de modo que pudiese ver al moribundo.

Nada más imponente que aquella escena. El *miserere*, que siempre conmueve bajo las bóvedas del templo o en cualquiera situación, es tremendo, irresistible al lado de un hombre en la agonía... La misma salmodia usada por la iglesia, parece irreemplazable por cuanto pudiera concebir el genio músico del más inspirado artista. El hombre que entonces agonizaba era, por otra parte, un mártir, un justo, que había sufrido todos los dolores de este valle de lágrimas y luchado con valor en el combate de la vida. Estaba recostado sobre sus almohadas, con los ojos cerrados, pero sus labios se movían, siguiendo con un murmullo apenas perceptible el canto de sus hermanos. Su pálido semblante reflejaba la serenidad interior de la conciencia... Perdonadme, lectores míos, vosotros que habéis venido a este mundo en época distinta de la mía: ¡yo vi una aureola de luz que rodeaba su espaciosa frente! Cuando la comunidad salmeó el último versículo: *«domine, ut scuto bonæ voluntatis tuæ»*, le oí responder distintamente: *«intelige clamorem meum»*. Enseguida abrió sus ojos, para mirar al cielo, y exclamó con voz fuerte: *«lux ultra!»*

Todo había concluido... ¡El alma desprendida de la materia volaba a la región luminosa que había visto abrirse más allá de la existencia terrenal! El Guardián se aproximó a la cabecera del lecho, para cerrar piadosamente los ojos del muerto, y la comunidad desfiló silenciosamente por el claustro solitario.

En ese momento entró el comandante Zubiaga, con el cigarro en la boca y el sombrero puesto de lado sobre una oreja, a la manera de los matones.

—Es cosa de un instante, Reverendísimo Padre —dijo el miserable, arrojando el cigarro y sacando una gran tijera de sastre del bolsillo del faldón de su casaca.

—Pero vuestra merced ha llegado muy tarde —contestó impasible el octogenario Guardián—. Mi hermano, *que está libre en el cielo*, no puede ya decirle lo que hizo de los papeles que tenía ocultos en el colchón de su cama. Vea vuestra merced —concluyó, levantando la sábana y mostrándole una ancha abertura en el colchón.

—¡Demonio de frailes! parecen realmente hechiceros... ¡oh! ¡nos veremos! —repuso Zubiaga, amenazando con el puño al anciano sacerdote.

Éste lo miró fijamente, y le señaló la puerta, diciéndole con voz firme:

—Voy a rezar al lado de un muerto, señor comandante. Si vuestra merced no sale, yo iré a decirle a don José Manuel Goyeneche que los defensores del altar no respetan a Dios, ni a sus ministros, ni al más terrible de todos que es el que abre las puertas de la eternidad. ¡Ah! —continuó, oyendo los repiques y cohetes que anunciaban haber salido la procesión a la plaza—, ¡he ahí lo que es la religión para los españoles!

Zubiaga avanzó un paso en ademán amenazador. El Guardián levantó una cruz que estaba en la mesa entre dos cirios, y se arrojó sobre él, obligándole entonces a huir despavorido. Yo creo que de otro modo el Padre Escalera lo hubiese descalabrado con el instrumento de muerte del Salvador. ¡Qué grande e imponente estaba en aquel momento el reconstructor del templo de San Agustín!

No os he dicho aún, ni voy ahora a intentar deciros lo que yo pensaba y sufría arrodillado en mi rincón, derramando abundantes lágrimas y conteniendo mis sollozos. Eso es imposible. Sabéis ya toda la humilde historia de mi infancia y podéis comprender muy bien mi dolor... Recuerdo sí, perfectamente, que cuando el oficial español amenazaba al Guardián, me puse de pie y di un salto para interponerme.

Pensaba echarme a los pies del agresor para hacerle caer de bruces en el suelo, y no hubiese parado sin sentarme sobre su cabeza.

Pero él huyó, como ya sabéis, y entonces corrí a besar la mano del muerto, que colgaba a un lado del lecho, y permanecí allí mucho tiempo, repitiendo maquinalmente las preces del venerable anciano, que se había arrodillado junto a mí en la cabecera.

—Oye, hijo mío —me dijo éste por último, tocándome en el hombro.

Me volví a mirarlo atontado. Estaba ya de pie, y tenía en la mano un misal lujosamente encuadernado, con cantos dorados.

—No pierdas un instante —continuó—. Esto te pertenece por encargo de Fray Justo... Ocúltalo cuidadosamente... ¡vete!

Yo tomé maquinalmente el misal; lo envolví en un paño, que me presentó el Padre; besé por última vez las manos del muerto, y salí.

La procesión había terminado. Debió naturalmente ser muy poco concurrida. Supe más tarde que el Conde de Huaqui asistió seguido de su estado mayor, sus asesores Cañete y Berriozábal y unos diez o doce vecinos notables, «vasallos fidelísimos del rey» por el terror. La inmensa masa popular que inundaba otras veces las calles y la plaza, estaba representada apenas por tres o cuatrocientos miserables, de lo más abyecto y perdido del populacho. El Conde había tomado, como le correspondía, el guión. Su aire era humilde y contrito... rezaba en alta voz, arrodillado ante los altares! Hubo *tarasca y gigantes, lechehuairos y tactaquis*. No había sido posible reunir a los *faillires*, es decir a los únicos danzantes pasables y decentes, pues eran niños lujosamente vestidos a la manera de los *treces* de Sevilla, que bailaban cantando al rededor de una percha, en la que trenzaban cintas de todos los colores, pendientes de la punta del palo, que sostenía el devoto más alto, corpulento y robusto, elegido para el efecto. Cuando yo salí a la plaza, las tres comparsas de que he hablado divertían aún a los curiosos; los diablos de ellas —todas los tenían con máscaras cornudas, trajes de arlequín y largas colas—, hacían grotescas contorsiones y gestos obscenos, mereciendo estrepitosos aplausos y risotadas...

Seguí mi camino; pero me detuvo muy pronto un espectáculo sorprendente, que era inconcebible en aquel tiempo, a pesar de todos los horrores ya cometidos por las tropas de Goyeneche. Una partida de soldados traía por la calle de las Pulperías, unas veces arrastrado, otras empujado por las culatas de sus fusiles, a un religioso de la Recoleta, franciscano descalzo, de los de hábito gris, de jerga ordinaria. El religioso no se resistía de ningún modo. Era evidente que sus conductores querían atormentarle. Jamás he oído mayores invectivas, injurias más groseras dirigidas contra ningún hombre. Como unos diez pasos atrás del grupo, vi también al sordomudo Paulito. Estaba con el traje desgarrado, cubierto de sangre; sus gritos guturales espantaban; seguía él al religioso a pesar de cuantos esfuerzos hacían los soldados para ahuyentarlo...

—¡Ajá! el gobernador... ¡que muera! —oí gritar al Maleso enteramente ebrio, que se había adelantado con otros de su laya por la calle.

—¡Que muera! ¡viva el rey! —contestaron sus dignos compañeros.

La chusma se agolpó entonces en la esquina, sin excepción de los danzantes. Los diablos de las comparsas repetían allí sus más grotescas contorsiones, sus gestos más repugnantes, preparándose a escarnecer a la víctima.

El hombre del hábito era efectivamente el gobernador Antezana. Se había refugiado el día anterior en el convento de la Recoleta, situado fuera de la ciudad, a la otra orilla del Rocha, convento del cual no quedan hoy más vestigios que la iglesia y el nombre que ha conservado la aldea. No sé, nunca he podido averiguar quién denunció a Antezana ante

Goyeneche. Éste había enviado a prenderlo a uno de sus más celosos e íntimos servidores, con una partida de sus queridos y fidelísimos granaderos del Cuzco. Requisado el convento con la mayor prolijidad, sin dejar de meter la cabeza en ningún hueco ni cajón de armario, ni en el mismo lugar donde se encierra el santísimo sacramento, resultó que fue imposible encontrar «al cabecilla principal de los insurgentes»; y sus perseguidores iban ya a desistir de su empeño, cuando aquel Judas desconocido se acercó a besar la mano de uno de los religiosos sentados a la sazón en el coro, y saludó por su nombre al que había vendido de miedo o por dinero, que esto último tampoco he podido averiguarlo.[29]

¡Qué *via crucis* esperaba al primer ciudadano, al gran patriota de mi país, desde el punto en que lo reconoció la chusma, hasta la casa de gobernación donde debía recibirlo su implacable vencedor! Son trescientos pasos más o menos; pero para darlos la víctima sufrió innumerables golpes y escuchó un continuo clamor de muerte de bocas que él mismo debió haber alimentado muchas veces con mano generosa, o a las que enseñó con su ejemplo a saludar con alegría el nombre de la patria! ¡Ay! ¡yo he visto a los feroces soldados de Goyeneche estimularse a atormentar a Antezana con los gritos de seres humanos que habían nacido en mi hermosa tierra de Cochabamba, allí donde nacieron también los valientes y rudos soldados de Aroma, los activos e indomables guerrilleros de Arze, las mujeres heroicas que murieron junto a sus cañones de estaño en la Coronilla de San Sebastián! Loco de dolor, corrí entonces a ocultarme, maldiciendo a mis paisanos; pero he comprendido después que en todos

---

29 El patriota don José Miguel Córdova y Rivera, a quien llamaban el Inglés, estuvo oculto y salvó por milagro en un rancho próximo al convento. De él y de otras personas no menos fidedignas obtuve yo estos detalles acerca de la prisión de Antezana. (N. del A.)

los tiempos y en todas las zonas del globo, se han visto esas increíbles aberraciones, nacidas de la ignorancia y la miseria, del miedo, del egoísmo, que convierten a los hombres en animales más repugnantes que los inmundos y venenosos reptiles!

Pero no fue la chusma solamente la que descendió tan abajo aquel día. Goyeneche estaba rodeado en su salón de «los vasallos fidelísimos», de aquellos diez o doce caballeros criollos que le acompañaron en la procesión, y éstos, más miserables todavía que la chusma, hicieron beber la borra más amarga de su cáliz a la víctima. Me han dicho testigos oculares que cuando el conde de Huaqui se levantó sonriendo de su asiento, para adelantarse a gozar de la humillación del patriota, los antiguos amigos de éste, algunos de los que tal vez le halagaron en el poder, gritaban a porfía, procurando cada uno que su voz se oyese más que la de los otros, para asegurar mejor su cabeza:

—¡Que muera! ¡vuestra señoría sabe que su obstinación nos ha conducido al abismo!

Yo creo esto, lectores míos, como lo que vi de la chusma con mis propios ojos. La víctima clamará siempre, mientras se escriba la historia, recordando éste su más cruel martirio. ¡He visto, por otra parte, tantas cosas en este mundo!...

Goyeneche se sonreía, como ya he dicho, y su ingénita perversidad le indujo a burlarse del hombre a quien tenía irremisiblemente condenado a la muerte.

—¡Ah, don Mariano! yo no esperaba semejante visita —le dijo—. Cierto es que no me la hace vuestra merced de muy buena gana. ¿O acaso me engaño? ¿Vendrá vuestra merced a abjurar sus errores y a pedirme que los perdone a nombre del rey, cuya bondad paternal es inagotable? ¿Le parece que podemos entendernos?

Antezana lo miró primero con asombro y después con imperturbable serenidad.

—Soy patriota... no permitiré que me calumnien como a Rivero —contestó—. Vamos, señor oficial —continuó señalando la puerta al que comandaba la partida—. Estoy pronto a comparecer ante Dios.

Goyeneche dio entonces un grito de cólera, y empujó con tal fuerza al gran patriota, que, me han dicho, le hizo caer de espaldas.

—Sea en buena hora... que se confiese, si quiere —dijo enseguida al oficial.

No es todo. Oíd este rasgo de la clemencia del Conde de Huaqui, que es perfectamente histórico. La partida había llegado ya a la esquina sobre la que caía el ancho balcón de aquella casa, cuando el Conde salió a éste y llamó la atención del oficial, para decirle de modo que lo oyesen todos y especialmente Antezana:

—Que no le tiren a la cabeza... la necesito intacta, para clavarla en una pica en media plaza.

Antezana escribió a su esposa en aquel momento supremo, antes de confesarse para morir fusilado: «Después de haber sufrido los insultos y las mayores inconsecuencias de un pueblo a quien he servido con honor, solo me resta esperar la muerte»... «Dios me dé sus auxilios, y a ti conformidad»... He tenido una vez en mis manos este documento, que se encuentra ya trascrito en otros libros. Es un pequeño pliego de papel grueso y resistente, del llamado «de hilo para cartas» en aquel tiempo. Está escrito de letra redonda española, bien perfilada; no hay un rasgo de más, ni un ligero borrón; debió ser simétricamente plegado para cerrarlo; la mano que lo escribió y plegó no pudo temblar un solo instante. ¡El patriota miraba de frente la faz de la muerte y solo inclinaba la cabeza ante Dios!

Antezana fue fusilado a las tres de la tarde, en un poyo de adobes, en la acera del oriente de la plaza, llamada del Sol, por recibir a éste en la tarde, bajo un pequeño balcón, pintado de verde, conocido con el nombre de «la lorera», único que había en ella en medio de las casas de planta baja que la formaban. A esa hora Gandarillas, Ferrufino, Lozano, Azcui, Zapata, Padilla y treinta otros patriotas, habían muerto ya en distintos lugares, la mayor parte en el cuartel de la Compañía, fusilados también algunos, en horca y garrote los que no obtuvieron esa única gracia, que solo con ruegos se podía obtener de los verdugos.

El tribunal de sangre de Imas, Cañete y Berriozábal seguía funcionando sin descanso, para entregar nuevas víctimas al Conde de Huaqui. Recibía ahora en el cabildo infinitas delaciones; era ya numerosísima la lista de los patriotas denunciados como cabecillas, o como audaces difamadores de la persona del invicto general. Haber dicho alguna vez que era mestizo o zambo, sin reconocer su clarísima estirpe, era crimen tan grande como haber comandado una *republiqueta*. Los miembros del tribunal escogían de la lista los nombres que les parecían principales, según sus informes, para fijarlos al lado del indulto, ofreciendo premios de dinero a los que entregasen vivos o muertos a los insurgentes que los llevaban. Tuve más tarde una de estas listas en mis manos, en la que leí el nombre de *Alejo Nina*, el pobre cerrajero, mi tío, que aquel día se empleaba en dar sepultura a los suyos, para evitar que los arrojasen en la fosa común, donde yacen hoy confundidas todas las víctimas del cerro y de la ciudad, y que no fue otra que la antigua cantera abierta en el flanco de la histórica colina que mira al oriente.

Así fue como el Conde de Huaqui celebró la fiesta del*Corpus Christi* después de su victoria de «la elevada montaña de San Sebastián»; éstas fueron las que Torrente llama «medidas de severidad templadas con la sucesiva dulzura del jefe realista y con sus promesas de olvidar para siempre la negra ingratitud.»

Capítulo XXIV. El legado de Fray Justo

Hallábame solo en mi cuarto, sentado junto a la mesa en que deposité el misal, sumido en tristes pensamientos, agotadas las lágrimas que podían derramar mis ojos, cuando vi entreabrirse mi puerta y asomar por ella la rubia y desgreñada cabeza de Carmencita. Me miró, se puso el dedo en la boca para recomendarme silencio; se volvió a observar atentamente si la seguían; entró al fin; cerró la puerta con aldaba; se vino corriendo a sentar en mis rodillas, y me rodeó el cuello con sus bracitos desnudos.

—Que no sepa nadie que estoy aquí —me dijo—. Ese hombre amarillo, tan bien vestido, con lindos encajes en la pechera y los puños... que habla *chunqueando* a todos como doña Goya Cuzcurrita, me da miedo. Lo he visto entrar de la calle y me he corrido... ¡Creerás que me quiere besar! ¡Pero yo me tapo la cara con la falda, Juanito! ¡Qué frías y pegajosas son sus manos! Parecen víboras sus dedos... yo toqué una vez una víbora muerta y era así. ¡Vieras qué cosas le dice a mi madre! «Mi noble señora Marquesa, la buena sangre se muestra en los sentimientos... Vuestra merced, mi generosa amiga, es purita española. Deje a los pobrecitos soldados que se lleven lo que puedan... Cierto es que han cometido un gran sacrilegio destrozando las santas imágenes del Oratorio. ¡Oh! ¡su señoría hará pasar por las armas a los impíos! Este pobre Imas está loco por hacerse de cualquier modo de la vajilla. Pero no; es un legado de familia. ¿No podríamos contentarle con los dos hermosos candelabros? ¡Bah!, mi noble señora Marquesa, ¿qué importa la plata a vuestra merced, que la tiene por quintales?» ¡Huy! ¡qué feo, qué malo, qué chinche es el tal Cañete!

La oía yo distraído, pero su voz, sus graciosos gestos, sus bellísimos ojos azules, derramaban inefable consuelo en mi alma.

—Déjate de Cañete y dame un beso —le contesté, aproximando su frente a mis labios.

Ella me sacó la lengua y fingió querer huir de mis brazos, pero me besó y se rió a carcajadas.

Enseguida, con la natural curiosidad de los niños levantó una punta del paño del misal, y exclamó:

—¡Qué lindo! ¿quién te lo ha dado? ¿es para mí?

—Es un libro santo —le respondí.

—¡Qué tonto! —repuso ella, que ya lo había desenvuelto y examinaba con las manos—; esto no es un libro, ¡no, señor!: es una caja muy bonita para mis juguetes.

Y tenía sobradísima razón. Lo que yo había creído un misal lujosamente encuadernado, era una caja en forma de tal, bien pintada y dorada, y cada uno de sus broches de latón terminaba en una chapa, cuya llave pendía de una cinta en forma de señalador. Debo deciros además, que esta especie de cajas era muy común en aquel tiempo. Tal vez habréis visto vosotros mismos alguna entre las antiguallas de vuestros abuelos. Puede ser que la rareza del libro, considerado entonces objeto de lujo, indujese a tenerlo siquiera de ese modo, ya que no real y verdadero, lo que no quita ni pone a la indiferencia con que personas como doña Teresa dejasen destruir o quemasen por sí mismas los reputados heréticos e impíos.

Comprendí que aquella debía encerrar importantes papeles; quizás la revelación del misterio impenetrable que me atormentaba desde que oí por primera vez el nombre de padre y pregunté quién era el mío, a la angélica mujer que, por su parte, no podía llamarme su hijo sin un grito desgarrador de sus entrañas. Quise entonces volverme a encontrar solo, impedir de cualquier modo que la niña descubriese los papeles...

—Cierto, no hay cómo engañarte —le dije—; es una caja para ti... ¿a quién podía yo dársela, *gringa*zalamera?

Al mismo tiempo Feliciana llamaba a gritos a la niña en el patio.

—Vete... no me hagas reñir con la señora —agregué—; si el hombre amarillo quiere besarte, dile que huele a sangre y verás como no vuelve a intentarlo.

Carmencita se fue resentida, haciéndome gestos encantadores. Cerré la huerta tras ella, la aseguré de cuantos modos podía, y abrí la caja.

Había en ella algunos cuadernos manuscritos de diferentes letras, más o menos amarillentos, según el tiempo que cada uno tenía. Aquí están ahora mismo, sobre la mesa en que escribo, conservados por la misma niña que no quise entonces que los viera, del modo que os he de referir en su caso y lugar. ¡Cuántas veces los he leído a mis solas o héchomelos leer con Merceditas! ¡Cuánto me han enseñado, Dios mío!

El primero que cayó bajo mis ojos es una traducción completa de *El Contrato Social*, de letra de mi maestro, con numerosas notas originales al pie de las páginas y en el margen de ellas. Otro contiene una miscelánea de trozos escogidos de las obras de Montesquieu, de Raynal y de la Enciclopedia, firmados algunos con las iniciales F. P. C., y otros con el nombre completo *Francisco Pazos Canqui*. En un tercero se encuentra la declaración de la independencia de los Estados Unidos y su constitución, traducidas y escritas cuidadosamente por *Aniceto Padilla*. Este mismo cuaderno contiene enseguida el reto de Mirabeau a la corona, antes del célebre juramento del juego de pelota; discursos de Vergniaud; la declaración de los derechos del hombre y del ciudadano, y otros fragmentos de escritos y discursos de los convencionales, firmados por distintos nombres como *B. Monteagudo, Michel, Alcérreca, Rivarola, Quiroga, Carrasco, Orihuela...* ¡Ay! ¡aquellos cuadernos revelan todos los anhelos de la juventud inteligente del Alto Perú, de esas almas luminosas, de esos corazones ardientes, que pudieron comunicarse sus ideas, sus aspiraciones patrióticas en la Universidad de San Javier! Los graves maestros les hacían conjugar todo el día verbos latinos, o cuando más les permitían leer libros muy espurgados; pero de noche, cuando el de turno se dormía tranquilamente, creyendo que «los niños soñaban con el bastón de doctor *in utroque*, o la prebenda de canónigo», el libro prohibido salía sigilosamente de entre las lanas de los colchones, los reunía al rededor de un candil, y «los niños» soñaban con convenciones y batallas! «Para ello era preciso que supiesen el francés y el inglés, que estaban igualmente prohibidos», me diréis; pero yo os responderé, que también aprendieron todos la lengua de Voltaire y algunos la de Franklin «por obra del Enemigo», sin saberse cómo, aunque hay sospecha de que primero comenzaron a descifrar palabra por palabra alguno de aquellos libros, con ayuda del Calepino *octolingüe*, que los mismos maestros ponían incautamente en sus manos, cuando se lo pedían para traducir un canto de la Eneida, una de las *Tristium* de Ovidio o la Inimitable de Horacio.

Un cuaderno quemado por una de sus esquinas, cubierto de borrones, de huellas redondas, de lágrimas indudablemente, llamó sobre todo mi atención en aquellos momentos; y fue éste el que yo devoré con mis ojos, hasta la última palabra, inundándose mi alma de amargura, rugiendo algunas veces de dolor, como si me aplicaran ascuas encendidas al corazón.

Ya que os he hecho confidentes de toda mi oscura vida, en la que he sufrido tanto y encontrado después dulcísimos consuelos, voy a haceros enseguida un extracto de él, dominando en cuanto me sea posible las emociones que hoy mismo me agitan cruelmente.

Capítulo XXV. Una familia criolla en los buenos tiempos del Rey Nuestro Señor

I

Pedro de Alcántara Altamira nació de humildes padres labradores, pero cristianos viejos, sin gota de judío ni de moro, en un cortijo a orillas del Tirón, cerca de Logroño. Le enseñaron a rezar, le contaron ejemplos de aparecidos y condenados, y vio flagelar públicamente a los últimos sectarios de los famosos brujos y quemar a un hereje molinosista. A esto se redujo su educación moral. Cuando niño apacentaba las ovejas; un poco más tarde, cuidó de los bueyes del cortijo, y ya mozo, le dieron a empuñar unas veces la azada y otras la mancera del arado.

Labraba cierto día el terruño de sus padres, cuando un su vecino, más leído que éstos, se detuvo al pasar por el sendero, y exclamó:

—Ya es un hombre... ¡y qué guapo chico! Yo que él, me iría en derechura, de cualquier modo, a las Indias del rey nuestro señor, que Dios guarde!

Pensó entonces que realmente haría un disparate en vivir siempre y morirse de gañán y de pechero, y se dijo:

—¡No, señor! ¡allá me voy!

Y se vino en derechura, como pudo, en el séquito de un Oidor, a Santa María de Buenos Aires.

Proveyose allí, merced a una liberalidad de su amo, de un quintal de añil y una caja de lentejuelas, para comerciar en las provincias del Alto Perú, donde vio con sus propios ojos el maravilloso cerro de Potosí; habitó en sus faldas, y tuvo que dejarlo atrás, no sé por qué pendencia entre *vicuñas y vascongados*, con mil trabajos y pocos maravedises, llegando al fin a los amenos valles de Cochabamba, en los que le esperaba mejor suerte de la que él mismo se prometía.

Como «guapo chico» averiguó en Oropesa cuál era la muchacha más rica de las criollas casaderas, y le contestaron que doña *Chabelita*Zagardua. La vio una sola vez en la iglesia, muy recatada, envuelta en su manto; no supo de qué color eran sus ojos, ni oyó el timbre de su voz, y la pidió y obtuvo en matrimonio de sus padres. Esto, que ahora sorprenderá a mis lectores, era muy sencillo en aquellos tiempos para un español peninsular; porque había muchos padres que decían: *marido, vino y bretaña, de la España*, y de este número eran los de doña Isabel, con el aditamento de que habiendo pedido de Vizcaya algún sobrino Zagardua para casarlo con su hija, y no llegando el novio, a pesar de que recibieron noticia de su venida hacía dos años, creían ya que naufragó en el charco o fue preso en el galeón, por los herejes, que hacían constante guerra al rey de las Españas por católico.

II

Don Pedro —era ya *don* desde que pisó las playas del Nuevo Mundo—, pudo haber tenido en doña Isabel una tierna y amantísima compañera, como lo son hasta ahora de sus maridos las ejemplares señoras de mi país; pero su orgullo peninsular no lo permitía, y quiso él que fuese solamente su más solícita y sumisa esclava, sin derecho a hacerle la más mínima observación, ni a merecer ninguna confidencia.

Vivió en el ocio y la abundancia, retirado casi siempre en la más hermosa y cercana de las haciendas de su mujer, con respetable provisión, incesantemente renovada, de los mejores cigarrillos y el más exquisito chocolate que podía mandar torcer y labrar expresamente para él y a su presencia la humilde y resignada doña Isabel.

Tuvo de ella cuatro hijos, que voy a nombrar por el orden de su nacimiento: Pedro de Alcántara, Enrique, Teresa y Carlos.

Éstos crecieron mimados por su buena madre, venerando de lejos, después de Dios, al autor de sus días, sin molestarle con sus lloros, ni gritos, ni travesuras, en frecuente trato con los criados. Solamente los domingos y fiestas de guardar los lavaban y vestían de gala, para que se acercasen a besar las manos del «caballero grande», quien se sonreía a veces, y se dice que algunas los acarició con una palmadita en la mejilla. Cuando por acaso llegaba a sus oídos alguna travesura de marca mayor, se limitaba a encogerse de hombros, y decía:

—Son criollos... ¿qué hay que esperar?

Estaba íntimamente persuadido de la inferioridad física, moral e intelectual de sus hijos; creíalos condenados sin remedio a ser enclenques, depravados y tontos por haber tenido la desgracia de nacer tan lejos de Logroño, en otro mundo. No os sorprendáis, lectores míos: esto era lo que, como don Pedro, sentía y pensaba la generalidad de nuestros abuelos españoles. Cada uno de los personajes de esta historia de mi vida no es más que un tipo de las especies de hombres de mis tiempos.

III

Pero con todo lo que don Pedro tuvo, por solo ser español, en el Nuevo Mundo, no estaba satisfecho. ¡No había nacido noble *fijodalgo*! ¡El *don* se lo había dado aquí la costumbre, pero lo prodigaba a todos, y él oía dárselo corrientemente entre sí a sus criados y hasta a sus esclavos negros y mulatos, llamándose*don* Clemente, doña Feliciana! ¡Nunca podría poner legítimamente un *de* antes de su apellido! ¡Y qué bien hubiera sonado éste entonces! *¡de Altamira!!!*

Un mayorazgo su vecino le suscitó un día cierto pleito sobre linderos, por fortuna, y hasta esta ligera nube de su cielo quedó despejada.

He aquí de qué manera.

El perito nombrado por don Pedro, para una vista de ojos, fue un joven licenciado, cuyo nombre resonaba en toda Oropesa, por la notable circunstancia de que en la Universidad de San Javier de Chuquisaca había hecho tan prodigiosos estudios, que ya no le era posible hablar más que en latín, hasta para dar los buenos días, o pedir agua caliente para hacerse la barba, a sus criados. Decíase que era tanto su ingenio, que a su novia doña *Goyita*, rica heredera de los *Cuzcurritas*, la había pedido en versos latinos que nadie pudo comprender, sospechando únicamente el confesor lo que era aquello, por hallarse entre los versos palabras sacramentales.

Terminada la inspección de los lugares materia del litigio, tomando don Pedro su taza de chocolate en el corredor de su hacienda, que daba a un extenso huerto, el sabio licenciado le dijo poco más o menos:

—Mi noble amigo, si yo viviese aquí, diría como el Flaco: *cur valle permutem Sabina?*

Don Pedro se sonrió, para darle a entender que comprendía.

—Y a propósito —continuó su interlocutor—; ¿no ha pensado vuestra merced en fundar, también, un mayorazgo?

—¿Eh? —preguntó don Pedro, poniéndose en pie como impelido por un resorte y dejando caer la taza al suelo—. Sí, ciertamente... ya lo tuve pensado —agregó; pero en realidad la luminosa idea, que despejaba su cielo, acababa de entrar en su cerebro.

Dos años después estaba fundado el gran mayorazgo de Altamira. El dinero —¿qué no conseguía un español acaudalado de la metrópoli?—, el dinero demostró que un antecesor de don Pedro acompañaba al mismo Cid Campeador en sus empresas contra los moros, y allanó toda dificultad con poco más o menos de sus perentorios alegatos. El mayorazgo debía ser regular, conforme a las leyes de Toro; la línea de sucesión quedaba establecida como la de la corona del reino, teniendo derecho a ella las mujeres, a falta de varones solamente.

Desde entonces la suerte de los hijos del fundador del mayorazgo quedó irremisiblemente fijada por él, como si fuera el mismísimo Destino. El mayor Pedro de Alcántara recibiría todos los bienes, con el glorioso encargo de transmitir a la posteridad más remota el noble apellido de la familia; Enrique serviría al rey nuestro señor en las milicias; Teresa se casaría con quien quisiera tomarla por sus buenas prendas, o se la dotaría para ser monja carmelita descalza, en el convento *aristocrático* de Oropesa, pues el de clarisas era el de la gente de poco más o menos; Carlos tenía el perfecto derecho de elegir, entre los seis conventos de frailes, el que más le acomodase. Todo esto se hacía sin que doña Isabel interviniese de ningún modo; porque ¡por Santiago! ¿qué entienden de esas cosas, ni de lo que conviene a sus hijos las mujeres? La pobre señora, que languidecía de enfermedad desconocida, desde que dio a luz a su último hijo, murió poco después, por otra parte. Había cargado heroicamente su cruz, sin murmurar, como una santa. Sus hijos la lloraron inconsolables al principio, pero el tiempo, que hace crecer lentamente la yerba sobre los sepulcros, extiende, también, el velo del olvido en la memoria de los que sobreviven. Llorola asimismo alguno que pudo hacerla más dichosa, aunque era igualmente peninsular. Hablo de aquel sobrino Zagardua, que se creía perdido en los abismos del océano o en manos de los herejes. Éste, que se llamaba don Anselmo, había llegado precisamente el día en que se celebraban las bodas de su novia; pero, acostumbrado a amarla antes de verla, por encargo de sus padres, la adoró sin esperanza después de conocerla. Don Pedro... dicen que no tomó su chocolate a la hora acostumbrada el día de la muerte de su esposa, y que no ocurrió lo mismo al siguiente.

IV

Dios dispuso las cosas de otra manera que don Pedro. El hijo mayor que había nacido enfermizo y languidecía como su madre, debía morir sin llenar su gloriosa misión. Enrique no deseaba consagrarse al servicio de las armas; quería instruirse, devoraba todos los libros que podían llegar a sus manos; su primera lectura seria había sido por desgracia «la vida y hechos del Almirante don Cristóbal Colón», por el hijo de éste don Fernando; obtuvo, a fuerza de ruegos y de lágrimas, el permiso de estudiar en Chuquisaca. Teresa no encontraba novio por sus buenas prendas, que eran nulas, y no sentía afición a ser esposa de Jesucristo. Carlos tenía aficiones artísticas y ardiente imaginación; aprendía fácilmente la música, pintaba, esculpía, sin maestros, procurándose difícilmente modelos de escaso mérito.

A estas dificultades, que oponían la constitución física y el carácter personal, agregó otra insuperable, un sentimiento que todo lo domina y que solo dejan de comprender rarísimas almas, como la de don Pedro, por ejemplo.

Una niña huérfana, criada bajo el amparo de la santa mártir doña Isabel, casi al igual de sus hijos, resultó ser un portento de bondad y de hermosura, admirable, increíble fenómeno, según el noble señor de Altamira; porque la chica tenía sangre de Calatayud en sus venas y era hija de su mayordomo! Amábanla cuantos la veían, hasta las mujeres que siempre tienen su poquito de envidiosas; pero Teresa, que tenía más que nadie de esa pasión en el alma, odiábala de un modo que ya no es posible explicar. Veía pálida, mordiéndose sus delgados labios, saludar afectuosamente, antes que a ella, a esa miserable *botada*: las personas que las veían por primera vez, tomaban a la una por la otra; creían que la bella joven era la hija de Altamira y «la poco agraciada» la huerfanita. ¡Figuraos lo que esto haría sufrir a la hija de don Pedro, idéntica en el orgullo a su padre!

Carlos amó con delirio a la huérfana. Lo mismo sucedió con Enrique, cuando volvió de haber hecho sus estudios en la Universidad. ¡Teresa se encargó de hacer saber a sus hermanos que eran rivales! Voy únicamente a referiros dos episodios.

Un día los cuatro jóvenes se refugiaron de la tormenta en el hueco tronco del ceibo de que en otra parte os he hablado y al que ellos daban el nombre de el Patriarca. Teresa y Rosa —ya se me escapó su adorado nombre—, se habían sentado a descansar en el suelo, cuando dieron un grito de espanto y volvieron a levantarse pálidas y temblorosas. Una víbora negra asomaba entre dos piedras. Enrique se lanzó sobre ella, la cogió y despedazó con sus manos, no sin ser cruelmente mordido por el reptil. Teresa se acercó y le dijo al oído:

—¡Míralos, tonto!

Rosa se había colgado del cuello de Carlos, y éste la sostenía entre sus brazos.

Otro día, un día de fiesta en que don Pedro celebraba con sus amigos, en la mesa, el de su cumpleaños, Teresa se aproximó al asiento de Carlos, y le dijo:

—Ven... sígueme.

Y lo condujo de la mano al corredor que daba frente al huerto, y le señaló con la mano un banco de mirto que rodeaba un hermoso nogal. Rosa y Enrique estaban sentados en el banco, y el segundo, deshojaba una flor del campo entre sus dedos.

—«Sí me quieres, no me quieres» —murmuró Teresa a los oídos de Carlos, y se escapó enseguida, riendo como una loca.

Los dos hermanos tuvieron poco después una explicación.

—Me ama —dijo Carlos.

—Yo la amo sin esperanza —contestó el otro.

He aquí por qué el hijo de don Pedro, que debía servir al rey en las milicias, fue más bien el que eligió un convento entre los seis de frailes, y eligió precisamente el de San Agustín por auxiliar con sus esfuerzos al Guardián Escalera en la reedificación de su templo, lo que se consiguió, y en la reforma de los hermanos, lo que siempre fue imposible. Don Pedro no consintió en el cambio, sino después de haber visto a Carlos próximo a atentar contra su propia vida, para salvarse de la cogulla.

V

Cuando el inexorable padre supo al fin el amor de su hijo Carlos por la nieta de Calatayud, estuvo a punto de perder el juicio de cólera y de indignación. ¡Si aquello era imposible! ¡su hijo no podía amar a esa mujer, que tenía algo de india! ¡menos podía hacerla su esposa! Probablemente era hechicera esa muchacha... ¿y cómo no? ¡Era natural que hubiese en esta tierra más brujos que en Logroño! En vano su hijo se arrastró a sus pies inundándolos de lágrimas. ¿Qué significan esas locuras, esos extremos? La cosa pasaría metiendo a Rosa en el beaterio de San Alberto, mientras se pudiese hacerla monja en Santa Clara.

La pobre Rosa aceptó resignada su suerte. Amaba a Carlos; pero comprendió que éste jamás podría unirse con ella, y que no le quedaba a ella en el mundo más que enterrarse viva en un convento. Pero el impetuoso Carlos no pensaba de ese modo. Lo arrostró todo, la cólera de su padre y la misma indignación de Rosa, y la arrebató de su provisorio encierro.

Don Pedro perdió realmente el juicio con esto, hasta que obtuvo separar para siempre a los amantes.

Quejose a la autoridad —no estaba por desgracia don Francisco de Viedma en la ciudad y le reemplazaba un personero—, quejose, digo, de «las malas artes y maleficios con que la hechicera perdía el alma de su hijo», y consiguió sin dificultad el auxilio de los sabuesos de la policía. Excitado el celo de éstos, aguzado su instinto por largas dádivas de dinero, los amantes fueron conducidos pocos días después a su presencia. Dispuso inmediatamente enviar a Carlos a Buenos Aires, con carta al Oidor su antiguo patrono, en que le decía «que casase allí al joven, con hija de buenos padres, sea quien fuese», y en cuanto a Rosa, quiso hacerla monja el mismo día.

Don Carlos conducido a viva fuerza, maniatado, hasta la primera jornada, se escapó durante la noche. Al día siguiente lo hallaron sobre un cerro, sentado en una piedra. No hizo ningún ademán de huir de sus perseguidores, cuando éstos se pusieron al alcance de sus ojos. Miraba él absorto al Sol naciente sin pestañear; hablaba con los cactus que crecían entre los peñascos; reía a carcajadas... ¡estaba loco!

No fue posible, tampoco, encerrar a Rosa en el convento. Un nuevo ser palpitaba en sus entrañas... Entonces —¡oh!, ¡no vais a creerme! ¡ojalá no fuera cierto, Dios mío!—, entonces don Pedro pensó en hacerla morir de vergüenza en la miseria. Mandó que Teresa cortase con sus propias manos los cabellos de la hechicera, y que sus criados expulsasen a ésta de la casa a medio día, con esa marca infamante que entonces daba a conocer a las mujeres perdidas. ¡Y Teresa se complació en cortar las hermosas trenzas que ella había envidiado, así como envidiaba todos los demás encantos de la bruja! ¡y los criados la arrastraron hasta la puerta y la empujaron brutalmente a la calle, gritando que era digna de morir apedreada!

Enrique, es decir Fray Justo, le proporcionó un asilo en la casita del cerrajero Alejo, y la protegió como a una hermana.

VI

El mismo día en que volvieron a traerle privado de razón a don Carlos, el orgulloso don Pedro perdió al hijo de su propio nombre, el mayorazgo.

Seis meses después, consintió en casar a su hija doña Teresa con don Fernando Márquez, del modo que ya hemos visto al principio de mis memorias.

Al año siguiente, cuando Dios le llamó a comparecer a su presencia, recibió todos los auxilios de la religión y bendijo a su nieto, el que debía ser *don Pedro de Alcántara Marqués de Altamira*.

Había dispuesto en su testamento que su hija y el esposo de ésta entrasen en posesión de sus bienes, como curadores de don Carlos, después de cuya muerte correspondería a aquélla el mayorazgo. Don Fernando tenía, según ya dije, un bondadoso corazón, y quiso cuidar personalmente, en su casa, del pobre loco, socorriendo además a Rosa y su hijo; pero su esposa, perpetuamente atormentada del flato y la jaqueca, dolencias imaginarias con las que se disfrazaba su

338

feroz egoísmo, no consintió que se le hablase de «cosas tan tristes que más valiera olvidar», y como el pobre hombre temblaba ante una mirada de los duros ojos y se moría de susto a un grito de su mujer, permitió que ésta arreglase el asunto a su manera, para consultar mejor su tranquilidad. Don Carlos fue entregado, en consecuencia, a los cuidados del tío don Anselmo Zagardua y su esposa doña Genoveva, concediendo a éstos el usufructo de una de las haciendas, que resultó ser la más pequeña y abandonada. En cuanto a Rosa y su hijo, sabemos ya hasta qué punto llegó con ellos la generosidad de la noble señora Marquesa.

Esta «historia de una familia criolla en los buenos tiempos del rey nuestro señor», se hallaba escrita sin orden, unas veces en forma de diario, otras en fragmentos sueltos, sin ilación, en el cuaderno de donde la he compendiado. Hay páginas que una pluma ejercitada y más diestra que la mía explotaría con ventaja, para hacer una novela. Yo me contento con lo dicho, que basta y sobra para la inteligencia del sencillo relato de mi prosaica vida. Sin embargo, como deseo haceros conocer mejor las ideas y tremendos dolores del personaje principal que hasta ahora ha figurado en estas memorias, voy a copiar enseguida dos fragmentos.

....

«El Padre Arredondo, que engorda como un cerdo, díjome ayer, en la puerta de su templo:

»—Sorprende la piedad de las mujeres cristianas, tales como sabemos educarlas nosotros.

»Y me refirió una cosa atroz, inverosímil hasta de parte de una fiera, si las fieras supieran hablar y pudieran comprometer hablando la vida de sus cachorros. ¡Una madre ha denunciado en México a su hijo, ante el Santo Oficio, como a hereje filosofante; porque le había visto leer el *Contrato Social* y el *Cándido*! El infeliz encerrado en una prisión, ha conseguido evadirse por milagro; pero lo persiguen en las selvas donde ha huido, como a una bestia feroz, más temible que un *mixtli.*

»¡Qué sería de mí, si una mano curiosa removiese los colchones de mi cama! ¡Un fraile que lee y comenta a Rousseau!... ¿Podría yo explicarles que en esta filosofía nueva encuentro verdades hijas del evangelio, aun cuando los filósofos combaten el evangelio mismo? ¿Comprenderían ellos que la religión de Cristo puede hermanarse con la revolución? ¿Es posible separar este monstruoso consorcio del altar y del trono?...

»¡No, Dios mío! ¡Ellos me condenarían por hereje!

»Pero ¿qué importa? Morir quemado, a fuego lento, en las hogueras de la inquisición ¿no sería para mí un martirio más dulce que este fuego que me abrasa y penetra hasta la médula de mis huesos?»

....

«En vano he querido cansar mi cuerpo en la fatiga, para encontrar un momento de olvido en el sueño.

»He corrido como un loco por los hermosos campos en que trascurrió mi infancia. Vi una azada en un terruño medio labrado, y trabajé con ardor, todo el día, como nunca ha podido hacerlo el pobre indio que espera de él su propio sustento y el de sus hijos.

»Volví de noche al convento. He recorrido sin descanso los silenciosos claustros, hasta que la luz del alba dibujó mi sombra en las blancas paredes, y la campana llamó a la oración a mis hermanos.

»Vine a orar solo en mi celda... ¡No he podido! ¡Yo creo que he dudado de tu misma justicia, Dios eterno!

»Pero ¿quién ha sufrido lo que yo en este valle de lágrimas? ¿cuál de las pruebas se puede comparar a la que estoy condenado?...

»¡Ah! ¡yo *la*he visto afrentada públicamente como una vil ramera! Cuando la turba veía al pobre fraile recoger en sus brazos a la mujer desamparada, para conducirla a la humilde casita del cerrajero ¿qué decía? ¿qué pensaba, Dios mío?...

»Hay inmensos desiertos más allá de esta cordillera del norte, cuyas crestas he hollado mil veces. Un día me detuve a contemplar de allí un océano de blancas nubes, cuyo confín no alcanzaban mis ansiosas miradas. El velo desgarrado por el viento, disipado al calor de los rayos de un Sol esplendoroso que se levantaba en el espacio, descubrió a mis ojos la selva más grande e impenetrable de la tierra, con extensas sabanas y caudalosos ríos... ¿No podríamos huir allí, para vivir en medio de las tribus salvajes, o de las mismas fieras que no son tan desapiadadas como estos hombres?

»Hay más allá, muy lejos, en el norte de este continente, pueblos que ha educado para la libertad la doctrina evangélica de Jesús; que han combatido gloriosamente por sus fueros; en los que el hombre se llama ciudadano... Yo sería allí uno de esos altivos republicanos; podría levantar la cabeza con el sentimiento de mi propia estimación, para merecer la de todos los demás! Soy joven todavía... ¡cómo arde la sangre en mis venas! ¡qué fuerzas siento en mis brazos! ¡cómo alienta mi pecho la sola idea de abandonar esta mazmorra! Yo me haría desgastador de los bosques; yo tendría mi hogar en un claro desmontado por mis brazos con el hacha; yo... ¡Delirio! ¡ella no lo consentiría jamás! ¡He olvidado mis juramentos! ¡El cadáver del hombre del siglo se ha agitado, a una llamarada del infierno, en el sudario de la cogulla, como si pudiese volver a la vida!»

Capítulo XXVI. Donde ha de verse que una beata murmuradora puede ser bien parecida y tener un excelente corazón

Muchas horas seguidas tardé en imponerme de la historia que solo he querido recordar brevísimamente en el capítulo anterior. Varias veces llamaron a mi puerta; me buscaban dando gritos por la casa; pero yo no podía separar un instante mis ojos de aquellas páginas en las que encontraba la explicación del misterio de mi vida. Solo una vez, cuando me faltó la luz del día, abrí yo mismo mi puerta, para ir a encender mi cabo de vela en la cocina. Encontré allí a la pobre Paula, quien me ofreció de comer. Yo le contesté que no tenía hambre; que no me daba la gana; que deseaba morirme; que me dejase en paz; que... yo no sé cuántas cosas más por el estilo, que ella oyó con asombro y tamaña boca abierta.

—¡Jesús! ¿qué tienes? Estás pálido como un muerto; tus ojos se te saltan de la cara —me dijo enseguida, sin obtener ya respuesta alguna de mi parte.

Cuando hube concluido mi lectura me guardé el cuaderno en el pecho, abrochando cuidadosamente la chaqueta; deposité los otros en su caja y ésta en el arca, y me dije:

—No puedo permanecer ni un momento más bajo este techo. Yo sé a donde debo ir esta misma noche.

La puerta de la calle debía estar cerrada con llave; todos dormían ya en la casa. Me encaramé por la ventana, y un momento después me hallé al otro lado, en la casa vecina. La manera cómo había salido me recordó, por una muy natural asociación de ideas, a mi amigo Luis.

—Ha muerto... ya no le veré. ¡Todos los que yo amo se mueren! —pensé tristemente.

Me encontré en un oscuro, estrecho y largo callejón, que seguí a tientas y me condujo a un patio silencioso, semejante al de la casa de doña Teresa. Vi luz por la ventana completamente abierta de un cuarto, y me acerqué a observar si había allí alguna persona en vela, que pudiera estorbar mi salida a la calle, por la puerta de aquella casa, que yo sabía muy bien que no se cerraba más que con aldaba y una tranca trasversal metida en las paredes. Apenas pude mirar el interior del cuarto, se me escapó un grito de sorpresa y de alegría. Sí, benévolos lectores, de alegría, a pesar de todo lo que os he dicho anteriormente!

En un catrecito parecido al mío, en mullida y limpia cama, con sábanas y colcha más blancas que la nieve, acostado de espaldas, esparcidos sus rubios cabellos sobre la funda de encajes, animado el rostro y brillándole los ojos por la fiebre, estaba allí mi pobre amigo Luis en persona! Sus labios se movían; palabras sueltas, distintas, llegaban hasta mis oídos.

—¡Fuego! ¡abuela! ¡aquí estoy! —decía en su delirio.

Junto a la cabecera del lecho del enfermo, sentada en una silla de brazos, vestida de su hábito de la orden tercera de San Francisco, dormía profundamente la beata doña Martina, con la cabeza caída sobre el pecho, teniendo en una mano su denario y en la otra un pañuelo blanco de algodón. Su querido pelado, redondo y reluciente de gordura, dormía igualmente a sus pies, echado sobre el vientre, con el hocico apoyado en sus patas delanteras; pero el grito que se me escapó le hizo levantar la cabeza, y después de mirar a todos lados, se puso a ladrar del modo que solamente los perrillos de su raza saben hacerlo. ¡Qué ganas tuve entonces de estrangularlo! Me han dicho que Bazán —el famoso ladrón de mi tierra, que se hizo hombre de bien y murió santamente, después de que le comprendió uno de los indultos decretados por el general Belzu—, daba este consejo a los que nunca quisiesen ser robados: «dormir con luz y criarse un pelado.»

La luz hace creer siempre que hay personas en vela, como me sucedió a mí aquella noche, y un pelado basta para alborotar con sus penetrantes ladridos un barrio entero, mejor que una jauría de mastines.

La beata se despertó sobresaltada; se paró, y vio en la ventana una cuadrilla entera de malhechores, en lugar de un solo niño inofensivo, por el efecto de su miedo; lo que me favoreció mucho, porque no tuvo ella ni fuerzas ni aliento para gritar como yo temía.

—Soy yo... Juanito, el *botado* de doña Teresa; no se asuste vuestra merced, mi señora doña Martina —le dije, tomando el mejor partido, que era el de darme a conocer.

—¡Ay, Jesús, de mi alma! ¡qué susto me has dado, perverso vagabundo! —me contestó, haciendo callar a su pelado, y corrió a abrirme la puerta—. ¿Qué es esto? ¿qué le ocurre a la señora Marquesa? ¿se ha puesto peor de sus males? ¿a qué has venido? —me preguntó enseguida.

—No hay nada en casa, doña Martina... he venido por la ventana del callejón, por solo ver a mi amigo —le contesté.

—¡Ay, hijo mío! —repuso ella enternecida—; ¡cuánto me ha hecho sufrir este muchacho condenado! ¡Dios quiera tener compasión de él y hacerle un santo! Yo lo quiero como si fuera su misma madre, a pesar de sus travesuras y de todo lo malo que dice de mí sin motivo a todo el mundo. Lo lloraba inconsolable por muerto, cuando esta mañana me lo mandó con dos hombres caritativos, en una manta, el cerrajero Alejo, quien lo había encontrado respirando todavía, entre unos muertos que él se fue a enterrar. Desde entonces no paré un momento, hasta que vino a curarlo el Reverendo Padre Aragonés. Dice que su herida es muy grave... que si vive será un milagro. Ahí tengo encendido un cirio bendito a Nuestra Señora de las Mercedes, y no me canso de encomendarle, aunque no soy más que una indigna pecadora. El

Gringo había muerto... ¡Ya no tiene padre! ¡ojalá hubiera sido cristiano como él decía, para que nuestro Dios le dé su santa gloria! ¡Pobrecito!

Al decir esto la buena, la excelente señora —nunca he vuelto a nombrarla de otro modo—, se enjugaba frecuentemente los ojos con el pañuelo. Yo estaba enternecido como ella. Quise arrojarme sobre mi amigo, para estrecharlo en mis brazos; pero ella me detuvo del cuello de la chaqueta; me separó con fuerza a un lado, y exclamó con cólera no reprimida por la gazmoñería beatil de costumbre:

—¡Me lo vas a matar, muchacho endemoniado! El Padre Aragonés dice que no hable, ni se mueva... ¡vete!

—Haré todo lo que mande vuestra merced, mi señora —le respondí—. Pero yo soy también un pobre huérfano y quiero pedirle un favor.

—¿Qué quieres todavía?

—Besar las manos de vuestra merced... Yo también he dicho mil cosas de las que me arrepiento en el alma.

Ella me miró conmovida. Luego me tomó la cabeza con ambas manos, y me dio un beso en la frente, que me hizo inmenso bien en aquellos momentos.

Doña Martina era joven todavía, de menos de treinta años, y muy bien parecida como la generalidad de las mujeres criollas de mi país, de las que doña Teresa era una de las raras excepciones. La viciosa educación de aquellos tiempos la había hecho murmuradora y fanática, pero tenía un corazón de oro. ¿Qué queréis? ¿qué podía llegar a ser una niña a la que solo enseñaban a rezar el rosario, contaban cuentos de aparecidos, rehusaban enseñar a escribir, hacían confesar con el Padre Arredondo, e inculcaban en ella la idea de que el hombre que no tenía cogulla era precisamente esclavo del demonio? Andando el tiempo, un oficial *porteño*, del ejército de Rondeau se casó con ella, la curó de sus defectos y nunca se arrepintió de tenerla por compañera.

Salí después de besarle las manos como quería, y cerré cuidadosamente la puerta tras mí. La que podía darme paso a la calle no tenía —ya os lo he dicho—, más que tranca y aldaba. Un minuto bastó para que yo descorriese aquélla y levantase ésta sin ruido. ¡Estaba al fin en libertad!

Capítulo XXVII. De como fui y llegué a donde quería

Reinaba un silencio de muerte en toda la ciudad. Luz viva, intermitente, alumbraba a momentos las calles desiertas y las casas herméticamente cerradas. Verificábase aquella noche un fenómeno que se observa con frecuencia desde los hermosos valles de mi querida tierra. Una nube pardusca se extiende sobre la cordillera del norte, y otras más tenues y rizadas encapotan el cielo, de modo que es posible descubrir al través de su nacarado velo las estrellas de primera magnitud. Aquélla despide silenciosamente relámpagos, haces luminosos, que toman figura arborescente, alumbrando los menores objetos, con luz que parece más que la del día a los ojos mal dispuestos a recibirla en medio de las tinieblas. He oído muchas explicaciones, a cual más absurdas, del fenómeno. Para mí, debe ser únicamente el efecto de las furiosas tempestades que se desencadenan sobre las inmensas selvas, al otro lado de la cordillera.

Iba ya por la acera de la Matriz, cuando oí la voz de alerta de una centinela en media plaza. Dirigí mis ojos de ese lado, y vi, a la luz de un relámpago, una cabeza humana clavada sobre una pica, cerca de la fuente, en el borde de cuyo estanque circular se había sentado el soldado, con el fusil entre las piernas. Otro relámpago me permitió distinguir enseguida la calva frente del gobernador Antezana, y una sombra extraña, que se arrastraba como una culebra sobre el suelo, aproximándose a la pica.

—¡Alto! ¿quién vive? —gritó el soldado, poniéndose de pie y preparando el fusil; porque yo oí distintamente los dos sonidos secos, que el arma produce en ese momento.

Nadie respondió. Un tercer relámpago, más vivo que los anteriores, debió haber permitido al soldado ver un hombre que ya se abalanzaba de la pica, tal como yo lo noté perfectamente. Partió el tiro; un grito inarticulado, como de fiera herida, resonó en medio del silencio de la noche, y aquel hombre extraño echó a correr por la calle de los Ricos. Por el grito reconocí a Paulito. Era él, en efecto. Supe después que volvió en otra noche más oscura y propicia para su intento, y que consiguió llevarse la cabeza de su amo, y darle sepultura en el cementerio de San Francisco. Personas respetables, que dicen haberlo visto por sus propios ojos, me aseguraron, también, que al día siguiente encontraron muerto a Paulito sobre el sepulcro, como al perro fiel que no pudo vivir privado de la vista de su dueño.

Yo eché a correr como un gamo en contraria dirección, calle de Santo Domingo abajo, y no me detuve más que al llegar al fin de ella, cerca a la barranca del Rocha, no por mi gusto, sino porque vi, también, clavada allí otra cabeza, la del patriota Agustín Azcui sin duda. Lo mismo me hubiera pasado por cualquiera parte que intentara salir de la ciudad. Don José Manuel Goyeneche tuvo aquel día a su disposición más cabezas de las que necesitaba, para poner una en cada camino; pero lo único que no consiguió fue precisamente lo que él se proponía: «escarmentar a ese pueblo de indomables insurgentes».

Temía que alguna centinela colocada allí, como en la plaza, me detuviese, siquiera para hacerme perder el tiempo con un rodeo más largo del preciso para no ser visto por ella. Pensando esto, me subí sobre una tapia que cerraba un huerto, salté al otro lado, y volví a hacer lo propio en sitio conveniente. Una vez en la playa del río, me senté sobre la fina arena para tomar aliento. Vi a mi lado un reparo de troncos de sauces y ramaje; me hice de una buena estaca, y seguí mi camino por el de Quillacollo. Era ya tarde de la noche; el signo nefasto de Escorpión, que los labradores me habían enseñado a conocer con el nombre vulgar del Alacrán, brillaba en la mitad del cielo, en un ancho desgarrón de las nubes.

Una voz admirable, pura, argentina, de mujer, cantaba a lo lejos, no sé dónde, en medio de aquel silencio sepulcral un *huaiño* que se hizo después muy popular en todos los valles de Cochabamba:

Soncoi ppatanña kuakainii juntta...

Traducido fielmente al castellano, mereció también ser cantado en los salones, por las señoras principales, que se reunían al rededor de una guitarra, del arpa o del clave, instrumentos músicos mejor tocados por ellas que los magníficos pianos de Collard o de pierna de calzón, de los que solo saben servirse con gusto algunas de sus nietas más civilizadas, siendo raras las que hacen además gorgoritos a la italiana.[30]

> Reventar puede mi seno henchido
> De triste llanto;
> Porque mis ojos no lo han vertido
> En mi quebranto.

> Llorar sería grato consuelo,
> Pero por nada
> Quiero que entiendas, al ver mi duelo,
> Que estoy domada.

Éste fue el último lamento que oí al alejarme de mi valerosa Oropesa vencida en lucha desigual por Goyeneche; fríamen-

---

30 Perdonen nuestras bellas lectoras al viejo soldado de la Independencia. Es muy natural que prefiera a las señoras de su tiempo, que él debió admirar cuando la sangre ardorosa de su primera edad hacia latir con más fuerza su honrado y valiente corazón. (N. del E.)

te entregada por el bárbaro a las brutales pasiones de su horda «defensora del trono y del altar»; bañada en la sangre de sus mejores hijos, cuyo sacrificio salvó a las provincias del Plata, de donde salieron más tarde las cruzadas redentoras de Chile y del Perú, tal como he de demostrarlo muy en breve, si Dios me da permiso para continuar escribiendo mis memorias.

Anduve a buen paso la parte poblada de las Maicas y de las inmediaciones de Colcapirhua. Crucé enseguida al trote el llano de Carachi, donde no se veía entonces ni el más humilde rancho, por lo que era el paradero de los salteadores. Nadie me atajó, ni vi alma viviente, ni del otro mundo.

En las estrechas y tortuosas calles de Quillacollo tropecé con montones de cerdos dormidos, y no tuve poco trabajo para defenderme de un sinnúmero de perros, que salían ladrando de todos los patios y corrales, por sobre las cercas, y me rodeaban hostilmente, pero sin atreverse a llegar al alcance de mi estaca.[31] La luz del alba comenzaba a blanquear cuando llegué al camino de travesía, que iba ahora a seguir para llegar a mi destino. Un joven mestizo, alto y fornido, armado de un chicote de grueso mango de *chonta*, terminado en una bola de plomo, que podía servirle tanto para ahuyentar a los perros, como para descalabrar a un prójimo, venía hacia mí, acezando de cansancio. No me asusté de ningún modo al verlo; pero tuve un triste presentimiento, y le dije en quichua.

—Hermano ¿cómo está el caballero enfermo?

—Voy a llamar al *tata* cura —me contestó, apretando el paso.

31 Me han dicho que este pueblo ventajosamente situado en medio del valle de Cochabamba, es ya tan grande como en el pueblo de Cliza, que mereció llamarse más tarde la villa de Orihuela, y que sus ferias dominicales son casi tan concurridas como las de ésta. (N. del A.)

No me había engañado mi presentimiento. Muchas veces me ha sucedido lo mismo, aun sin los antecedentes que entonces tenía. Creo que hay no sé qué facultad de adivinación que aún no conocemos, pero que se revela de ese modo en muchas personas de un temperamento nervioso como el mío.

La puerta del patio de la Casa Vieja estaba completamente abierta. El patio cubierto de yerba, tal como lo vi, por sobre la pared, la vez que pasé con Ventura y oí los acordes del violín, mostraba un blanco y estrecho sendero, hasta el pie de la escalera. Lo seguí sin vacilar, pero me detuve luego alarmado; di un salto para atrás, y levanté mi estaca. Un enorme perro de Terra Nova yacía junto al primer peldaño de la escalera. No hizo él ni el más ligero movimiento. Noté entonces que estaba extendido de espaldas, y no dudé que habría muerto, como realmente había sucedido. Salté por sobre él; subí de dos en dos los peldaños, de los que algunos estaban muy deteriorados por el tiempo.

La escalera terminaba en un estrecho corredor volante, al que daban, primero una puerta, y después dos ventanas enrejadas; la puerta estaba abierta y oscura; salía luz por los resquicios y rajaduras de las tablas que cerraban las ventanas. Entré a un pasadizo o antesala, que mostraba en uno de sus lados un portón entreabierto, y enseguida una fuerte reja movible, abierta ahora enteramente. El corazón me latía de tal modo, que parecía iba a saltárseme del pecho. Reuní todas mis fuerzas para mirar con precaución al interior de la sala.

Era ésta de unas diez varas de largo por seis de ancho. Las paredes blanqueadas de yeso estaban cubiertas de extraños dibujos, hechos unos con carbón y otros con tierra colorada. Había hombres con cabezas de animales, y animales con cabezas humanas; árboles imposibles; flores con alas; pájaros pendientes de ramas como flores. Anchas goteras, cayendo del techo, habían lavado en muchas partes el blanqueo y los dibujos. Tablas sostenidas por estacas en toda la extensión de las paredes, a la altura donde podía llegar la mano de un hombre de tamaño regular, contenían multitud de figuras de barro, estuco y piedra, tan raras y caprichosas como los dibujos. Tengo ahora a mi vista una de ellas, un grupo, en piedra blanca, que representa una mujer vestida de vaporosa túnica, recostada sobre uno de sus brazos, en el lomo de un león dormido. Algunos de mis amigos, que se precian de entendidos, dicen que el que esculpió ese pequeño grupo con cincel improvisado y sin más modelo que el de alguna estampa, habría podido llegar a ser un artista. Pero ¡un artista en la América colonial!... ¡oh! ¡eso era imposible! ¡era lo mismo que esperar el vuelo del pobre pájaro al que se le rompieran las alas desde el nido!

En el ángulo de la derecha, al frente de la reja, había un ancho y sólido catre de madera, donde estaba acostado, inmóvil, de espaldas, en humilde cama, no sé si un moribundo o un cadáver. Don Anselmo Zagardua, de pie, apoyado en su bastón, se inclinaba en la cabecera, para observar atentamente el rostro de aquel hombre. Una señora criolla, como de cincuenta años, robusta, conservada, de bondadoso aspecto, sentábase en un pequeño banco de madera a los pies de la cama.

Al frente del catre, en el ángulo de la izquierda, vi una mesa cubierta de un paño de encajes, con un crucifijo, entre dos candelabros, que dejaban escaparse los últimos resplandores de los cirios consumidos.

Toda mi atención se reconcentró en el hombre que agonizaba o había ya muerto en aquel humilde lecho. Sabía yo que era joven, que apenas contaba treinta y cinco años; pero parecía un anciano decrépito, de más de ochenta. Su cabeza calva, apenas tenía mechones enmarañados de cabellos ya muy encanecidos junto a las sienes y en la nuca; su frente estaba surcada de profundas arrugas. Las facciones de su rostro, que permitía ver la espesa y luenga barba, que cubría la parte inferior, eran finas y regulares. ¡Aquel hombre herido en el cerebro y el corazón había pasado trece años de su vida en ese lugar! Al principio tuvo tremendos accesos de furor; después quedó sumido en negra y silenciosa melancolía. No podía soportar la vista de otros seres humanos que don Anselmo y la esposa de éste, doña Genoveva, cuyas habitaciones estaban en la parte baja de la casa. Tenía siempre a su lado a su perro Leal, con quien hablaba, dirigiéndole la palabra como a un amigo e interpretando sus gruñidos. Ocupábase de hacer los dibujos y figuras de que ya he hablado. Una caja de violín puesta al alcance de su mano, en la tabla más próxima a la cabecera de su cama, le ofrecía otro amigo del que él sabía arrancar admirables consuelos en torrentes de armonía: un verdadero Stradivarius, obtenido con mil trabajos de la Península por doña Isabel, para su hijo predilecto, el menor de todos, su Benjamín.

—¡Qué noche!... me parecía que nunca iba a terminar. Los aullidos del perro me atormentaban todavía más; pero al fin han cesado. Estoy tan asustada que me parece oír ruidos extraños por todas partes... ahora mismo creía que alguno andaba por el corredor —dijo doña Genoveva.

Su esposo levantó la cabeza; dio un suspiro, y se acercó a ella afectuosamente.

—¡Pobre, vieja mía! —le dijo a su vez—; Leal no volverá a atormentarnos con sus aullidos. Hace un momento, cuando por no contrariarte bajé a enviar a Roque en busca del señor cura, encontré al animal muerto, junto al último peldaño de la escalera.

—Es un triste pronóstico —repuso la señora.

—Sí, ya lo creo —contestó el vizcaíno—; las aves nocturnas han graznado, también, muchas veces, azotando las rejas de las ventanas con sus alas. Yo creo que Carlos no volverá de este accidente, sino cuando el arcángel nos llame a todos al valle de Josafat.

—No me lo digas... ¡Jesús! ¡qué horrible sería que se muriese cuando parecía más bien que recobraba la razón! ¿No te he dicho ya que ayer me habló de la pobre Rosa? ¿no te dijo a ti mismo, que deseaba ver a su hermano?

—Eso es lo que me confirma en mis temores, Genoveva. ¡No hay remedio! Parece que Dios devuelve la razón a los desgraciados que la pierden, antes de llamarlos a su lado. Te repito que mi sobrino Carlos está muerto ya sin duda... Pero, en fin, recógete tú a descansar, vieja mía. Yo permaneceré velando aquí hasta que vuelvas a reemplazarme.

—¡Eso no, señor mío! Yo soy muy sana y me siento muy bien, mientras que tú eres un viejo enfermizo, enteramente achacoso.

—¡Bah! ¿qué importan dos o tres noches así, como ésta, para un antiguo soldado? ¿cuántas he pasado en los páramos y las cordilleras durante la campaña contra Catari y la Bartolina?

—Pero entonces eras mozo y tenías tus dos piernas. ¡Vamos! ¡no me replique el señor don Anselmo! ¡a la cama el vejestorio!

—La señora Genoveva será quien se lleve a acostar en la cama su robusta humanidad. No le permito, señora, ponerse mis calzones.

—¡Cállate! Lo que va a resultar de tus caprichos —¡ya se ve que eres vizcaíno!—, lo que va a resultar, digo, es que en lugar de uno tendré que velar a dos, y entonces yo no respondo de mí, y... ¡la Virgen de las Mercedes tenga piedad de todos nosotros!

Al oír estas últimas palabras entré resueltamente en la sala. Don Anselmo y su esposa dieron un grito de sorpresa.

—¿Qué quieres? —me preguntó el primero, adelantándose un paso con el bastón levantado.

—Yo vengo, señor —le contesté—, vengo a velar sin descanso junto al lecho de don Carlos Altamira.

Pero yo había llegado muy tarde... ¡No tuve allí más misión que la de cerrar piadosamente los ojos fijos y vidriosos, que tal vez se levantaron de un modo consciente al cielo, en la agonía de aquel que fue uno de los hombres más atormentados en este valle de amargura!

....

Aquí debo poner punto. Mi vida cambió por completo desde aquel instante, como veréis, si aún os interesa esta sencilla narración.

Libros a la carta

A la carta es un servicio especializado para
empresas,
librerías,
bibliotecas,
editoriales
y centros de enseñanza;
y permite confeccionar libros que, por su formato y concepción, sirven a los propósitos más específicos de estas instituciones.

Las empresas nos encargan ediciones personalizadas para marketing editorial o para regalos institucionales. Y los interesados solicitan, a título personal, ediciones antiguas, o no disponibles en el mercado; y las acompañan con notas y comentarios críticos.

Las ediciones tienen como apoyo un libro de estilo con todo tipo de referencias sobre los criterios de tratamiento tipográfico aplicados a nuestros libros que puede ser consultado en Linkgua-ediciones.com.

Linkgua edita por encargo diferentes versiones de una misma obra con distintos tratamientos ortotipográficos (actualizaciones de carácter divulgativo de un clásico, o versiones estrictamente fieles a la edición original de referencia).

Este servicio de ediciones a la carta le permitirá, si usted se dedica a la enseñanza, tener una forma de hacer pública su interpretación de un texto y, sobre una versión digitalizada «base», usted podrá introducir interpretaciones del texto fuente. Es un tópico que los profesores denuncien en clase los desmanes de una edición, o vayan comentando errores de interpretación de un texto y esta es una solución útil a esa necesidad del mundo académico.

Asimismo publicamos de manera sistemática, en un mismo catálogo, tesis doctorales y actas de congresos académicos, que son distribuidas a través de nuestra Web.

El servicio de «libros a la carta» funciona de dos formas.

1. Tenemos un fondo de libros digitalizados que usted puede personalizar en tiradas de al menos cinco ejemplares. Estas personalizaciones pueden ser de todo tipo: añadir notas de clase para uso de un grupo de estudiantes, introducir logos corporativos para uso con fines de marketing empresarial, etc. etc.

2. Buscamos libros descatalogados de otras editoriales y los reeditamos en tiradas cortas a petición de un cliente.

www.ingramcontent.com/pod-product-compliance
Lightning Source LLC
Chambersburg PA
CBHW020531030426
42337CB00013B/808